AF345229

CHANT XIIII.

Tout depuis que contrainct de l'Amour cha-
      ritable
De mon lieu naturel, i'asseble les rameaux,
Et les rends à celuy qui desia deplorable
S'enrouoit, nous venons en fin à ces ca-
naulx
D'où le Cercle second se part du tiers, & mesme
Se void l'exemple hideux d'vne iustice extreme.

Pour choses declarer qui sont toutes nouuelles
Ie dys, Nous arriuons aux Landes où ne sont
Racines, herbes, fleurs ny toutes plantes belles,
De girlande leur sert la forest noire en rond,
Comme vn triste fossé la forest enuironne,
Et ferme nostre pied là raiz à raiz s'adonne.

La terre estoit aride, & vne espaisse arene,
Non pas faicte autrement que celle que Caton
Du pied pressa iadis valeureux Capitaine.
O vengence de Dieu, las! combien te doibt on
Craindre, quand on lira ce qui fut manifeste
A mes yeux? I'ay veu lors grande trouppe funeste

De nudz Esprits pleurans auecques chaudes larmes
Tous miserablement, & si diuerse Loy
Mise à tous paroissoit soubz contraires alarmes.
Aucune gent gisoit par terre en grand esmoy,
Aucune estoit assise & toute ramassée,
Et l'autre alloit tousiours du monument pressée.

Celle qui tout autour alloit, estoit plus grande,
Et moindre celle la qui gisoit au tourment,
Mais sa langue bien moings à douloir se commande.
Dessuz tout le sablon en tombant lentement
Pleuuent boulles de feu larges & respanduës,
Comme aux Alpes sans vent les neges my-fonduës.

Quelles vit Alexandre en ces partz alterées
Des Indois reculez sur son camp triomfant
Iusques à terre choir flammes demesurées,
Pourtant il s'aduisa par son Ost estouffant
De fouler le terroir, car mieux venoit s'estaindre
La vapeur, ne pouuant chose allumante estraindre.

Telle montoit en haut l'ardeur sempiternelle
Dont brusle le sablon, comme soubz le fusil
L'amorce, pour doubler leur peine trop cruelle.
Sans relasche iamais n'estoit le bal subtil
En secouant de soy de leur mains miserables,
Or deça puis delà, les flammes dommageables.

Ie commençeay, mon Maistre, ò toy qui toute chose
Peuz surmonter, hormis les Demons indomptez
Qui sortirent sur nous ouurant la porte clause,
Quel est ce grand Geant qui des feuz agitez
Paroit n'auoir soucy, & desdaigneux en mine
Semble n'estre dompté de pluye qui le mine?

Et celuy mesmement qui prompt s'aduisoit ore,
Comme ie demandois à mon guidon de luy,
Cria, Quel ie fuz vif, tel ie suis mort encore,
Si Iuppin trauailloit le forgeron d'ennuy,
Duquel crucifié il prit le pointu foudre
Dont à mon iour dernier ie fuz reduit en pouldre.

Ou si l'un aprez l'autre il lassoit tout Cyclope
De la noire fournaise au Mont-gibel ardent,
S'escriant, Bon Vulcan, à mon ayde galloppe,
Ainsi comme il a faict au combat commendant
De Flegre, & me souldroye auec toute sa force,
Il ne pourroit auoir vengence qui me force.

Alors mon Duc parla de voix desordonnée,
Si que ie ne l'auois ouy parler si fort:
Sur ce que ton fier cœur n'est dompté, Capanée,
Puny bien plus tu es estant superbe à tort.
Nulle peine ou martyre, hormis ta forte rage,
Seroit iuste douleur à ton felon courage.

Depuis vers moy se tourne auec bouche plus douçe,
Me disant, Cestuy fut l'un des sept Champions,
Qui assiegerent Thebe, & semble qu'il repousse
Dieu desdaigneusement en ses afflictions
Ne le priant encor, mais est son arrogance,
Comme ie luy disois, le deub de son offence.

Or viens derriere moy, songeant de ne pas mettre
Mal aduisé le pied dans le sablon bruslant:
Mais tiens les piedz serrez toustours au boys syluestre.
Taisans nous arriuons où distille coulant
Dehors de la forest un ruysselet sans cesse,
Dont la rougeur encor les cheueux me redresse.

Comme sort le ruysseau de la mare bouillante
A Viterbe, que puis partissent les putains:
Ainsi coule icelluy par l'arene bruslante.
Son fond, & ses deux bordz qui pendent soubz terraint,
Et les extremitez se font pierres & roches,
Dont ie iuge qu'estoient licites ses approches.

G iij

Sur tout autre accident que ie t'ay faict cognoistre
Depuis que par la porte icy tu es venu,
Dont à pas vn serré le chemin ne peut estre,
Rien qui fut plus notable à tes yeux recognu
Ne se trouue, comme est la riuiere presente,
Qui sur soy faict mourir toute flammesche ardente.

Les parolles estoient de mon Duc honorable,
Pour ce ie le priay de m'accorder vn plus
De ce dont il m'auoit rendu trop desirable.
Sied au cœur de la mer vn pays en degast,
Mon guidon dict allors, qui s'appelle Candie,
Soubz le Roy duquel fut le monde en chaste vie.

Vne montagne est là qui ia fut caressée
De fleuues & rameaux, & son nom est Ida,
Deserte maintenant, comme chose passée.
Pour fidele berceau de son filz l'ordonna
La grand' mere des Dieux, & quand le petit pleura
Affin qu'on ne l'ouyt bruyt faisoit faire à l'heure.

Vn grand vieillard est droict au dedans la montagne
Qui deuers Damiate a le dox composé,
Et comme son miroir void Romme en sa campagne.
Sa teste est d'vn fin or formée, disposé
L'estomach d'argent pur auec ses bras est ore,
Et iusqu'à la fourchée vn airain le decore.

De ceste part en bas vn fer esleu se treuue
Du tout, sauf le pied droict, qui est d'argille cuit,
Et plus droict sur celuy que sur l'autre il s'espreuue.
Chasque part est rompuë (hormis l'or qui reluit)
D'vne fente laquelle en des larmes singlotte,
Qui remises en vn pertuysent ceste grotte.

Leur cours en ce vallon deroche son eau viue,
Dont sortent Acheron, le Styx, & Flegeton,
Puis s'escoule bien bas par ceste estroicte riue
Là iusqu'où demontant plus auant ne va-t-on,
Font Cocyte, & quel est cest estang, si tu monte,
Tu le voyras, pourtant icy n'est mis en conte.

Allors moy ie luy dys, si ce ruysseau deriue
De nostre monde ainsi, pourquoy doncq' seulement
L'auons nous veu, sinon en ceste extreme riue?
Il respond, Tu sçais bien que le lieu bonnement
Est rond, & quoy qu'assez venu tu sois encore
A gauche, neantmoins au fond descendant ore,

Tu n'as faict tout le tour du Cercle, dont si chose
En aprez n'apparoit qui nouuelle te soit,
Comme un faict merueilleux cecy ne te propose.
Ie replique, Mon Maistre où se retrouueroit
Flegeton & Lethé? De l'un ie te voys taire,
Pour l'autre dys qu'a-t-on de ceste pluye affaire?

Tu me plais bonnement en toutes tes enquestes,
Il me respond, mais l'eau qui bouilt rouge de sang
Soudre l'une debuoit des deux que tu m'as faictes.
Tu voyras bien Lethé, mais non pas en ce rang
Du fossé là où vant les ombres au lauage,
Quand la coulpe est remise au penitent courage.

Puis il dict, Desormais il faut faire retreite
Du boys, says que tu sois au derriere de moy,
Les marges font chemin que le feu ne sagette,
Et sur eux la vapeur s'estaint comme à recoy.

G iiij

ANNOTATIONS
Sur le Chant XIIII.

ASSEMBLE LES RAMEAVX & les
rends à celuy qui desia deplorable s'é-
rouoit.] *Raunai le fronde sparte, & rendele
à colui, ch'era gia ruco.* Nous auons veu
au Chant precedent sur la fin, comme l'esprit
l'auoit prié de ce faire, disant : *O anime che giunte
Siet' à veder lo stratio dishonesto Ch'a le mie frondi si da
me disgiunte, Raccoglietel' al pié del tristo cesto.* L'on
dict, que ce fut Messire Rocho di Mozzi Florentin, qui fut ainsi mal traité par Iacques de S.
André Padouan, se venant mettre dedans le
buysson dudict Florentin pour se cacher, & se
remparer des chiennes noires qui le deschiroiét.
Ce qui ne se pouuoit faire sans la cheute de
beaucoup de branches deça delà reiettées, lesquelles Dante rassemble maintenant, & les rend
audict Esprit Florentin pour satisfaire à sa demande.

NOVS ARRIVONS AVX Landes.] *Arri-
uammo ad vna landa.* C'est vn mot François que
Lande, qui signifie vne Campagne sterile, comme sont les Landes de Bretaigne.

ET FERME NOSTRE PIED là raiz à raiz
s'adonne.] *Quiui fermammo i piedi à randa à randa.*

Cecy signifie raiz à raiz, ou raze à raze sans toucher du pied le sablon bruslant.

LA TERRE ESTOIT ARIDE, & vne es-
paisse arene, Non pas faicte autrement, que celle
que Caton Du pied pressa iadis valeureux Capitaine. *Lo spazzo er' vna rena arida & spessa, Non
d'altra foggia fatta che colei Che fu da pié di Caton già
soppressa.* Il compare le sablon cuylant de ce Cercle, à celuy de la Lybie deserte & areneuse. Touchant du doigt ce que fit Caton d'Vtique, aprez
la mort du grand Pompée. Car il passa auec les
reliques de son armée par la Lybie en Egypte,
pour aller se ioindre en Affrique à Iuba Roy de
Numidie, qui estoit l'vn des partisans de Pōpée.

QVELLES VIT ALEXANDRE en ces
partz alterées De l'Indoys reculé.] Il faict comparaison de l'amas des flammes qui tomboient
en ce lieu sur les tourmētez, aux flammes qu'A-
lexādre le grād voyoit choir en Indie sur sō Armée, & le remede dōt il vsa fut tel: Pource qu'il
fit beaucoup fouler le terroir pour estaindre la
vapeur desia allumée, deuant qu'elle se meslast
l'vne auecques l'autre. De cecy ne touchent rien
les Historiens. Mais Aristote en faict mention,
escriuant audict Alexandre, & Albert le grand
confesse que l'Indie est soubz le Cancre, ou le
chauld du Soleil rebrusle la vapeur de l'eau, &
tire en haut la vapeur grosse & terrestre, laquelle est chassée de la froideur de la Terre, &
l'enflamme, & tombe en la façon de nege iusques à terre.

O TOY QVI TOVTE chose peus surmonter, hormis les Demons indomptez.] Il touche
ce que nous auōs veu cy dessuz au Chant 8. sça-

uoir, que Virgile est venu à bout de toute chose
dedans l'Enfer, hormis d'auoir peu entrer dans
la Citté de Dite. Car alors il fut repoussé par les
Demõs, qui estoiēt en la garde de ladicte ville.
Dante dict:

> *Chiuser' le porte quei nostri auersari,*
> *Nel petto al mi signor che suor rimasè,*
> *Et riuoise s' à me con passi rari.*
> *Gli occhi à la terra & le ciglia hauea rase*
> *D'ogni baldanza, & dicea, ne sospiri,*
> *Chi m'ha negate le dolenti case?*

QVEL IE FVS VIF, tel mort ie suis encore, Si Iuppin traualloit le forgeron d'ennuy,
Duquel crucifié, il prit le pointu fouldre.] *Qual*
i fu viuo, tal son morto. Si Gioue stanchi il suo fabro da
cui cruciato prese la folgore acuta. Ainsi faut lire ce
lieu, & non pas, *Stanchi i suoi fabbri.* Car Vulcain
estoit le forgeron de Iuppiter, qui luy fit present du fouldre. Et c'est Capaneus l'vn des sept
Capitaines de Thebes qu'il faict parler en ce
passage, lequel pour le mespris de Dieu fut fouldroyé par Iuppiter, & est si superbe en l'Enfer,
qu'il dict, que bien que Iuppiter enuoyast Vulcain, ou tous ses forgerons pour luy apprester
des fouldres alencõtre de luy, que neantmoins,
il ne pourroit le humilier, ou faire cesser de son
courage audacieux & par trop superbe.

AV MONTGIBEL ardent] Les Poëtes feignent que Vulcain auoit sa forge dans la Montagne Etna, qui a changé son nom, auiourd'huy
dicte Montgibel, & que là il forgeoit des fouldres à son pere Iuppiter, & autres armes pour
ceux qui en auoient besoing, comme celles qu'il
fit à Achilles par la priere de sa mere Thetis. Ses

autres compagnons principaux sont Brontés,
Steropes & Pyracmon. Voyez le 6. chap. du 2.
liu. de la Mythologie Françoyse.

AINSI COMME IL A FAICT au combat
commandant De Flegre.] *Si com' i sece à la pugna
di Flegra.* Il touche la guerre que les Geans firent
contre les Dieux à Flegre, pour les chasser du
Ciel, si bien qu'en Thessalie, où est Flegre, ilz
remuerent trois montagnes, Pelion, Ossa & O-
lympe, les mettāt l'vne sur l'autre pour mōter au
Ciel, mais Iuppiter eust recours à Vulcain, qui
luy forgea tout aussi tost vne quantité de fouldres, dont les Geans furent mis en pouldre, mal-
aduisez de s'attaquer à la diuinité. Voyez le 21.
chap. du 6. liu. de ladite Mythologie.

OV SI L'VN APREZ L'AVTRE il lassoit
tout Cyclope.] Ie prens Cyclope pour forgerō.
Dante dict, *O s'egli stanchi gli altri à muta à muta.*
Les Italiens vsent d'vne telle frase *à muta à muta*,
ou bien, *à muda à muda*, pour signifier quelque
eschange que l'on faict des personnes, comme
qui diroit, l'vn aprez l'autre.

SEROIT IVSTE DOVLEVR à ton felon
courage] *Sarebb' al tuo furor dolor compito.* C'est à
dire, peine suffisante & bastante ne peut estre à
ta fureur, que ta rage mesme.

MAIS EST SON ARROGANCE Comme
ie luy disois, le deub de son offence.] *Ma, com'
i disse lui, li sui dispetti son al suo petto assai debiti freggi.*
Freggi, propremēt sont les enrichissures & orne-
ments que l'on met aux bordures d'vne robbe,
saye ou manteau. Cecy est dict auec Ironie.

CESTVY FVT L'VN DES sept Champions qui assiegerent Thebe.] Accord faict entre Polynices & Etheocles qu'ils regneroient à Thebes vn an entier l'vn aprez l'autre, comme Etheocles eust acheué la premiere année, ayant trouué beaucoup de doulçeur à commãder absolument, il ne voulut quitter la place à son frere Polynices, dont Adraste Roy d'Argos Beau-pere de Polynices, accõpagné de six autres Capitaines, arma pour assieger Thebes. Leurs nõs sonttels, Adraste, Polynices, Tydée, Hippomedon, Amphiaraus, Parthenopee & Capanée.

DONT LA ROVGEVR encor les cheueux me redresse.] Dante dict: *Il cui rossor ancor mi raccapricia.* C'est à dire, me donne horreur. Proprement *Capricio* signifie *capo arricio*, Qui est, quand les cheueux se dressent en la teste, de crainte ou horreur.

COMME SORT LE RVYSSEAV de la mare bouillante De Viterbe.] *Quale del Bulicame esce'l ruscello che parton poi tra lor le peccatrici.* Il compare les eaux bouillantes de ce lieu aux baings de Viterbe, où il y a vn ruysseau qui sort du *Bulicame*, les eaux duquel, pource qu'elles passent au bordeau public de ladicte ville, les putains puis aprez les partissent entre elles, pour se lauer, ou les linges & drappeaux qui leur appartiennent. Dante les appelle *Peccatrici.*

DONT IE IVGE QV'ESTOIENT licites ses approches.] *Perch' i m'accorsi, che'l passo era lici.* Il dict: *Lici* pour *lecito*, à cause de son vers.

DE M'ACCORDER VN PLAT De ce dõt il m'auoit rendu trop desirable. *Che mi largisse*

'l paſto, Di cui largito m' hauea 'l diſio. Il vſe d'vne
metafore, & veut dire, qu'il luy donne la cognoiſſance du fleuue de ſang, dont il parle en
ceſt endroict.

SIED AV PIED DE LA MER.] Dãte faint
en ce lieu, qu'en l'iſle de Candie ou Crete ſur la
montagne d'Ida, il y auoit vne ſtatue percée, laquelle iettoit ſi grande quãtité de larmes qu'elles faiſoient vn ruyſſeau, qui perceant la montagne deſcendoit aux Enfers, dont tiroient leur
ſources les fleuues de l'Enfer.

VN PAYS EN DEGAST.] *vn paëſe gaſto.*
Il appelle, Candie pays gaſté, d'autant qu'anciennement ceſte Iſle fut renommée d'auoir
cent villes, qui ſont pour le iourd'huy quaſi
toutes ruynées.

SOVBZ LE ROY DVQVEL fut le monde
en chaſte vye.] *ſotto 'l cui Rege fu gia 'l mondo caſtò.*
Il parle icy de Saturne Roy d'Olympe & de
Candie, ſoubz le regne duquel fut l'aage doré
exempt de vice & de paillardiſe.

DESERTE MAINTENANT comme cho-
ſe paſſée.] *Hor è diſerta come coſa vieta.* Il veut dire,
que la montagne d'Ida en Candie, fut iadis belle, & remplie de vergers & foretz, mais qu'elle
eſt maintenant deſerte & ſans verdure, comme
vne choſe vieille. Il y a vne autre montagne du
meſme nom à Troye la grande, laquelle Teucer
de Candie allant habiter à Troye nommà ainſi
à cauſe de ceſte-cy.

POVR FIDELE BERCEAV de ſon filz l'ordonnà La grand' mere des Dieux.] *Rhea la ſcel-
ſe già per cuna fida Al ſuo figliolo.* Rhea femme de
Saturne ayant engendré Iuppiter, ne l'expoſa

pas à Saturne qui l'euſt voulu deuorer , comme il faiſoit tous ſes maſles, mais au lieu de ſon filz, mit vne pierre, & fit cacher Iuppiter en la montagne d'Ida , là où il fut nourry & alleté. Meſmes affin que ſon pere ne ſe doubtaſt d'aucune choſe, quand l'Enfant pleureroit , les Coribantes faiſoient du bruit, Virgile au III. de l'Eneid.

> Creta Iouis magni medio iacet inſula Ponto,
> Mons Idæus vbi & gentis cunabula noſtræ.
> Centum vrbes habitant magnas , vberrima regna,
> Maximus vnde pater, ſi rite audita recordor,
> Teucrus Rhœteas primùm eſt aduectus ad oras,
> Optauitque locum regno:mondùm Ilium & arces
> Pergameæ ſtetérant, habitabant vallibus imis.
> Hinc mater cultrix Cybeles, Corybantiaque æra,
> Ideumque nemus,hinc fida ſilentia ſacris
>
> Et iuncti currum dominæ ſubiere Leones. Voyez

le 1. & 2. ch. du 2. liu. & le 5. ch. du 9. liu. de la Mythologie.

VN GRAND VIEILLARD eſt droict.] La deſcription de ceſte ſtatue eſt ſemblable à celle de Daniel figurée au chap. 2. de ſa Profetie. Le Profette ſignifie par la ſienne , le changement des quatre Monarchies de l'vne en l'autre nation. Mais Dante repreſentant icy le temps,lequel ſe diuiſe en diuers aages par les diuers metaux , ſignifie le changement des affaires du Monde. La teſte d'or fin ſignifie l'eſtat d'innocence,que les Poëtes appellent âge doré,la poitrine & les bras d'argent, & le reſte iuſques aux cuyſſes d'airain,puys les iambes de fer, ſignifiét les trois autres aages d'argent,d'airain,& de fer, qui alloyét touſiours de pis en pis Aprez il faint

que ceste statue pleure, & que de ses abõdantes
larmes se font les fleuues de l'Enfer, Acheron,
Styx, Phlegetõ & Cocyte. Voyez la description
de ces riuieres & de tout ce qui concerne les Enfers, au 3. liu. de la Mythologie.

QVI DEVERS DAMIATE.] Damiate est
vne noble Citté d'Egypte, sise sur le Nil, & il
dict, que ceste statuë tornoit les reins à Damiate, & que son visage estoit dressé sur la ville de
Romme. I'ay dict, void Romme en sa campagne. La plaine dedans laquelle est bastie Romme, est nommée la Campagne de Romme.

ET IVSQV'A LA FOVRCHEE vn airain
la decore.] *Poi è di rame infino à la forcata.* Dante
par ce mot de *Forcata*, entend la petite fourche
de l'estomach. A son imitation i'ay dict Four-
chee.

PAR CESTE ESTROICTE riue.] Dante
dict. *Per questa stretta doccia.* Proprement *Doccia*,
signifie vn canal d'eau, mais pour-ce qu'il n'y a
poinct de canal sans riue, i'ay tourné, Par ceste
estroicte riue.

DE L'VN IE TE VOYS TAIRE.] *che de l'vn
taci* c'est à dire de Lethé, duquel il n'auoit poinct
encores parlé.

MAIS L'EAV QVI BOVILT rouge de sang.]
ma 'l bollor de l'acqua rossa. Il veut dire, que bien
qu'il n'aye donné aucun nom cy dessuz au fleuue de sang, qui bouillonnoit, que neantmoings
du bouillonnement, Dante pouuoit de luy mesme comprendre estre Flegethon, mot Grec, qui
vient de brusler.

LES MARGES FONT CHEMIN.] *Li margini
fan via.* C'est à dire, les bords, les chaulsées ou
leuées, par où l'on peut cheminer.

CHANT XV.

R nous sommes portez par l'vn des durs
    riuages,
  Et du petit ruysseau la fumée ombre faict,
  Si fort qu'elle du feu l'eau sauue & les
bordages,
Ainsi que les Flamans entre Bruge & Guizet,
Craignant le grand reflux lequel sur eux s'eslance,
L'empeschent de rempars dont la mer ne s'aduance.

Comme les Padouans font le long de la Brente,
Pour defendre de l'eau villages & chasteaux,
Deuant que la chaleur la Charentane sente:
D'vne telle façon estoient les Infernaux,
Bien que l'entrepreneur, (quiconque deubt il estre)
Ne si haut ne si gros nous les faict apparoistre.

Des-ja tant nous estions de la forest arriere
Reculez, qu'il n'estoit possible de la voir,
Qnoy que lors retourné ie me fusse en derriere,
Quand nous venons vn Ost d'ames aperceuoir,
Qui le long du riuage aduence, dont chacune
Nous regardoit ainsi qu'à la nouuelle Lune

L'vn l'autre l'on regarde en la tarde soyrée,
Et tout ainsi vers nous eguisent les sourcis
Comme le vieil tailleur faict l'eguille acerée.
D'vne telle famille enuisagé ie suis
D'vn cognu qui me prent par la robbe, & s'escrye,
Mon Dieu quelle merueille à voir vn homme en vye!

Et moy quand il m'estend son bras, les yeux ie porte
Entre l'esprit recuict de la pluye du feu,
Si que son front bruslé mes espritz ne transporte,
Que ie n'aye moyen de le cognoistre vn peu,
Et approchant la main à ma dolente face,
Ie respons, Estes vous Brunette en ceste place?

Il dict, ô mon cher filz, Des-ia qu'il ne te fasche
Si Brunette Latin quelque temps auec toy
En derriere retourne, Et la trace relasche,
Ie respons, Ie vous prye en tant qu'il est en moy,
Mesmes si vous voullez qu'auec vous ie m'assie,
Ie le feray, si tant mon Duc ne s'en ennuye.

O mon filz, ce dict-il, Qui de la trouppe indigne
S'arreste quelque peu, depuis il git cent ans
Sans pouuoir derostir quand la flamme le signe,
Pource va plus auant, tu me voyras à temps,
Et puys t'assembleray ma brigade rebelle,
Qui va se lamentant de sa peine eternelle.

Descendre ie n'osois de la digue exaulcée
Pour aller au pareil de luy, mais comme cil
Qui s'en va reuerent i'ay la teste baissée.
Quelle fortune ou quel Destin, lors ce dict-il,
Deuant ie dernier iour icy bas te pourmene?
Et qui est celluy là qui seur Guidon te mene?

Là haut au beau seiour de la seraine vye
Esgaré ie me treuue en vn obscur vallon,
Ie luy respons, deuant ma carriere accomplie:
Toutefoys hyer matin allant à reculon,
Cestui-cy m'apparut pour retourner là mesme,
Et me mene au logis par ce sentier extresme.

Il me replique lors , si tu suys ton estoille,
Tu ne peus pas faillir au haure glorieux,
Si bien ie m'en aduise en la vye plus belle,
Et si mort ie ne fusse à temps si enuieux,
Voyant pour toy le Ciel d'vn si bening visage,
A l'œuure ie t'aurois augmenté le courage.

Mais ce peuple malin & ingrat, lequel iure
De Fiésole venir de toute Antiquité,
Et tient du mont encor & de la pierre dure,
Ennemy te serà pour ta commodité,
Et c'est raison qu'autour des sorbes aigrissantes,
Ne se puissent cuillir les figues doux mordantes.

La vieille renommée au Monde les appelle
Aueuglez, Peuple auare, enuieux & hautain,
De leur coustumes faiz que ton ame soit belle:
Ta fortune te garde vn loz si souuerain,
Que de toy tous les deux partis auront enuye,
Mais loing du bec serà l'herbe qui fructifie.

Les bestes de Fiesol' fassent siante vile
D'elles mesmes, & non la plante ebourgeonner,
Si quelcune s'eleue en leur champestre ville,
Dont la semence saincte & iuste foysonner
Puysse de ces Romains qui là faisoient retrette,
Quand du vice si grand la niche fut parfaicte.

Si toute ma demande icy se trouuoit plaine,
Ie luy respons alors , vous ne seriez encor
En l'exil condamné de la Nature humaine.
Car en l'entendement ie porte, & m'afflige or
De vous la chaire bonne image paternelle,
Quand en chasque momens en la demeure belle

Du Monde m'enseigniez comme s'eterne l'homme,
Et comme il me doibt estre agreable tandis
Que ie vys, il conuient que ma langue renomme,
Ce que vous me contez de ma course l'escrips,
Et le garde à gloser auec vn autre texte
A dame qui scaurà si vers elle s'arreste.

Cecy tant seullement ie vous veux faire entendre,
Si moings ma conscience est sans remord aucun,
Qu'à fortune ie suis tout prest de condescendre,
Et ne m'est pas nouueau ce message importun,
Que la fortune tourne à son plaisir sa Rouë,
Et que le iardinier de sa besche se iouë.

Mon Maistre sur ce poinct en derriere s'aduence
Dessus le costé droict, & sur moy met les yeux,
Puys dict, Que bien entend qui note la sentence,
Ny pour celà de moings en parlant gratieux
Ie voys auec Brunet, & quelz sont ie demande
Ses compaignons fameux d'authorité plus grande.

Il me respond, sçauoir d'aucun est conuenable,
Et des autres se taire il sera pour le mieux,
Car le temps seroit court à vn son tant capable.
Scaches sommairement que grands Clercs glorieux
Tous furent & lettrez & d'vne haute fame,
Mais d'vn mesme peché chacun au Monde infame.

Priscian vient auec ceste trouppe dolente,
François d'Accurse encor, & si te tient vn peu
Le desir affamé de tigne si meschante,
Tu pourrois voir celuy qui d'Arne fut promeu
Au cours Bacchiglion par le Pape, où il laisse
Les nerfs mal estenduz de douleur vengeresse.

I'en dirois plus au long, mais plus long ne peut estre
Le chemin & discours, pour-autant que ie voys
La nouuelle fumée au sablon apparoistre,
Et vn peuple s'en vient auec qui ie ne doibs
Estre, mais mon Thresor bien ie te recommande,
Auquel ie vys encor : Rien plus ie ne demande.

Depuys il part bien vitte, & sembloit de ceux mesme
Qu'à Veronne l'on void courir le drappeau verd
Par la raze campagne, & entre tous supreme
Paroit celuy qui gaigne, & non celuy qui perd.

ANNOTATIONS
sur le Chant XV.

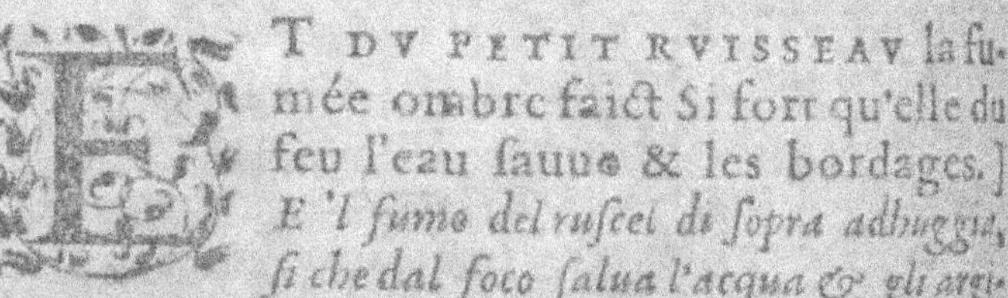

T DV PETIT RVISSEAV la fumée ombre faict Si fort qu'elle du
feu l'eau sauue & les bordages.]
E 'l fumo del ruscei di sopra adhuggia,
si che dal foco salua l'acqua & gli argi-
ni. Pource que cecy est vn peu difficile nous l'ex-
pliquerons. Il veut dire, que la fumée qui sortoit
du bouillonnement du ruysseau de sang dont il
a parlé cy dessuz, faisoit vne ombre si nuysible
que soubz elle les flammes mouroient & par ce
moyen l'eau & les chaussées estoient sauluées.
Huggia, signifie ombre nuysible, qui faict mourir les semences, dont le verbe *Adhuggiare*, faire
ombre, ou bien ensorceler.

AINSI QEE LES FLAMANS entre Bru-
ge & Guizet.] *Qual i Fiamminghi tra Guizante
& Bruggia, Temendo 'l fiotto, che 'n ver lor s'auenta,
Fanno lo schermo, perche 'l mar si fuggia.* Il faict cõ-
paraison des chaussées & rempars qui sont en
ce lieu de l'Enfer, aux digues & leuées que font
les Flamens entre Bruges & Guizant, pour empescher que la mer par son reflux ne noye beaucoup de pays & villages. Bruges est vne des
principalles villes de Flandres, prochaine à la
mer de troys lieux, grande, bien située, ayant de
circuit de quatre à cinq milles Italiennes. Guizant, est vn mot corrompu par Dante, comme
aussi ie le corrõps le nommant Guizet. Car c'est
la petite Isle de Cadsant où est vn beau village
de mesme nom, vis à vis de l'Escluse ville à trois
lieux de Bruges. Ceste Isle fut iadis beaucoup
plus grande auec vne ville & plusieurs beaux &
riches villages, ou maintes guerres Nauales en
diuers temps sont aduenues. Car là presque
tousiours prenoient port les Ennemys des Flamens, comme Anglois, Holandois & autres,
Mais les tempestes de Mer auec la marée & son
retour l'ont petit à petit consumée plus que la
moytié. De ce lieu icy doncques veut entendre
Dante l'appellant Guizante pour Cadsante, &
encores auiourd'huy, se font continuellement
grands rempars ou digues, d'autant que là &
par les lieux circonuoisins tirant vers Bruges, la
marée a tres-grãde puyssance & force, tant pour
la situation, que pour la basseur de la terre, principalement regnant le vent Maistral. voyez
Louys Guichardin en sa description des pays
bas.

COMME LES PADOVANS font le long de la Brente Pour defendre de l'eau villages & chasteaux, Deuant que la chaleur la Charantane sente.] *Et qual i Padouan lungo la Brenta, Per defender lor ville, & lor castelli, Anzi che Chiarentana il caldo senta.* Ceux de Padoue affin que la Brente ne se desborde, la remparent au commencemét du Printemps, pource que les neiges venans à se fondre sur la mótagne, elle s'engrossit, & noyeroit les Terres d'alentour, sans les leuées que l'on faict tous les ans. Brente, est vn fleuue qui passe par Padouë, & tire sa source d'vne montagne, dicte Chiarentana aux Alpes qui diuisent l'Italie de l'Alemagne. Quand il dict doncq, *Anzi che Chiarentana il caldo senta*, c'est à dire, deuant que les neiges de ceste montagne se fondent par la chaleur aux moys de May, Iuin & autres.

AINSI QV'A LA NOVVELLE LVNE L'vn l'autre l'on regarde en la tarde soyrée.] *& ciascuna Ci rigardaua, come suol da sera Guardar l'vn l'altro sotto noua Luna.* Il imite Virgile qui dict au VI. de l'Eneid.

> *Quale per incertam Lunam sub luce maligna*
> *Est iter in syluis: vbi cœlum condidit vmbra*
> *Iupiter, & rebus nox abstulit atra colorem.*

QVI ME PREND PAR LA ROBBE.] *chi mi prese Per lo lembo.* Proprement *lembo*, est le bord d'vn manteau ou d'vne robbe, ou de quelque autre habit.

ESTES VOVS BRVNETE en ceste place.] *Siete voi quì ser Brunetto.* Messire Brunetto Latin fut de Florence vn Notaire ou Secretaire beaucoup estimé & versé en son art, mais d'vne con-

ſcience aſſez mauuaiſe, dont eſtant accuſé d'a-
uoir commis pluſieurs faulſetez il s'en allà demeurer à Paris, là où liſant publiquement la
Phyſique, il fut Maiſtre de Dante, & comme
Mathematicien ou Aſtrologue luy predit, qu'il
deuoit eſtre l'vn des plus doctes de ſon temps.
Pour le vice de Sodomie noſtre Poëte faint
qu'il le trouue en ce lieu, damné auec les Sodo-
mites.

QVI DE LA TROVPPE INDIGNE S'ar-
reſte quelque peu, depuys il git cent ans, Sans
pouuoir deroſtir quand la flamme le ſigne.]
Dante faint icy, que celuy des damnez en ce
cercle, qui s'arreſte tant ſoit peu, git puis aprez
cent ans ſans pouuoir oſter la bruſleure qui le
trauaille. C'eſt ce qu'il veut dire par ces motz,
Qual di queſta greggia s'arreſta punto, giace poi cent'
anni ſenz' arroſtarſi, quando'l fuoco il feggia. c'eſt à
dire, ſans deroſtir ou chaſſer la bruſleure, quand
le feu l'entrecoupe, le fend ou le marque.

MA BRIGADE REBELLE.] *La mia maſna-*
da, Proprement *Maſnada,* eſt la compagnie des
aſſaſſineurs, voleurs, infames, & meſchans.

ET ME MENE AV LOGIS.] *Et reduce mi à ca,*
il dict, *Ca,* pour *caſa,* à cauſe de ſon vers, & il en-
tead, qu'il le mene au Ciel, qui eſt le propre &
perpetuel logis & pays des gens de bien.

LEQVEL IVRE DE Fieſole venir de toute
antiquité.] *Che diſceſe da Fieſole ab antico.* Fieſole
au temps de Sylla fut Colonie des Romains, &
les ſoldatz de ceſte garniſon ayant en hayne
l'aſpreté du lieu, deſcendirent à la plaine, & là
donnerent cõmancement à la ville de Florence,

où quelques vns habitoient, & s'en firent citoyens, si bien que les Florentins tirent leur origine de Fiezole.

ET TIENT DV MONT ENCOR & de la
pierre dure.] *Et tien ancor del monte, & del macigno.*
il veut dire, Que pource que les Florentins sont
descenduz de Fiezole située en vn lieu monta-
gneux & sauuage , ilz en tiennent encore les
meurs aspres, durs, sauuages & cruels. Ainsi Didon reproche à Enée, qu'il fut engendré d'vn
Caucase, non d'vne Deesse, pource qu'il ne s'e-
meut à pitié , au IIII. de l'Eneid.

> *Nec tibi diua parens, generis nec Dardanus auctor*
> *Perfide, sed duris genuit te cautibus horrens*
> *Caucasus.*

& au V I. parlant de Didon, qui se monstroit
tousiours cruelle à Enée, Virgile vse de la mesme metafore,

> *Illa solo fixos oculos auersa tenebat,*
> *Nec magis incœpto voltum sermone mouetur,*
> *Quàm si dura silex , aut stet Marpesia cautes.*

Macigni ce sont pierres d'vne couleur liuide, qui
tire au gris, lesquelles se taillent aux carrieres
des montagnes de Fiezole, & ceux de Florence
s'en seruent pour leurs bastimens & fabriques.

ET C'EST RAISON qu'autour des sorbes
aigrissàtes Ne se puissent cuillir les figues doux
mordantes.] *Et è ragion che tra gli lazzi sorbi si*
desconuien fruttare il dolce fico. Ie croy que par les
sorbes aspres, il veut entendre les Cormes, qui
sont de ce goust là , mesmes en quelques lieux
de la France, les Cormes sont dictes sorbes.
Lazzo, en langue Florétine, signifie saueur aspre
& restraintiue , comme est le fruict appellé
Ponticus.

Ponticus, par les Medecins. Mais Dante eſcriuant
cecy, faict dire à Brunet que les Florétins le doiuent chaſſer de leur ville, d'autant qu'il n'eſt
raiſonnable que les gens de bien ſoient parmy
les meſchans, quelz il deſcript les Citoyens de
ſa ville.

LA VIEILLE RENOMMEE au monde les
appelle Aueuglez.] *Vecchia fama nel mõdo li chiam*
orbi. Pour ce que les Florentins ſont tenus pour
hommes ingenieux, aiguz, d'vn grand eſprit, &
bien aduiſez en leurs affaires, l'Epithete que
Dante leur attribue en ce lieu leur conuiendroit mal, s'il ne ſe rapportoit à ce qui eſt iadis
aduenu en l'An MCXVII. Le faict eſt tel deſcript au VI. liure chap. XXX. des Chroniques
du Villani. Ceux de Piſe auoient preparé vne
groſſe armée pour aller conqueſter l'Iſle de
Maiorica, detenue par les Sarazins. Auquel
temps les Lucquois leur firent la guerre, & les
Piſans qui ne voulloient laiſſer leur entrepriſe,
& neantmoings craignoient de perdre leur Republique en leur abſence, ilz prierent les Florentins, qu'ils euſſent à les ſecourir, & conſeruer
leur ville iuſques à leur retour. Ce que les Florentins firent cordialement & valeureuſement,
ſi bien que quelque temps aprez les Piſans re-
tournans victorieux & remplis d'vn beau butin,
entre lequel il y auoit deux Colomnes de Por-
fyre, & deux portes de bronze bien elabourées,
pour recognoiſtre le plaiſir reçeu des Florentins
ils leur donnerent l'eſlection des deux ſuſdites
choſes, mais les Florentins eſleurent pluſtoſt les
Colomnes qni eſtoient plus ſuperbes & riches,
que les portes de bronze, dont les Piſans pouſ-

sez d'enuie les gasterent secrettement auec du feu, puis les couurirent d'escarlatte. Ce qui ne fut descouuert par les Florentins qu'elles ne fussent arriuées dans leur ville. Pour quel accident ils furent appellez Aueugles, & les Pisans Traistres.

DE LEVR COVSTVMES FAY que ton ame soit belle.] *Da lor costumi sa che tu ti sorbi.* c'est à dire, Esloigne toy de telles coustumes, Fais que ton ame soit nette de telles façons de faire, qui ne sont loüables, par metafore prise des armes que l'on forbit & nettoye.

QVE DE TOY TOVS LES DEVX PARTIS auront enuie.] *Che l'una parte & l'altra hauranno fame Di te.* c'est à dire, les Blács & les Noirs, qui estoiét deux factions contraires dedans Florence.

MAIS LOING DV BEC SERA l'herbe qui fructifie.] *Ma longi sia del becco l'herba.* c'est à dire, Bien qu'à Florence tout le monde te desire, tu n'iras pourtant. Car tu seras bien loing de ton pays, & ils n'auront moyen de iouyr de ta prudence & doctrine.

LES BESTES DE FIESOL fassent fiante vile D'elles mesmes, & nó la plante ebourgeonner.] *Facciam le bestie Fiesolane strame Di lor medesme, & non tocchin la pianta.* Il appelle les citoyens ingrats de Florence, bestes de Fiesol, pource qu'il les fait cy dessus descendre de Fiesol, & les nómant bestes, il continue à sa metaphore, disant, qu'elles fassent fiante ou lettiere d'elles mesmes, c'est à dire qu'ils se mesprisent eux mesmes, & se tiennent pour chose vile, comme est la paille iettée pour lettiere aux vaches ou cheuaux, & qu'ils ne touchent ou gastent la bonne plante,

qui eſt parmy vn ſi meſchant peuple, laquelle
reuit encore en la ſemence ſaincte des anciens
Romains qui firent leur demeure à Florence
quittant Fieſole. Florence, diſ-ie, qui maintenãt
eſt le nid de tout vice & meſchanceté.

DE VOVS LA CHAIRE bonne image pa-
ternelle.] Dante dit. *& hor m'accora la cara buona*
imagine paterna Di voi. c'eſt à dire, i'ay compaſſiõ
de voſtre mort, me reſouuenant de l'affection
paternelle dont vous m'aimiez.

COMME S'ETERNE L'HOMME.] *Come l'huom'*
s'eterna. c'eſt à dire, comme l'homme deuient
eternel, ou comme il s'immortaliſe.

ET LE GARDE A GLOSER auec vn autre texte, A Dame qui ſçaurà ſi vers elle i'arreſte.]
Et ſeruolo à chioſar con altro teſto A donna che ſaprà, s'a
lei arriuo. Il veut dire, qu'il reſerue à expliquer
ce que luy dit Bruneto, à Beatrix, auec ce que
luy a dit Farinata, touchant ſon exil, au chant
x. cy deſſus.

QVE LA FORTVNE TOVRNE à ſon plaiſir ſa
rouë, Et que le iardinier de ſa beche ſe iouë.]
Pero giri fortuna la ſua rota Come le piace, e 'l villan la
ſua marra. Ce ſont prouerbes deſquels vſent les
Florentins & Italiens, qui veulent dire, Que la
fortune me mette en haut, ou en bas de ſa rouë,
& que toute choſe ſoit bandée contre moy, ie
ſeray preſt de m'accommoder à tout, & de voguer à tous vents.

PRISCIAN VIENT AVEC CESTE trouppe do-
lente.] *Priſcian ſen' va con quella turba grama.* Priſcian fut de Cæſarée en Cappadoce, qui vint à
Romme ſouz Iuliã l'Apoſtat, & par ſõ moyẽ &

priere il escriuit xv. liures de Grammaire.

FRANÇOYS D'ACCVRSE encor.] Ce fut le filz d'Accurse, qui a glosé tout le droict Ciuil grand I. C. comme son pere.

TV POVRROIS VOIR celuy qui d'Arne fut promeu Au cours Bacchilion par le Pape, où il laisse Les nerfz mal estenduz de douleur vengeresse.] *Et vedervi Colui potei, che dal seruo de serui Fu transmutato d'Arno in Bacchiglione, Oue lasciò li mal protesi nerui.* Il parle de Messire André de Mozzi Euesque de Florence, qui fut si vilain Sodomite, que son frere Thomas cheualier Florentin le fit esloigner de ladicte ville, le faisant pouruoir par Nicolas des Vrsins, lors Pape, à l'Euesché de Vicence. Arno est le fleuue qui passe par Florence: Bacchiglion, celuy qui court le long des murailles de Vicence. Escriuant doncq' ces motz, *Fu transmutato d'Arno in Bacchiglione*, il veut dire, que d'Euesque de Florence, il fut esleu Euesque de Vicence. Dante dict, *Dal seruo de serui.* c'est à dire, du Pape, lequel souscript ainsi, *seruus seruorum Dei.* Ce qui fut introduict par le Pape Gregoire le Grand, & Docteur de l'Eglise.

MAIS MON THRESOR bien ie te recommande.] *Siati raccommandato il mio Thesoro.* Brunetto Latini auoit faict deux liures, le premier en langue Toscane & en vers qu'il auoit intitulé *Thesoretto* l'autre en Françoys plus grand que le premier, intitulé *Thresor*, & c'est le liure qu'il recommande à Dante.

ET SEMBLOIT DE ceux mesme Qu'à Veronne l'on void courir le drappeau verd.] *Et parue di coloro Che corrono à Verona 'l drappo verde.* Il

compare la courſe de Brunetto, à la legiereté de
ceux qui couroient en la ville de Veronne le
manteau de drap verd. Lequel paſſetemps on
auoit accouſtumé de faire tous les ans anciennement, ſçauoir au temps de Dante le premier
Dimanche de Quareſme.

Et entre tous ſupreme Paroit celuy qui gaigne, & non celuy qui perd.] *& parue di coſtoro
Quegli che vince, non colui che perde.* Il veut dire,
que Brunetto parmy la trouppe des damnez
comme luy, pour la Sodomye : paroiſſoit le
premier, & non le dernier. Car entre ceux qui
couroient à pied le drappeau verd, celuy qui
eſtoit le premier eſtoit le victorieux.

H iij

CHANT XVI.

Esia mon Duc estoit au lieu duquel resonne
Le murmure de l'eau, qui tombe en l'autre
  rond,
Semblable à celuy là qui dãs les ruches tõne,
A lors qu'ensemblement trois ombres d'vn pas prompt
Partent, se separant d'vne escadre qui passe
Souz la playe du feu, dont le tourment se brasse.

Elles venoyent vers nous, & chacune s'escrie,
Toy ne bouge d'icy qui sembles aux habits
Estre au nombre de ceux de la terre ennemie.
Quelles playes, helas! en leur membres ie vis
Recentes & de vieil par flammes embrasées?
Encor i'en ay regret, les ayant pourpensées.

A leur crys attentif se tient ferme mon Maistre
Deuers moy se tournant, Ores (dit-il) attends
Si courtoys à ceux cy du moings tu cuides estre,
Et si n'estoit le feu que sagette en tout temps
La nature du lieu, plus t'estre conuenable
Qu'à eux ie maintiendrois vn desir si loüable.

Recommençent alors: Helas! (nous estans fermes)
Le verset ancien, & à nous suruenus,
Tous trois font vne rouë en redoublant leurs termes,
Comme s'accoustumoyent de faire huilez & nuds
Les Atletes voyans leur aduantage & prise,
Premier qu'ils soyent battus & points en l'entreprise.

Ainsi des trois chacun en rouant le visage
Redressoit deuers moy, si bien qu'aux pieds faisoit
Tout contraire le col continuel voyage.
L'vn commence à nous dire en la sorte, iaçoit
Que l'horreur de ce lieu sablonneux & la face,
Triste nous mesprisez & noz prieres fasse:

Du moings nostre renom esmeuue ta pensée
A dire quel tu es, qui vif tant asseuré
Marches dedans l'Enfer. Ceste ombre mesprisés
Dont tu me voys piller les pas, quoy qu'alteré
Son corps soit du tout nud & pelé, d'vne gloire
Et rang plus grand il fut, que tu ne sçaurois croire.

Iceluy fut nepueu de la bonne Gualdrade,
Qui eust nom Guido-guerre, & en ses iours assez
Par le glaiue & conseil se maintient en parade.
L'autre qui l'ombre suit de mes pas compassez,
Est Thegge d'Aldobrand, duquel la renommée
Agreable deubroit au monde estre estimée.

Et moy qui mis en croix ces deux là l'accompagne,
Fuz Iacques Rusticucce, & pour dire vrayment,
Bien plus qu'autre m'a nuit ma felonne compagne.
Si i'eusse esté couuert de ce feu bonnement,
Ie me serois ietté dessoubs, entre ces ames,
Et mon docteur auroit souffert de telles flammes.

Mais pource que i'estois pour me bruler & cuyre,
La peur a refroidy ma bonne volonté,
Qui me faisoit glouton à eux de me reduire.
Depuis ie commençay : La dure cruauté
Qui vous geine en ce lieu, non mespris, mais tristesse
Tant m'a fisché dedans, que bien tard ie la laisse.

H iiij

Auſſy toſt que me dict ce mien Seigneur & maiſtre
Telles parolles, dont ie penſay ſuruenir
Vers nous ces ombres là quelles vous pouuez eſtre,
Ie ſuis de voſtre terre, et me doibs ſouuenir
Touſiours de voſtre honneur & renom admirable,
Et l'ouyr de bon cœur me ſera fauorable.

Ie laiſſe là le fiel, & aux fruicts ie m'addonne
Qui doucereux me ſont par mon vray Duc promis,
Mais ce centre il conuient que deuant i'enuironne:
Si tes membres long temps ſoient par l'ame conduicts,
Il luy reſpond alors, & ſi ta renommée
Doibt reluyre aprez toy d'vn chacun eſtimée,

Dys nous ſi courtoyſie & la valeur demeure
Ainſi qu'elle ſouloit dedans noſtre Citté?
Ou ſi du tout dehors elle eſt à la malh'eure?
Car Guillaume Bourſier icy precipité
Auec nous depuys peu, qui ſuit ſa compagnie,
Par ſon parler accroiſt noſtre melancholie.

Vne nouuelle gent & fortunes ſondaines,
Orgueil & deſmeſure ont pullulé dans toy,
O Florence! ſi fort, que jà tu plaings tes peines.
Auec face leuée ainſi ie m'eſcrioy:
Les troys oyant cecy pour reſponce bien ample
L'vn l'autre ſe gardoient quel le vray ſe contemple.

S'il te couſte ainſi peu touſiours de ſatisfaire
Aux demandes d'autruy, reſpondent tous les trois,
Heureux toy qui parler peus ſi bien volontaire,
Pour celà ſi tu fuys ces lieux obſcurs, & doibt
Retourner pour reuoir les Eſtoilles plus belles,
Quand tu auras plaiſir dire parolles telles.

I'y fuz, fay que de nous à la gent tu racontes,
De là rompent la rouë, & s'enfuyent bien loing,
Aifles femblent auoir leur iambes beaucoup promptes,
Si toft l'on n'auroit peu prononcer auec foing
Vn A M E N , cependant que difparent les Ombres,
Dont le Duc trouue bon partir de ces lieux fombres.

Ie le fuyuois, & peu nous eftions loing encore,
Si que le fon de l'eau nous eftoit tant voyfin,
Qu'à peine nous ferions entenduz parlant ore,
Comme ce fleuue là qui fon propre chemin
Hà premier du mont Vefe au Leuant de la cofte
Gauche de l'Apennin là où fon eau s'accofte,

Que l'on dict eau quiete auant qu'elle deuale
A la baffe campagne, & à Forly, ce nom
Change diuerfement. Il refonne & cymbale
Là deffuz S. Benoift Eglife de renom,
Des Alpes pour tomber à vne cheute eftroitte
Ou à mille debuoit s'y faire la retrette.

Nous trouuafmes ainfi refonner l'eau vermeille
Par vn vallon rapide auec fi grand effroy,
Qu'en peu d'heure elle auroit rendu fourde l'oreille,
Vne corde i'auois ceinte alentour de moy,
Et penfay quelque foys la trouuant defirée,
D'icelle prendre l'Once à la peau peinturée.

Mais depuys que ie l'euz deceinte de moymefme,
Ainfy comme le Duc me l'auoit commandé,
Ie luy donne nouée auec vn nœud extreme,
Dont vers le cofté droict foudain s'eft abordé,
Et au loing quelque peu de cefte riue immonde
La precipite bas en la foffe profonde.

H v

Toutefoys il conuient que nouueauté s'accorde,
Ie disois en moy mesme, à ce nouueau desseing:
Car le Maistre des yeux seconde ceste corde.
Ah combien doibuent estre accords & fins à plain
Les hommes prez de ceux qui ne voyent l'ouurage,
Mais mirent les pensers dedans d'vn conseil sage!

Il me dict: Au dessuz viendrà bien tost en monstre
La chose que t'attens & que songe ton cœur,
Il faut qu'à ton visage elle bien tost se monstre.
Vn homme tant qu'il peut doibt fermer pour le seur
Les leures à ce vray qui mensonge ressemble,
Pource que sans faillir toute vergoigne assemble,

Mais ie ne puis le taire icy, par les parolles
De ceste Comedie vn serment ie te faiz,
Lecteur, si pour le moings elles ne sont friuoles,
Et sans grace du tout que par cest air espaiz
I'ay veu venir nageant au dessus vne image
Merueilleuse sans plus à tout constant courage.

Comme tourne celuy qui telle foys s'abaisse,
Pour detascher vn anchre à vn escueil happé,
Ou autre que la mer dessouz ses eaux affaisse,
Qui s'estend au dessuz de ses piedz rattrappé.

ANNOTATIONS
sur le Chant XVI.

EMBLABLE A CELVY LA qui dans les ruches tonne.] *Simil à quel che l'arnie fanno rombo.* Il compare le murmure de l'eau du fleuue, qui tomboit au cercle VIII. au son confuz que font les mouches à miel, mais le texte de Dante porte, *che l'arnie fanno*, & les deux interprettes, Landin & Velutellus lisent de ceste façon, toutefoys Françoys Alurno de Ferrare en son liure intitulé De la Fabrique du Monde, a leu ce passage ainsi : *che l'Arine fan rombo.* Interprettant, *Arine:* Latin *alueus siue alueus, apiarium, sono vasi oue habitano le Api.*

SOVBZ LA PLVYE DV feu dont le tourment se brasse.] Dante dict, *sotto la pioggia de l'aspro martiro.* c'est à dire, du feu cuysant. Car c'estoit la pluye du feu qui causoit tourment à ces damnez.

TOY NE BOVGE D'ICY.] Dante dict, *sostati tu,* c'est à dire, arreste toy. les Latins diroyent, *siste gradum.* les Italiens disent *sostare.* les Latins *sistere.*

QVELLES PLAYES, HELAS ! en leur membres ie vys Recentes & de vieil. *Ahime, che piaghe vidi*

H. vj

ue lor membri Recenti & vecchie. I'ay dict, Recentes
& de vieil, pour dire, nouuelles & vieilles.

PLVS T'ESTRE CONVENABLE Qu'à eur
ie maintiendrois vn desir si louable.] *i dicerei che
meglio stesse à te, ch' à lor la fretta.* c'est à dire, que la
haste ou diligence, ou desir d'estre ensemble,
estoit plus proffitable à Dante, qu'à ces ames
qui l'arrestent.

RECOMMANCENT ALORS, HELAS (nous
estans fermes) Le verset ancien.] *Ricominciar, come
noi restemmo, Hei l'antico verso* Dante appelle ceste
interiection *Hei*, ou helas, l'ancien verset des
ames damnées, pource qu'elles auoient coustume de se plaindre en ceste façon. I'ay dict, Nous
estans fermes, c'est à dire nous estans arrestez.

COMME S'ACCOVSTVMOIENT de fai-
re huilez & nudz Les Atletes voyans leur aduã-
tage & prise.] *Qual solean i campion far nudi &
vnti Auisando lor presa, & lor vantagio.* Dante faict
icy comparaison du geste de ces trois ames,
qu'ilz trouuent en ce lieu à la façon des Atletes
qui luttoyent en la Grece. Car ils alloient nudz
& huilez à l'entour du Theatre, l'vn derriere
l'autre, pensant au moyen de pouuoir embraser
leur ennemy auec quelque aduantage, & s'estás
embrassez ilz se battoyent & iettoyent par terre.
Les Grecz principalement vsoyent de telz ieux,
mais les Romains les pratiquerent à la fin sur
leur Theatres.

SI BIEN QV'AVX PIEDZ faisoit Tout contraire le col continuel voyage] *Si che 'n contrario
il collo Facea à i pie continuo viaggio.* Il veut dire, que
ces ames en tournant toussiours le col par der-

riere pour regarder Dante , leur col faiſoit vn
voyage contraire à celuy des piedz.

L'VN COMMENCE à nous dire.] Il faict
icy parler Iacques Ruſticucci cheualier Florentin duquel nous auõs faict mention au chant 6.

QVE L'HORREVR DE CE lieu ſablon-
neux.] *Et ſe miſeria d'eſto loco ſollo.* I'ay traduit ſa-
blonneux, pource qu'icy deſſuz au chant 14. il
a monſtré que ceſte Lande areneuſe chaſſoit
toute plante de ſon terrain , toutefois *ſollo* , proprement ſignifie vuyde, vain, rare, peu eſpaiz, e-
ſtant mot Callabroys.

LA FACE TRISTE.] Dante dict, *e'l triſto aſpetto & brollo. Brollo,* ou bien *brullo,* proprement ſignifie pelé, & l'on dict, *huomo brollo* celuy qui eſt
deſpouillé de ſes biens, & la *Terra brolla,* ou *brulla,*
qui eſt nuë de toutes herbes & bruſlée du Soleil.

CESTE OMBRE MESPRISEE dont tu me
voys piller les pas.] *Queſti , l'orme di cui peſtar mi
vedi.* Il parle de Ruggier Guidoguerra nepueu
de la belle Galdrada , qui fut vn valeureux cheualier & homme d'vne grande prudence & cõſeil, ſi bien qu'en la bataille de Beneuento entre
Charles premier & Manfrede , il fut reputé le
principal motif de la victoire, qu'emporta ledict Charles, pource qu'il ſe trouua là Colonnel
de CCCC. cheualiers Florentins Guelfes exi-
lez, leſquelz quelque temps aprez retournerent
à Florence, & auec l'ayde de Charles chaſſerent
les Ghibelins de ladicte ville. Pource Dante
dict de luy. *& in ſua vita Fece col ſenno aſſai , &
con la ſpada.*

ICELVY FVT NEPVEV de la bonne Gualdrade.] Ceste Dame en ses ieunes ans fut pucelle tresbelle & de bonne grace, fille de Messire Belnicion Barti des Rauignans, ancienne famille de Florence, & vne des branches de celle des Ademares. Vn iour il aduint cõme l'Empereur Otton IIII. estoit à Florence en vne assemblée de Dames, qui se faisoit à cause de la feste de S. Iehan Baptiste, qu'il fut esmeu meruielleusement de la beauté de ceste fille, & demandant à qui elle appartenoit, Bellincion son pere se trouuant prez dudict Empereur, en presence de tous respond : Qu'elle estoit fille de celuy qui se faisoit fort de la luy faire baiser. La fille oyant les parolles du pere, & picquée d'vne honeste vergoigne, en se leuant gaillardemēt dict, Mon pere, ie vous prye ne soyez si liberal d'vne chose qui me touche si fort. Car vous me permettrez, s'il vous plaist, que ie vous asseure, Que iamais aucun ne me baiserà s'il n'est mon espoux legitime. L'Empereur fut estonné d'vne si chaste & prudente responce en si bas aage, & seudainement fit venir l'vn de ses Barõs appellé Guidõ, voulant que sur le champ elle l'espouse, & en dot luy donnà le Cassentin, & partye de la Romagne, & honorà son mary du Tiltre de Comte, duquel tire son origine la famille des Comtes Guidons. Dudict Guidon & de Gualdrade nacquirent deux filz, Guillaume & Ruggier, & de Ruggier Guidoguerre, qui pour ceste cause est nepueu de Gualdrade : lequel suiuit le party des Guelfes, dont il touche en ce lieu, mais de Guillaume nacquit Guidon nouueau du party des Ghibelins.

EST THEGGE D'ALDOBRAND'.] *E Theggiao*

Aldobrandi. Il fut cheualier de la famille des Ademares, beaucoup vtile à la Republique de Florence soit en paix ou en guerre. Il auoit decon-
seillé l'entreprise des Florentins contre les Sienois, iugeant que l'on n'auroit pas du bon, à
cause que l'on seroit trahy, mais il ne fut creu, &
son opinion mesprisée, si bien que les Florétins
perdirent la bataille à la valée d'Arbia auec l'exil
des Guelfes de Florence. Nous auons touché ce
faict cy dessuz plus amplement.

FVZ IACQVES RVSTICVCCE, & pour dire
vrayment, Bien plus qu'autre m'a nuit ma felonne compagne.] *Iacobo Rusticcuccei fui, E certa*
la fiera moglie piu qu'altro mi noce. De ce cheualier
nous auons parlé au chant VI. & il touche icy
en mauuaise part de sa femme, pour-ce qu'elle
fut si meschante & contraire à sa bonté qu'il fus
contrainct de se separer d'auec elle. Qui fut en
partye occasion de le faire tomber au vice de
Sodomie, pour lequel il est puny en ce cercle.

SI I'EVSSE ESTE couuert du feu.] *S'io fosse stato*
dal fuoco conerto. c'est à dire, si i'eusse esté defendu
du feu pour ne craindre aucun mal.

ET MON DOCTEVR AVROIT souffert
de telles flammes.] *Et credo che 'l dottor l'hauria*
sofferto. c'est à dire, ie croy que Virgile auroit
souffert ce mien desir de me ietter auec eux.

MAIS GVILIAVME BOVRSIER icy precipité.]
iceluy fut vn Cheualier de Floréce d'vne famille
assez noble, qui frequétoit les Courts des Princes. L'on raconte de luy qu'estant à Genes, &
comme Herminio Grimaldi homme riche, mais
auare, luy demandoit ce qu'on pourroit mettre

en painture dans vne sale d'vne sienne maison
nouuellemēt bastie, que l'on n'auroit point veu
cy deuant, il respond, ie vous diray vne chose de
laquelle vous n'eustes iamais cognoissance.
Peignez la liberalité. Laquelle parole esmeut
tant le Geneuois qu'il changea son naturel a-
uare, & deuint assez liberal.

QVAND TV AVRAS plaisir dire parolles
telles, i'y fuz.] *Quando ti giouera dicer, io fui.* C'est
à dire, Quand sorty de ces lieux si dangereux,
tu auras plaisir de raconter les choses passées,
car la souuenance en est agreable. Virgile au I.
de l'Eneid.

    ---- *Vos Cyclopea saxa*
    Experti, reuocate animos, mæstúmque timorem
    Mittite: forsan & hæc olim meminisse iuuabit.
Et Senecque,
    Que fuit durum pati meminisse dulce est.

AILES SEMBLENT AVOIR leur Iambes
beaucoup promptes.] *Ale sembiaron le lor gambe
snelle.* Pour monstrer de quelle vitesse ces trois
ombres couroient, il compare leurs iambes à
des aisles, pource qu'elles estoient ainsi legieres
à courir, comme sont les aisles à voler, & dict
encore, qu'elles disparurent plustost, que l'on
n'auroit moyen de dire, AMEN.

COMME CE FLEVVE LA qui son propre
chemin Ha premier du mont Vese en Leuant de
la coste Gauche de l'Apennin, la où son eau s'accoste, Que l'on dict eau quiete, auant qu'elle
deuale A la basse campagne, & à Forly, ce nom
Change diuersement, il resonne & cymbale Là
dessuz S. Benoist Eglise de renom, Des Alpes
pour tomber à vne cheute estroicte, Ou s'y faire

debuoit à mille la retrette.] *Come quel fiume c' ha proprio camino Prima da monte Vefo in ver Leuante, De la finiftra cofta d' Apennino Che fi chiama aqua cheta fufo auante Che fi diualli quì nel baffo letto, Et à Forly di quel nome e vacante , Ribomba la foura fan Benedetto, De l'Alpe per cadere ad vna fcefa, Doue douria per mille effer ricetto.* Il faict comparaifon du refonnement de l'eau qu'ilz oyoient en Flegeton, à celuy que faict le fleuue, dict Montone, que l'on entend fur l'Abbaye S. Benoift fife fur la cofte gauche de l'Appennin, duquel fouuêt l'eau tombe bas à plomb, & puys defcéd fur la Romagne. Or d'autant que ce texte eft beaucoup embrouillé, ie le mettray par ordre. Ainfi que ce fleuue, dict Môtone , qui de la cofte gauche de l'Apennin du cofté du mont Vefe au Leuant, ha premierement vn propre chemin , qui au deffuz , deuant qu'il deualle bas , s'appelle eau quiete & repofée, & à Forly, où prend origine ce fleuue , perd ce nom d'eau quiete , pour tomber des Alpes à vne defcente qui debuoit eftre receptacle à vn peuple infiny.

Dv MONT VESE.] Mont *Vefo*, ou *Vefulo*, eft aux Alpes au deffuz du Montferrat, qui fepare la Prouence de l'Italie.

DE LA COSTE GAVCHE de l'Apennin.] Il faut entendre icy , que la droicte partye eft celle, qui regarde le Midy , & la gauche qui va au Septentrion.

AVANT QV'ELLE DEVALLE à la baffe campagne.] c'eft à dire, deuant que l'eau defcende par la valée en la plaine de la Romagne.

ET A FORLY ce nom change diuerfement.]

Ce fleuue deuant que son eau descende est appellé, *Aqua cheta*, mais à Forly perdant ce nom, est nommé Montone, & s'en va dans la mer auprez de Rauenne.

LA DESSVZ S. Benoist.] C'est vne Abbaye dessus la coste de l'Apenin, qui separe Mugello de la Romagne, là où ce mont prend le nom de l'Abbaye.

OV A MILLE DEBVOIT s'y faire la retrette.] Iehan Boccace escript auoir ouy de l'Abbé de ce S. Benoist, que iadis les Comtes de ceste contrée auoyent resolu de faire vn Bourg ou chasteau auprez de la cheute de ce fleuue, & là reduire plusieurs villages voysins, mais la mort de celluy qui desiroit principallement faire telle entreprise, empeschà que rien ne fust faict, C'est pourquoy Dante dict, *Doue douria per mille esser ricetto.* c'est à dire, à plusieurs, Prenant vn nombre finy pour l'infiny, à la façon des Poëtes. Virgile aux Eclogues.

Mille mihi Siculis errant in montibus agni.

QV'EN PEV D'HEVRE elle auroit rendu sourde l'oreille] *si che 'n poc' hora hauria l'orecchia offesa.* C'est vne allusion à ce que l'on escript des habitãs voysins des Cataduppes, ou Cataractes du Nil, qui pour le trop de son ou bruyt que faict ce grand fleuue, en tombant d'vne haute montagne deuiennent sourdz, comme rapporte Ciceron au songe de Scipion.

COMME TOVRNE CELVY qui tellefoys s'abaisse.] Il faict comparaison de la venuë de Gerion qu'il veut entendre, par la merueilleuse figure ou image descripte en ce lieu, à celuy qui tourne dessoubz l'eau pour detascher l'anchre,

ou toute autre chofe couuerte & agraffée de la
mer, lequel s'eftend auec les mains en haut, &
fe retire auec les pieds. Il fait icy vne recipro-
que metaphore de la mer à l'Air, à l'imitation
des autres Poëtes, qui accommodent fouuent
ce qui eft propre à nager, au voler, & ce qui eft
propre à voler, au nager : comme Virgile dit,
Mare Velinolum, la mer par laquelle l'on vole a-
uec des voyles, & *Remigium alarum*, les auirons
des aifles, quoy que les auirons foyent feulemét
des nauires, vaiffeaux ou galeres. Ainfi dit Dāte: *vidi per quell' aer groffo & fcuro venir notando vna
figura in fufo.*

DE SES PIEDS RATRAPPE'.] Dante dit, *Et da
piè fi ratrappa.* c'eft à dire, fe ramaffe & fe retire
auec les pieds.

CHANT XVII.

Oila la beste fiere auec la queuë aiguë,
Qui les montz outrepasse & murs &
mes rompt:
Voyla celle qui rend toute ame corramp
Auec sa puanteur. Ainsi d'vn parler pr
Mon maistre commenceà, si bien qu'il luy fauct signe
De venir à la prouë, aux marbres veux voysine.

Or de fraude & de dol la sale Image viue
S'en vient, & arriua, la teste seulement,
Et le corps, mais ne met la queuë sur la riue.
Son front estoit le front d'vn homme iustement,
Et seule par dehors auoit la peau benigne,
Et le reste par tout est forme serpentine.

Deux griffes elle auoit en poil iusqu'aux esselles,
Le doz & l'estomach, & tous les deux costez
Auoit de peintz de nœudz & diuerses rouelles.
Auec plus de couleurs ne sont representez
Des Tartares & Turcz les draps mis en ouurage,
Et Aracne ne peint ses toiles d'auantage.

Comme sont telle fois à la riue les bourches,
Qui sont partie en terre & sont partie en l'eau:
Et comme là parmy les grans Tudesques lourches
Le Bieure se prepare à son combat nouueau:
Ainsi la triste beste au riuage prend terre,
Qui de pierre basti le sable estraint & serre,

Glissoit & redressoit au vent toute sa queuë,
La retroussant dessuz la fourche du venin,
Qui comme vn Scorpion la poincte arme & remuë.
Le Duc dict, or conuient qu'vn peu nostre chemin
Se detourne courant iusques à ceste beste
D'vn naturel mauuais, laquelle là s'arreste.

Pource nous descendons à la droicte mammelle,
Et faisons bien dix pas dessuz l'extremité,
Pour eschapper l'arene & la flamme cruelle.
Quand nous sommes venuz vers elle en seureté
Peu plus oultre ie voys assise sur l'arene
Vne gent qui voysine est de la place vaine.

Le maistre, Pour auoir entiere experience
De ce Cercle, me dict: Or va soigneusement,
Et regarde attentif leur mine & contenance,
Que soit en peu de motz ton entretenement,
Attendant ton retour ie scauray de la beste,
Si de nous soustenir sur son doz elle est preste.

Ainsi dessuz encor par l'extreme partie
De ce septiesme rond, tout seul ie cheminois
Où assise restoit la gent triste & marrie.
Par les yeux en dehors leur doulonreuses voix
Sortoient deçà, delà, d'vne main secourable
Ilz vont à la vapeur, & tantost au chaud sable.

De mesme font les chiens en la saison ardente,
Or du chef, or du pied, alors qu'ilz sont morduz
Des puces, ou des Tahons, ou de mouche picquante,
Puis que sur quelques vns i'euz les yeux estenduz
Contre qui s'adonnoit la rigoureuse flamme,
Pas vn ie ne cognuz, mais i'aduise en mon ame

Qu'au col de tous ceux-là pendoit une grand'bourse
De certaine couleur, & d'un signe certain,
Et semble se nourrir l'œil de telle resourse.
Et comme en regardant sur eux ie viens soudain,
Ie vis en bourse iaulne une image azurée
Qui d'un Lyon auoit la face retirée.

Depuis faisant marcher de mes yeux la charrette,
Vne autre i'aduisay bien plus rouge que sang,
Monstrer plus que le beurre une Oye blanche & nette,
Et un lequel auoit marqué son sachet blanc
D'une Truye azurée & grosse, sans attendre,
Me dict, pourquoy viens tu sur ce fossé te rendre?

Ores va-t-en, & pour te voir encor en vye,
Scaches que mon voysin Vitalian assis
Doibt estre à mes costez où beaucoup ie m'ennuie,
Auec ces Florentins, moy Padouan ie suis,
Les oreilles souuent me cornent criant mesme,
Que s'enuienne en ce lieu le cheualier supreme

Qui portera la bourse auec trois boucs indignes,
Icy se tord la bouche, & la langue en dehors
Il tire comme un beuf, qui leche ses narines.
Or craignant quelque mal si i'arrestois alors
Vn peu plus, aduerty, sinon peu de temps estre,
Des las espritz i'aduise arriere de me mettre.

Et mon Duc ie trouuay, qui des-ja faict retrette
Auoit dessus le dos de l'animal felon,
Et me dict, prens courage auec vigueur discrette,
Desormais l'on ira sur un tel eschelon,
Ie veux estre au milieu monté deuant en veuë,
Si que n'aye pouuoir te mal faire sa queuë.

Quel est le patient lequel si prez adombre
D'vne quarte l'accez qu'aux ongles le frisson
Il sent, mais tout tremblotte en regardant vne ombre.
Tel ie demens oyant parler en la façon,
Mais ses menaces lors vergoigneux me font estre,
Qui rendent vn Serf fort au deuant d'vn bon Maistre.

Ie montay m'appuyant sur ses espaules grosses,
Et voului dire ainsi, mais la voix ne vient poinct
Comme ie le croyois : Fay donc que tu m'embrasses.
Or luy, car d'autrefois il m'en souuient à poinct,
Sitost que ie montois en haut parauenture
Me soustient vigoureux, & des bras me ceinture.

Lors il dict, Gerion, quand tu voudras chemine,
Faisant larges detours pour monter peu à peu,
Songe au pesant fardeau qui foule ton eschine.
Ainsi que la nassele il recule du lieu
En derriere, en derriere, & au delà se tourne,
Puis là où l'estomach se trouuoit il retourne

La queuë, & l'estendant tout ainsi qu'vne Anguille,
Il se meult, & auec les griffes tire à soy
Le vent ensemblement. D'vne peur plus subtile
Ne petilloit ie croy, quand mis en desarroy,
Phaëton des cheuaux les brides abandonne,
Dont le Ciel, comme il semble, encores cuit bouillonne.

Ou quand les aisles sent Icare miserable,
Se fondre par le chaud de la Cire, criant
Le pere, tu veux prendre vn sentier trop damnable:
Que fut la mienne alors que i'estois me voyant
En l'Air de toute part sans qu'il me fust possible
Voir autre chose, hormis ceste beste terrible.

Elle s'en va nageant d'une façon bien lente,
Faict la rouë, & descent, mais ie ne l'aduisois
Sinon qu'à mon visage, & plus dessouz il vente.
Ia des-ja la gargouille à droicte ie sentois
Glou-gloutter dessouz nous d'une horrible tempeste,
Pourtant auec les yeux bas ie porte la teste.

Alors au saut de l'eau ie fuz bien plus timide,
Pource que i'apperçois des feuz, & sens des pleurs,
Dont tremblottant du tout ie me restrains cupide,
Et puis aprez ie vys, pour les grandes douleurs
Qui de diuers costez descendoient, le descendre,
Et tourner, que deuant ie ne pouuois comprendre.

Ainsi que le faulcon, qui beaucoup sur les aisles
A esté, ne voyant le retour ou l'oyseau,
Faict dire au faulconnier: Ah descentes isnelles,
Descent lassé si bien qu'il se meut bien & beau,
Par cent & cent detours, & au loing se vient mettre
De son fier, desdaigneux & trop seuere Maistre.

Tout ainsi Gerion au fond nous abandonne,
Au pied au pied du Roch taillé sans aucune art,
Et s'estant deschargé de nous deux, il s'adonne
Dessous l'eau comme faict de la corde le dard.

ANNO.

ANNOTATIONS
sur le Chant XVII.

VOILA LA BESTE FIERE.] Il faict icy vne description de Gerion, qu'Ouide au IX. de la Metamorfose, met auoir esté Roy d'Espagne, & des deux Isles Baleares, que l'on nomme auiourd'huy, Maiorica & Minorica, pource les Poëtes faignent qu'il auoit trois corps. Virgile au VI de l'Eneide parlant de luy:

    Gorgones, Harpyiæque, & forma tricorporis vmbræ.

Il estoit homme trompeur, plein de cautele & d'vne mauuaise nature, lequel Hercules combattant auec luy en troys foys, le tuà, venant à bout d'vn chascun de ses corps à chacune foys. Voyez cette histoire amplement descripte au 10. labeur d'Hercule au 1 ch. du 7. liu. de la Mythogie de N. le Comte. Dante le figure pour la fraude & tromperie.

VOYLA CELVY QVI REND toute ame corrompue.] *Ecco colei che tutto 'l mondo appuzza.* Depuys que l'homme s'adonne à la perfidie & tromperie, il est puant, & corrompu deuant Dieu & les gens de bien.

AVX MARBRES VEVS voysine.] *Vicin' al fin de passegiati marmi.* I'ay vn peu traduit cé

vers briefuement contraint, mais il veut dire,
Prez des confins des leuées du fleuue des ja paſſé par nous, leſquelles leuées enſemble auec le
fond & la riue dudict fleuue, eſtoyent de pierre dure, qu'il appelle Marbre.

AVEC PLVS DE COVLEVRS ne ſont repreſen-
tez.] Il faict comparaiſon des diuerſes couleurs
dont Gerion eſtoit couuert, aux couleurs de
diuerſe façon que mettent les Tartares & Turcs
ſur leurs Tapis & draps, ou ſur les cherins de
Perſe. Ces peuples là tiſſent les toiles ou les
laines fort artificiellement de pluſieurs belles
couleurs.

ET ARACNE NE peint ſes toyles dauanta-
ge,] *Ne fur tai tele per Aragne impoſte.* Il veut dire
qu'il n'y auoit poinct plus d'artifice aux ouurages que faiſoit Aracné, que ſur la figure du mõ-
ſtre Gerion. Araené fut vne femme Lydienne
de petite maiſon, mais ſi ſubtile aux ouurages
de broderie, & de l'eſguille, qu'elle ſurpaſſoit
toutes les autres lingieres de ſon temps: vne telle perfection la rendit ſi arrogante, qu'elle voulut ſe comparer à Pallas, Deeſſe de toutes les
artz, mais Minerue l'ayant vaincuë, luy deſchira
toutes ſes toiles, & la changea en araignée.
C'eſt vn petit animal qui ne ceſſe de faire ordinairement des toyles artificielles, neantmoings
foibles & du tout inutiles. La fable eſt amplement deduite par Ouide au VI. Metamorf.

COMME SONT TELLEFOYS à la riue les bour-
ches.] *Come tal volta ſtanno à riua i burchi.* I'ay retenu ce mot pour ne ſçauoir en noſtre langue

vn propre, qui pourroit signifier ceste sorte de
basteaux, & pource que Dante dict, *Che parte
sono in aqua, & parte in terra*, ie ne sçay si nous
les deburions poinct comparer aux Achons,
dont les mariniers vsent aux sables d'Olonne,
toutefoys les interprettes de la langue Italienne
disent que *Burchi* sont basteaux de charge que
l'on tient à la riue des fleuues & riuieres. Elles
sont dictes par les Latins *Caudicariæ naues*, *onera-
riæ, corbitæ, fluuiatiles*.

PARMY LES GRANS Tudesques lourches.]
Tra li Tedeschi lurchi. I'ay retenu ce mot, pour ne
faire tort aux Alemans, qu'il appelle icy gour-
mans & beaucoup adonnés à leur gueule, que
les Latins nomment, *Lurcones*, Les Italiens *Lerzi*,
ou *Lurci*. mais Dante à cause du vers dict *Lurchi*.

LE BIEVRE SE PREPARE à son com-
bat.] *Io Beuero s'asseta à far sua guerra*. Le Bieure que les Grecz appellent Fibre, est vn animal qui participe de l'habitation de la terre &
de l'eau, tout ainsi que la Loutre, & faict guerre aux poyssons. l'on tient que quand il est
poursuiuy du chasseur, pource que naturellement il resent que l'on ne demande que ses
parties honteuses pour estre beaucoup medi-
cinales, il se les couppe se chastrant luy mesme, à cause dequoy les Latins l'appellent *Castor*,
mais Dioscoride maintient ceste opinion faulse, & aprez luy Albert le grand.

GLISSOIT ET REDRESSOIT au vent
toute sa queuë.] *Nel vano tutta sua codda guiza-
ua*. *Nel vano*, c'est à dire en l'air, ou au vent, ou
au vuide de l'Air.

I ij

POVR ESCHAPPER l'arene & la flamme cruel-
le.] *Per ben cessar la rena & la fiammella.* Il y a faute au texte. car il faut lire, *Per ben cansar*, c'est à
dire, Pour se garder de l'arene bouillante, & de
la pluye du feu & des flammes , Dante dict ail-
lieurs, *Et sa cansar s'altra schiera v'intoppa.*

PAR L'EXTREME partie.] *Per la strema testa,*
c'est à dire par la derniere partye du chemin
qu'ils faisoyent pour venir à la beste.

IE VIS EN BOVRSE IAVLNE vne image azurée
Qui d'vn Lyon auoit la face retirée.] *In vna borsa gialla vidi azurro, che di Leon hauea faccia, & con-
tegno.* Il dict cecy , à cause des armes de l'ancienne famille des Gianfilazzi de Florence, qui
portoyent en leur escu vn Lyon azuré en chāp
d'or : mais il ne designe poinct le personnage,
qu'il vit portant telles armes , aussi ne le pouuoit il cognoistre, non plus que les autres dont
il parle cy aprez , car ilz estoyent trop rostis ou
bruslez de feu.

DEPVYS FAISANT marcher de mes yeux la
charrette.] *Poi procedendo di mio sgardo il curro.* Il
vse d'vne belle metafore , faisant comparaison
des yeux à vn chariot, pour ce que l'œil court
continuant de chose en chose , comme le chariot chemine en son voyage.

VNE AVTRE I'ADVISAI BIEN PLVS rouge
que sang Monstrer plus que le beurre vne Oye
blanche & nette.] *vidin' vn altra piu che sangue
rossa Mostrar vn' Oca bianca piu che burro.* il dict
cecy a cause des armes de la famille des Vbria-
chi de Florence, qui auoyent vne Oye blanche
en champ rouge.

ET VN LEQVEL AVOIT marqué son sachet

blanc D'vne Truye azuree & grosse.] *Et vn che
d'vna scrofa azurra & grossa segnat hauea lo su
saccheto bianco.* Il dict cecy, à cause de Messire
Renaut de li *Scrouigni* cheualier Padouã, la famille duquel auoit en champ blanc vne Truye azurée & grosse. Pource que cestui cy parla il fut
recognu par Dante, lequel fut filz de Henry
Scrouigni de Padouë, vn des plus grans vsuriers
de la ville.

SCACHES QVE MON voisin Vitalian as-
sis Doibt estre à mes costez] *sappi, che 'l mi
vicin' Vitaliano, federà qui dalmi sinistro canto.* Le
susdict Renault Scrouigni predit à Dante, que
Messire Vitalian del Dente Padouan grand
vsurier qui viuoit encore, aprez sa mort, viendroit aux enfers pour estre assis à son costé
gauche.

QVE S'EN VIENNE EN CE LIEV le cheualier
supreme,] *vegna il caualier sourano.* Ledict Renault dict cecy par Ironie, & predit de Messire
Iehan Buiamonti cheualier Florentin, qui à
prester argent auec vsure passa tous les vsuriers
de son temps. Ceux de sa famille portoyent en
leurs armes trois boucs Pource Dante dict de
luy, *Che recherà la tasca co i tre becchi*, mais il ne
designe poinct bien en quelle couleur estoit le
champ des armes: & comment disposez les
trois boucz. les interprettes passent cecy legierement.

OR CRAIGNANT QVELQVE mal si i'arrestois alors Vn peu plus, aduerty sinon peu
de temps estre] *Et io temendo nel piu star cro-
ciasse, lui, che de poco star m'hauea 'mmonuo.* Aduerty doncq par mon Maistre Virgile, que ie

ne fuſſe long temps auec les ſuſdictes ames, ie me retiray.

LEQVEL SI PREZ ADOMBRE D'vne Quarte l'accez.] *cha ſi preſſo 'l riprezzo De la quartana,* c'eſt à dire, qui eſt ſi voyſin de l'accez de ſa fieure quarte. Car alors l'on commence à trembler. Les Italiens diſent *Riprezzo* ou *Ribrezo,* qui ſignifie tremblement, caprice, outrage, deſplaiſir, & vient du Latin *re,* & *premo.* Dante dôcq compare le tremblement qui le ſaiſit par tout le corps, quand Virgile l'aduertit de monter ſur la croupe de Gerion, au patient qui commence à trembler, quand il eſt proche d'auoir vn accez de ſa fieure quarte.

EN REGARDANT vne ombre.] *Pur guardandi il rezzo, Rozo,* & *Orezo,* ſignifie Ombre.

MAIS CES MENACES lors vergoigneux me font eſtre, Qui rendent vn ſerf fort au deuant d'vn bón Maiſtre.] *Ma vergogna mi fer le ſue minacce Che' inanzi à buon Signor ſà ſeruo forte.* Il ſe compare au ſeruiteur, qui recognoit auoir vn bon Maiſtre. Car lors qu'il ſe ſent menacer d'vn tel maiſtre iuſte & diſcret, il prend courage ſcachant qu'il ne luy veut rien commander qu'on ne puiſſe ayſement faire, & qui ne luy ſoit vtile. Ainſi Dante, des menaces de Virgile prend courage, mettant ſon aſſeurance ſur ſa preudhommie.

ET VOVLVZ DIRE ainſi, mais la voix ne vient poinct.] *ſi volli dir, ma la voce non venne.* la crainéte empeſche que l'on ne peut parler ſi ayſement que l'on voudroit, comme monſtre meſme Virgile.

—— *Pars tollere vocem*

Exiguam, inceptus clamor frustratur hiantem.

D'VNE PEVR plus subtile Ne petilloit ie
croy quand mis en desarroy Phaëton des cheuaux les brides abandonne.] Dante faict comparaison de la peur qu'il auoit, se voyant sur la
crouppe de Gerion au milieu de l'eau, à la peur
que pouuoyent auoir Faeton, & Icare se voyãs
payez de leur outrecuydance & folie. Les fables
sont si cõmunes que ie ne m'y arresteray poinct,
voyez Ouide au II. de la Metamorf. Et le 1. ch.
du 6 Liu. & le 16. ch. du 7. Liu. de la Mythologie
de N. le Comte.

SANS QV'IL ME FVT POSSIBLE Voir autre cho-
se hormis ceste beste terrible.] *Et vidi spenta ogni
veduta fuor, che della fiera.* Il dict cecy par comparaison de celuy qui se trouue en haute mer, & a
perdu la veuë de la terre, si bien qu'il ne voit
autre chose que la nef & l'eau, & par ce moyen
ne se peut aduiser quel chemin faict la nef.

AINSI QVE LE FAVLCON qui beaucoup sur
ses aisles A esté.] Il faict comparaison de la des-
cente de Gerion à celle du Faulcon, lequel ayãt
longuement esté en l'air sans voir oyseau ou signe du Faulconnier pour le faire retourner,
tout despité de soy-mesme vient par infiniz detours à descendre, se mettant loing du faulconnier, qui se plaint de luy, à cause qu'il descent
sans auoir faict aucune proye.

NE VOYANT LE RETOVR ou l'oyseau.] Dan-
te dict, *Che senza veder logoro od vccello.* Les Italiens appellent *logoro* ou *logro*, le signe du repas
que le faulconnier monstre à l'oyseau de proye,
pour le faire descendre, quand il est en l'air sur
ses aisles.

I iiij

A PIED A PIED DV ROCH taillé sans
aucune art'] *A pied' à pé de la stagliata rocca.* Par
ce mot *stagliata* il entend, taillée grossierement
sans compas, mesure ou quadrature.

CHANT XVIII.

 N l'Enfer est vn lieu dict, *Mauuaise re-*
treicte,
Reuestu tout de pierre, & de couleur du
fer,
Ainsi que la ceinture entre en son tour parfaicte:
Au droict millieu du champ maling de Lucifer
Se trouue vn vuyde puits assez profond & large,
Et d'en dire l'assiette en son lieu ie me charge.

Ceste closture donc est ronde, qui demeure
Entre le puits & pied du riuage haut & dur,
Et le fond separé de dix vallons s'asseure.
Quelle à se faict voir ou pour garde du mur,
Bon nombre de fossez les chasteaux enuironne
La part, où le soleil rend figure & rayonne:

Telle image en ce lieu faisoyent fosses semblables,
Et comme à telz lieux sortz de la riue aux degrez
Sont petis ponts dehors, ainsi rochers traitables
S'esmeuuent du plus bas de la ruche, & rengez
Fendent esgal-ment les fossez & leuées
Iusques au puits lequel les finit enleuées.

Nous nous trouuons icy secouez de l'eschine
Du cruel Gerion, & le Poëte se tient
A costé gauche, & moy derriere se chemine,
Alors pitié nouuelle à droicte m'entretient,
Voyant nouueaux bourreaux auec nouuelle peine,
Dont la premiere place, ou besace estoit plaine.

Au fond estoyent tous nudz les pecheurs du Cocyte,
Qui du millieu venoyent deçà tournant le front,
Qui delà quant & nous, mais auec pas plus vitte,
Ainsi que les Romains font passer sur le pont,
La gent laquelle à foule arriue pour l'Année
Du Iubilé, courant aux pardons ordonnée.

Car de l'vn des costez tous le visage tournent
Vers le chasteau S. Ange, & vont au temple grand
De S. Pierre, & de l'autre à droict du mont retournent,
Tant d'vn costé que d'autre où ce noir lieu s'espend,
I'ay veu Demons cornuz tenans verges bourelles,
Qui les battoyent derriere auec façons cruelles.

Ah! côme ils leur faisoyêt mesme aux premieres prises
Les iambes soubzleuer, & ny des-ia pas vn
Les secondes attend ou troisiesmes reprises.
Cependant que i'allois, ie me rencontre en vn,
Et ie dis aussy tost, selon ma fantasie,
De cestuicy cognoistre ores i'ay bonne enuye

Dont pour le figurer en luy mes yeux ie porte,
Et mon Duc gratieux auec moy se restraint,
Et consent qu'en derriere vn peu ie me transporte,
Et ce pauure forté baissant la face feint
De se cacher, mais peu luy sert, car ie deserre
Ma langue, & dis, ò toy qui l'œil fiches à terre,

Si le geste n'est faux que tu faiz, à vray dire,
Venetique tu es des chasses-ennemys.
Mais dy moy qui te mene à si picquant martyre.
Et luy, Mal volontiers telle chose ie dis,
Or i'en seray forcé par ta parolle belle,
Qui du monde ancien le goust me renouuelle.

Ie suys celuy, lequel la Gisole gentile
A faire i'ay conduict du Marquis le vouloir,
Quoy que sonne autrement ceste nouuelle vile.
Ny moy seul Boulonnois ie pleure en ce manoir,
Ains est si plein ce lieu de ceux de ma patrie,
Que tant de langues or ne se trouuent en vye

Pour SIPA prononcer, du Rhein iusqu'à Sauone.
Si tu veux de cecy tesmoignage certain,
Metz en l'entendement nostre auarice vaine,
Parlant en ceste sorte vn Demon inhumain
De ses verges le bat, & dict, Ruffien en voye,
En ce lieu ne sont pas les femmes de monnoye

Ainsi ie me reioins auecques mon escorte,
Et aprez quelque pas ensemble nous venons,
D'où sort de ce riuage vne arche du pont forte.
Assez legierement cest escueil nous sautons,
Et à droict retournez sur son entablature,
Des cercles eterneiz nous partons dauenture.

Lors que nous fusmes là d'où l'arche est vuyde & vaine
Dessoubz pour passer ceux qui sont du fouët gesnez,
Le Duc dict, Tourne toy, faisant qu'à toy suruienne
Le visage piteux de ces autres mal-nez,
Ausqueiz tu n'as encor veu la face qui tremble,
Pource qu'auecques nous ilz sont venuz ensemble.

Du vieil pont nous voyons la multitude & trace
Qui venoit devers nous droict par l'autre costé,
Et que semblablement la triste verge chasse,
Le bon Maistre sans moy de son authorité
Me dict: Or voy ce grand qui vient, ne pour vacarmes
Ne pour douleur paroit qu'il respande des larmes.

Que beaucoup de royal en son regard encore
Il retient, c'est Iason qui par prudence & cœur
Aux Cholques la toyson ostant les deshonore:
Par l'Isle de Lemnos il s'embarque vaincueur
Depuys qu'ont mis à mort les femmes trop impies
Leur sexe masculin en ce forsaict hardies.

Là par signes trompeurs & disertes parolles
La ieunette Isifile il deçoit amoureux,
Laquelle avoit trompé toutes les autres folles
Premierement. Car luy de partir desireux
La laisse grosse & seule, & souffre telle peine
Pour la vengence encor de Medée inhumaine.

Avecques luy s'en va qui trompe en ceste sorte.
Cecy suffit sçavoir du lieu premier, & ceux
Lesquelz pour consentir pareil mal deconforte.
Des-ja là nous estions où le sentier fascheux
Comme une croix se ioinct à la motte seconde,
Et d'elle faict espaule à une autre arche ronde.

D'icy gent nous sentions qui en l'autre retrette
S'é contristait tout bas, & renifloit du nez,
Et avecques les mains soymesme se pincette.
Les rivages estoyent de verd environnez
Par le hale d'en bas qui sur le mur s'empaste,
Si bien que telle odeur le nez & les yeux gaste.

Le fond est si profond que lieu ne peut suffire
Pour le voir sans monter au dos de l'arc ou plus
L'escueil se soustenoit. En fin à tel martyre
Nous venans, & deslors auec noz yeux confuz
Bas au fossé ie voys gent de merde vilaine,
Qui des priuez humains sembloit mouuoir l'haleine.

Et tandis que là bas à cercher ie m'aduence,
Ie vys auec la teste vn de merde si plain,
Qui n'auoit d'homme lay, ny d'vn clerc apparence,
Il s'escrie : Or pourquoy tellement es tu vain
Que de me regarder plus que les autres sales ?
Ie respons, Pourautant, si mes forces esgales

Sont de se souuenir, que ie te vys encore,
Et tu es Alexis Interminel Lucquois,
Dont ie te garde plus que tous les autres ore.
Lors il dict, s'ebattant la teste assez de soys,
Icy bas m'ont ietté les douces flateries,
Et ne manquay iamais à telles piperies.

Aprez cela le Duc me dict, Tasches de grace
D'estendre le visage vn bien peu plus auant,
Si qu'auecques les yeux tu decouures la face
De ceste escheuelée & folle qui souuent
Là le front s'esgratigne auec l'ongle merdeuse,
Et or bas, or sur pieds se retient malheureuse.

C'est Thays la putain qui fit response telle
A son mignon, disant, Ay-je doncq' prez de toy
Grande obligation ? ains pleine de merueille,
Et le desir de voir, icy soit à recoy.

ANNOTATIONS
Sur le Chant XVIII.

N LIE· DIT Mauuaise
ſerrette.] *Luogo è in inferno
detto Malebolge.* C'eſt vn mot
feint par Dante, qui ſignifie,
receptacle du mal. Il diuiſe
l'huictieſme cercle de l'Enfer, en dix gouffres ou beſa-
ces. Car *Bolgia* ſignifie vne bourſe, ſac ou beſa-
ce. Mot des anciens Gaulois. Feſtus, *Bulgas Galli ſaccos ſcorteos appellant.* & nous en retenons encore le mot Bouge ou bougette, dont de *bolgia,* il compoſe *Malebolge,* le receptacle de fraude, dol, & tromperie.

SE TROVVE VN VVIDE PVITS] Dante dit,
Vaneggia vn pozzo, pour dire, il y a vn puits vain
& vuide, creuſe profond. C'eſt le neufieſme cercle, beaucoup moindre & de profondeur & de
largeur à tous les autres, mais le comparant à
vn puits, comme il fait icy, aſſez large & profond.

ET D'EN DIRE L'ASSIETTE EN ſon lieu ie me
charge.] *Di cui ſuo loco dicerà i'ordigno.* Il veut dire
que quand il viendrà au neufieſme Cercle, ſon
propre lieu ferà voir l'aſſiette & diſpoſition de
ce puits. *Ordigno,* eſt vn inſtrument pour faire
ce que l'on entreprend artificiellement.

QVELLE LA SE FAIT voir ou pour gar-
de du mur.] Il fait vne telle comparaison: comme tout au tour d'vne forteresse l'on fait assez
de fossez, & toutefois de la porte d'vne telle
forteresse, iusqu'au dehors de tous les fossez, il
y a de petits ponts: Aussi tous les fossez qui
estoyent autour de ce Cercle se trouuoyēt fendus & retranchez de rochers ou escueils, qui
seruoyent au lieu de ponts pour marcher.

AINSI QVE LES ROMAINS font passer sur le
pont.] Il monstre que le fond de ceste premiere bouge, estoit diuisée en deux parties. Car du
costé gauche où cheminoyēt Virgile & Dante,
les pecheurs qui estoiēt incessamment batrus &
foëttez d'escourgées par les Demons ministres
de Lucifer, leur venoyēt à l'encōtre, & ceux qui
estoyent du costé droit alloyēt du mesme costé
que faisoit Virgile & Dante, mais plus vistement: si bien qu'il en fait comparaison à ce qui
se pratique à Romme l'An du grand Iubilé. Car
le Pōt S. Ange pour aller au Vatican où est l'E-
glise S. Pierre, & le Palais du Pape, est separé de
long auec des aiz & poutres pour reçeuoir d'v-
ne part ceux qui vont deuers le chasteau S. Ange, & par mesme moyen à S. Pierre, & de l'autre part ceux qui retournent de S. Pierre, apres
leur deuotions faictes & pardons gaignez.

POVR L'ANNEE Du Iubilé courant aux pardons ordonnée.] *Iubilé*, est vn mot Hebreu,
qui signifie l'An de remission generale. Car les
Hebrieux le septiesme septenaire dix ans finy,
qui est l'An cinquantiesme, deliuroyent tous
les seruiteurs, les faisans libres, & remettoyent
toutes leur debtes. A laquelle imitation Bonifa-

ce 8. inſtitua que chaſque cinquātieſme année,
le Pape deliureroit de leurs pechez tout Chreſtien, accordant pleniere indulgéce à tous ceux
qui confeſſez & contrits viſiteroyét les Egliſes
de Romme. Depuis le Pape Sixte 4. voyant que
la vie des hommes abbregeoit tous les iours,
ordonnà l'An du Iubilé à chaſque xxv. au lieu
du cinquantieſme.

LES IAMBES ſouz-leuer.] *Leuar le berʒe.*
c'eſt à dire, les plantes des pieds, ou les iambes
meurtries. Car *Berʒe,* ou *Lerʒe,* ſont les mar-
ques qui reſtét ſur les feſſes, ou jambes de ceux
que l'on bat auec eſcourgées, qui ſe font de
cuyr. & le mot de *Berʒe,* vient de *Byrſa* qui ſignifie cuyr.

ET IE DYS auſſi toſt, ſelon ma fantaſie,
De ceſtuy-cy cognoiſtre ores i'ay bonne en-
uie.] *& io ſi toſto diſſi, Gia di veder coſtui non ſon digiuno.* c'eſt à dire, i'ay vn deſir merueilleux de
cognoiſtre ceſtui cy.

VENETIQVE TV ES des chaſſes-ennemis.]
Ainſi i'ay traduit ce nom, *Venetico ſé tu Cacciam-
mico.* Ce fut vn Gentil-homme de Bologne la
Graſſe, qui pouſſé d'vne tres grande auarice,
fit par preſens & corruptions que ſa ſeur nommée Ghiſole la belle, conſentit à la volonté
d'Obizo d'Eſté Marquis de Ferrare, luy faiſant
faulſement croire, que ledit Marquis la pren-
droit pour femme, quand il en auroit iouy.

QVOYQVE SONNE autrement ceſte
nouuelle ville] *Come che ſuoni la ſconcia nouella.*
c'eſt à dire, il eſt veritable, que ma ſeur Ghiſole
s'eſt laiſſée aller au vouloir du Marquis de Ferrare par mõ moyé, quoy qu'vne faulſe renõmée

publie autrement de cecy. Car quelques vns disoyent que Venetico estoit ignorant d'vn tel
accord, & les autres, Que le fait ne s'en estoit
ensuyui, bien que le suidit Marquis eust faict
solliciter ladicte Damoyselle par d'autres, que
par Veneticus.

QVE TANT DE LANGVES or ne se trouuent
en vie Pour SIPa prononçer du Rhein iuiqu'à
Sauene.] *Che tante lingue non son hora apprese* A dicer SIPA *tra Sauena & Rheno.* Il veut icy donner à
entendre, que les Boulonnois sont entachez du
mesme vice d'auarice & maquerelage que luy,
& qu'il y en a si grande quantité aux Enfers
auec luy, qu'à Boulongne l'on n'en sçauroit
trouuer si grand nombre de ceux qui ont ap-
pris à dire, SIPA. Les Boulonois disent *Sipa,* pour
si, & ouy ou bien pour *sia,* selon le parler du
menu peuple. & c'est vne parafrase de la ville de
Boulongue, quand il dit, *Tra Sauena e 'l Rheno.*
Car elle est au milieu de ces deux fleuues, l'vn
dit *Sauena,* loing de Boulongne deux mil du costé de la Romagne vers l'Orient, l'autre *Rheno,*
qui est vers l'Occident du costé de la Lombardie duquel parle Silius Italicus. *Parui Bononia*
Rheni.

RVFIEN EN VOYE, En ce lieu ne sont pas les
femmes de monnoye.] *Via Ruffian, Qui non son*
femine da conio. Ruffien, & Macquereau, c'est vne
mesme chose Dante appelle, *femine da conio,* les
femmes de ioye, qui se laissent corrompre à vn
Amour infame par argent. Prenant le coing
pour l'argent monnoyé, d'autant que l'argent
se marque auec le coin. C'est vn moyen d'atti-
rer les femmes Courtisanes, que de leur presen-

ter argent ou bagues. Ouide.

Dummodo sit diues barbarus ille, placet.

FAISANT QV'A TOY suruienne Le visage piteux
de ces autres mal-nez.] *& sache seggia lo viso in
te di questi altri maluati.* il prent, *seggia,* pour *serisca*
d'vn ancien verbe Italien *Fedire,* pour *serire,* dõt
il dit *Feggia,* pour *fieda.* & il veut dire, qu'il se
tourne deuers ceux qu'il n'a point encore veu,
afin que leur veuë reuerbere contre luy.

LE BON MAISTRE sans moy de son authorité, Me dit] Dante dit, *Il buon maestro senza mia
dimanda Mi disse.* c'est à dire, ie ne m'aduisois de
m'enquerir de Virgile, qui estoit Iason, quand
il me dit de luy mesme, Regarde.

C'EST IASON QVI PAR prudéce & cueur Aux
Colches la toyson ostant les deshonore.] *Quegli è Iason, che per cuore & per senno, Li Colchi del mon-
ton priuati sene.* Iason Thessalien voulut faire
l'entreprise de la toyson d'or. Par ainsi auec les
preux Argonautes il allà par mer à Colchos,
mais premierement il passe par l'isle de Lemnos, ou regnoit Isifile fille de Toante. C'estoiēt
les femmes qui commandoyēt en ce lieu, pource qu'elles auoyent tué tous les masles. Iason
arriuant en l'isle susditte, attire par douces paroles & belles promesses la susdicte Royne, qui
trop facile à croire se relasche au contenrement
de Iason. Mais luy poursuyuant son voyage, la
laisse grosse sans tenir promesse de retourner
bien tost. Son chemin accomply il arriue a Colchos, & praticque auec Medée Magicienne, fille du Roy dudit pays, le moyen de s'emparer de
la toyson d'or. Sa conqueste faicte, prent pour
femme Medée, qui retourne auec luy en Thes-

ſalie. De laquelle apres auoir eu pluſieurs enfans,en la prenant en hayne,la repudia,& ſe re-
maria auec la fille de Creon Roy de Coranto,
dicte Glauca, ou bien Creuſe.ſi bien que Iaſon
eſt icy condamné pour auoir trompé deux femmes trop lubriques, Iſiſille & Medée. Voyez
Ouide au v i i. de ſa Metamorf. Apollonius
Rhodius,Orfée,Valerius Flaccus, Et la Mythologie Françoiſe de N. le Comte deſcripuant
bien au long l'hyſtoire de Iaſon & de ſon voyage,au 7.& 8. chap.du 6 liu.

COMME VNE CROIX ſe ioinct à la motte ſe-
conde.]. *Con l'argine ſecondo s'incrocicchia.* c'eſt à
dire,ſe conioignent en croix, pource que les arches eſtoient tellement diſpoſées qu'elles faiſoient forme de croix.

ET TV ES ALEXIS Interminel Lucquois.],
Et ſe Aleſſio Interminei da Luca. Ceſtui-cy fut de
l'ancienne & noble famille des Interminelli de
la ville de Lucques,cheualier beaucoup magnifique & liberal,mais pource qu'il eſtoit affable,
gratieux & addonné à la flaterie, Dante le met
icy entre la punition des flateurs.

C'EST THAIS LA PVTAIN qui fit reſponce
telle A ſon mignon,diſant,Ay ie doncq prez de
toy Grande obligation?ains pleine de merueil-
le.].*Thaida è la putana : che riſpoſe al drudo ſuo:quan-
do diſſe,ho io gratie Grandi appo te? anza marauiglioſe.*
Par les paroles qui ſont icy ſemblables à ce que
fait dire Terence à Thraſo,& Gnatho,nous co-
gnoiſſons que Dante entend parler de Thais re-
preſentée en ſes Comedies.Elle eſtoit mignon-
ne & amye du ſoldat glorieux appellé Thraſon,
qui luy enuoye de don vne eſclaue par Gna-

thon son seruiteur plein de flaterie, qui depuis
interrogé par son Maistre : *Magnas verò gratias
agere Thaïs mihi? il respondit, ingentes.* Dante l'ex-
prime en ceste façon. *Ho io gratie Grandi appo te?
anzi marauigliose.*

CHANT XIX.

Simon le sourcier, ô sectateurs indignes,
Qui les choses de Dieu lesquelles par bonté
Se doibuent espouser, vous, remplis de rapines,
Gastez auec l'argent & l'or d'iniquité!
Pour vous ores conuient que sonne la Trompette,
Car vous estes tenus en la tierce retrette.

Ia desià nous estions à la suyuante tombe,
En la part de l'escueil montez, laquelle droict
Au milieu du fossé correspond, ioinct & plombe.
O sagesse de Dieu! combien ton art se void
Au Ciel, & en la terre, & dans le mauuais monde,
Et que iuste sur tout, est ta vertu feconde!

Par les costez i'ay veu, & par le fond extreme
Remply le verd escueil de pertuis mesurez
D'vne esgale largeur, & tous rondz estoient mesme,
Plus grans ny de grandeur moindre sembloient tirez
Que ceux là de S. Iean Baptiste de Florence
Faicts pour les lieux de ceux qui baptisent l'enfance.

L'un desquels, *&* ce n'est que depuis peu d'années,
Ie romps pour vn Enfant qui dedans se noyoit,
Et cecy soit certain par les langues mal-nées.
Hors la bouche à chacun d'vn pecheur se voyoit,
Et l'vn *&* l'autre pied, *&* des iambes partie,
Iusqu'au gros, *&* le reste au dedans se replie.

Les plantes de leurs pieds à tous estoyent bruslées
Entre deux : car si fort les ioinctures glissoyent
Que les cordes de ionc *&* chanure auroyent pilées,
Comme les choses font que l'on engraisse *&* oint,
Dont la flamme s'enuole à la superficie,
Ainsi là des talons aux poinctes se ralie.

Qui, Maistre, est celuy là qui s'afflige *&* tourmente,
Remuant plus qu'aucun de ses autres consors?
Ie luy dis, *&* que plus suce vne flamme ardente?
Veux tu que ie te porte, il me respond alors,
Par ce riuage noir qui plus profond se monstre?
De luy tu le sçauras, *&* de sa mal-encontre.

Ie dys, tant m'est-il beau, d'autant qu'il te peut plaire,
Tu es Duc *&* Seigneur, tu sçais que ie ne pars
De ton vouloir, tu sçais ce dont l'on vient se taire.
Par ainsi nous venons sur le quart des remparts,
Tournons *&* descendons là bas à main senestre
Au pertuis profond *&* estroit. Le bon Maistre

De ses anches encor soigneux ne me reiette
Iusqu'à ce que ie sois au pertuys arriué
De celuy qui du pied se lamente *&* tempeste,
O quiconque tu sois qui le dessouz leué
Tiens dessus, Ame triste, ainsi qu'vne potance,
Ie luy dis, si tu peux, parles en asseurance.

J'estois non plus ne moins qu'vn moyne qui confesse
Le perfide assassin, qui puys qu'il est fiché
Encore le rappelle, afin que la mort cesse.
Il crie, Es tu desia dans ce fond attaché?
Es tu desia venu droict icy Boniface?
Menty de quelques ans, ha l'escript que i'embrasse.

Es tu si tost saoulé de ces thresors du Monde,
Pour lesquels tu n'as craint par cautele emporter
La belle Dame, & puys l'adulterer immonde?
Tel ie fus, quels sont ceux qui pour ne rapporter
Ou entendre le fait que l'on leur vient descrite,
Demeurent escornez, & ne sçauent que dire.

Alors Virgile dit, Respons luy sans attendre,
Celuy-là ie ne suis, cil ne suis que tu croys,
Et ie replique ainsi que l'on me fait comprendre.
Pource l'esprit se tord de ses pieds tous les doigts.
Puis apres souspirant d'vne voix lamentable
Me dit, Que requiers tu de moy si miserable?

Si tu desires tant qui ie suis de cognoistre,
Que pour celà tu sou en ceste riue roinct,
Là sus ie fus vestu du manteau du grand Prestre,
Et de l'Ourse vrayment i'estois fils en ce poinct,
Cupide d'auençer nos familles Vrsines,
Icy moy mis en bourse, & là haut biens indignes.

Les autres sont tirez au dessouz de ma teste
Qui m'auoyent precedez de simonye attains,
Par la fente estendus de ceste montagnette
Mes os precipitez là bas seront estrains,
Quand celuy-là viendrà, lequel d'vne foy vaine
Ie te croyois, faisant la demande soudaine.

Mais plus long est le temps que i'ay cuyttes les planto,
Et que ie suis ainsi san-dessus me tenant,
Que luy ne serà pas auec flammes ardentes
A ses pieds: Car viendrà du costé de Ponent
Vn Pasteur apres luy sans loy, meschant à l'œuure
Plus que luy, dont il faut que nous deux il recouure.

Nouueau Iason serà dont se trouue asseurance
Dans les Machabeans, & comme à luy fut mol
Son Roy, tel à celuy qui gouuerne la France.
Icy ie ne sçay pas si ie fus vn peu sol
De luy faire responce auecques vn tel mettre,
Helas ! ores dy moy: Nostre Seigneur & Maistre,

Quel thresor vouloit-il bonnement de S. Pierre,
Auant que les clefs mettre en son gouuernement ?
Certes il n'en requiert sinon, viens moy derriere,
Et les autres Pasteurs ou Pierre aucunement
Ne veulent de l'argent en eslisant Matthie,
Au lieu duquel descheut de Iudas l'ame impie.

Pour ce demeure-là. Car bien iuste est ta peine,
Et garde le thresor que tu as mal acquis
Qui sur Charles te fait d'hardiesse non vaine.
Et si n'estoit encor que ie me voys repris
De l'honneur & respect que porter i'ay enuie
Aux clefs que tu tenois en la ioyeuse vie:

I'vserois bonnement de plus griefue paroule,
Que vostre ardent-desir tient le Monde en malheur.
Quand le meschant s'esleue & que le bon se foule,
L'Euangeliste entend de l'Auare Pasteur,
Quand celle-là qui sied dessus les eaux fut veuë
Auec Roys paillarder aux vices retenuë.

Celle-là qui nasquit auec sept testes dignes,
Et de dix cornes eust vn bien seur argument,
Tant que vertu plaisoit à ses maris insignes,
Vous l'auez faicte vn Dieu d'or & d'argent vrayment.
Et en quoy de vous est l'idolatre contraire?
Luy d'vn, & vous de cent monstrez de vous complaire.

Helas ! grand Constantin, de quel mal fut nourrice
Non ta conuersion, mais la dot que de toy
Prent le Pere premier qui dans les biens se glisse !
Tandis qu'vn tel propos libre ie luy chantoy,
Soit qu'il sentist le mords d'ire ou de conscience,
Les deux pieds il mouuoit auec grand' vehemence.

Ie croy bien que i'estois à mon Duc agreable,
Il escoutoit ainsi fort attentiuement
Le son de mon propos subtil & veritable.
Pource de ses deux bras me prend courtoysement,
Et depuis qu'il m'eust mis tout dessus sa poitrine,
Remontà par la voye, où panchoit nostre eschine.

Ny fut las de m'auoir à soy restreint luy-mesme,
Sur le sommet de l'arc me porte desireux
Qui du rempart quatriesme est traiect au cinquiesme,
Et là met son fardeau d'vn plaisir doucereux
Doux au moings pour l'escueil montant & difficile,
Qui aux cheures seroit passage difficile.

Découuerte en ce lieu fut vne autre valée.

ANNOTATIONS
sur le Chant XIX.

SIMON le sourcier] *O Simõ Mage,* Apres le martyre de S. Estienne, Filippes Apostre annonçeoit l'Euágile en Samarie, conuertissant plusieurs à la foy, à cause des grands miracles qu'il faisoit. Entre lesquels Simon Philosofe & Magicien creut à Filippe, & le baptizà, mais aux baptizez encore n'estoit le S. Esprit, ou l'imposition des mains, quand arriuent S. Pierre & S. Iean qui prient pour les baptizez, & apres l'oraison vserent de l'impositió des mains sur eux, & reçeurent soudain le S. Esprit. Simon estant present à vn mystere si grand, le trouuà si merüeilleux qu'il offrit de l'argent aux Apostres pour auoir ceste puissance, auquel S. Pierre respondit, Ton argent soit à ta perte, & puis que tu as iugé que le don de Dieu s'acquiert par argent, tu ne seras participant de mes paroles, & ton cœur n'est pas droit en la face de Dieu. Tien ton argent, & prie Dieu qu'il change ton intention, pource que tu es garrotté aux liens d'iniquité. De ce Simon doncques ceux qui vendent ou acheptent les choses sacrées sont nommez Simoniaques, de la peine desquels il traicte en ce chant dixneufiesme.

QVI LES CHOSES de Dieu.] *Che le cose di Diu.* Il

Il entend les choses dediées à Dieu, comme les
Sacremens de l'Eglise, & les Benefices & autres
biens laissez aux Eglises, pour le seruice diuin.

POVR VOVS ORES CONVIENT que sonne la
Trompette.] *Hor conuien che per voi suoni la Trom-*
ba. Il veut dire, qu'il est temps que ie vous publie en mes vers, vsant de la Metafore des He-
raulx & Trompettes, qui venans à publier quelque Edict, ou Cartel par le son de la Trompe
donnent enuie à tout le monde de les ouyr.

EN LA TIERCE RETRETTE.] Dante dit, Ne
la terza bolgia.

LAQVELLE DROICT Au milieu du fossé correspond ioinct & plombe.] *Ch'à punto soura il*
mezzo fosso piomba c'est à dire, correspond sur le
milieu du fossé. Le mot *piombare* est propre des
charpentiers, massons & autres manouuriers,
qui appellent plomber, quand auec le plomb
ils dressent quelque pierre ou quartier de muraille, afin qu'elle s'esleue en droicte ligne.

ET DANS LE mauuais monde.] *Et nel mal*
mondo. c'est a dire, en l'Enfer.

PLVS GRANDS NY de grãdeur moindre sem-
bloyent tirez, Que ceux-là de S Iehan Baptiste
de Florence, Faicts pour les lieux de ceux qui
baptisent l'enfance.] *Non mi parean men ampi, ne*
magiori, che quei, che son nel mio bel san Gioanni Fat-
ti per luoghi de battesatori. Il compare ceste troisiesme retrette, qui estoit toute pleine de trouz
& pertuits ronds à ceux qui sont à Florence en
l'Eglise de S. Iehan Baptiste, autour du Bapti-
staire, à tous les angles ou coings duquel, il y a
vn petit puits, où se mettoyent les Prestres qui
baptisoyent.

K

L'VN DESQVELS, ET CE n'eſt que depuis peu d'années, Ie romps pour vn Enfant qui dedás ſe noyoit.] *L'vn del' quali, ancor non è molti anni, Rup-p'io per vn, che dentro v' annegaua.* Il monſtre, que depuis quelque temps, comme il y auoit pluſieurs Enfans au Temple de S. Iehan Baptiſte, qui follaſtroyent au tour de la fontaine des Bapteſmes, l'vn tomba dans l'vn des petits puits double, lequel eſtant en danger de ſe noyer, Dante y deſcendit, & rompit de ſa main le ſuſdit puyts pour en retirer ledit Enfant. Ce qu'il a voulu faire ſçauoir au Monde, afin que ceux qui ſont prompts à meſdire ne faſſent cou-rir le bruit, qu'il l'auoit rompu par meſpris, comme ſacrilege ou heretique. Qui eſt ce qu'il veut entendre par ce vers, *Et queſto ſia ſuggel ch'ogni huomo ſganni.* Que l'on tienne, dit-il, ce-cy pour tout certain, & ſans doubte, afin qu'il oſte la tromperie & l'erreur de tout homme, qui par trop ſoupçonneux penſeroit autremét d'vn tel accident. I'ay tourné en ceſte façon, Et cecy ſoit certain par les langues mal nées, c'eſt à dire, promptes à meſdire.

CAR SI FORT LES ioinctures gliſſoyent, Que les cordes de ionc & chanure auroyent pilées.] *Perche ſi forte guizzauan le giunte che ſpezzate hauerian ritorte & ſtrambe.* Il veut dire, Que ces pauures patients remuoyent les ioin-ctures des iambes auec legiereté ſi fort qu'el-les auroyent depecé tous liens de ionc ou genet, ou toutes les cordes de chanure. *Ri-torte*, proptement ſont cordes de chanure, *ſtrambe*, ſont cordes ou liens de ionc, ou choſe ſemblable.

Comme les choses font que l'on engraisse
& oinct Dont la flamme s'enuole à la superficie, Ainsi là des talons aux poinctes se ralie.]
*Qual suole il fiammegiar de le cose vnte Mnouersi pur
tù per l'estrema buccia, Tal era li da calcagni à le
punte.* Il fait comparaison du remuement que
l'on voyoit faire à la flamme au dessus par les
plantes des pieds de ces miserables damnez
de l'extremité des doigts aux talons, à ce que
fait ladicte flamme en la superficie des choses
oinctes & grasses.

Tant m'est il beav, d'autant qu'il te peut
plaire.] *Tanto m'è bel, quant' à te piace.* C'est à dire
d'autant que plus ou moings cecy te plaist, plus
ou moings aussi ie le desire. Ie le trouue beau
ou bon, si tu l'as à plaisir.

Tv scais ce dont l'on vient se taire.] *Et sai
quel che si tace.* c'est à dire, Tu es si clair voyant
que tu peux comprendre les conceptions &
pensees interieures de l'esprit.

Ivsqv'a ce qve ie sois au pertuis arriué
De celuy qui du pied se lamante & tempeste.]
*Fin mi giunse al rotto Di quei che si piangeua con la
zanca.* Par ce mot de *rotto*, il entend le trou ou
le puits, auquel estoit condamné le Pape Nicolas III. de la maison des Vrsins, qui du pied se
lamentoit, c'est à dire, qui auoit la teste en bas,
& les pieds en haut.

O qviconqve tv sois qui le dessoubs leué
Tiens dessus, Ame triste, ainsi qu'vne potance.] *O qual che se che 'l di su tien di sotto, Ani-
ma trista, come pal commessa.* C'est à dire, O Ame
triste quelle que tu sois, qui tiens la partie
de ton corps, qui deburoit estre droicte & au

deſſus, ſçauoir le viſage & la teſte, deſſouz, &
les pieds en haut fichez comme vn pau, ou
quelque potance que l'on fiche en la terre. &c.

I'ESTOIS NON PLVS NE MOINS qu'vn
moyne qui confeſſe Le perfide aſſaſſin, qui
puys qu'il eſt fiché, Encore le rappelle, afin que
la mort ceſſe.] *Io ſtaua come'l frate, che confeſſa lo
perfido aſſaſſin, che poi, ch'è fitto Richiama lui, perche la
morte ceſſa.* Dante compare ſa façon de faire à
celle d'vn moyne, qui donne confeſſion au
pauure aſſaſſin, à qui l'on doit coupper la teſte. Ce miſerable ayant ſa teſte fichée ſur vn
billot (à la mode d'Italie) afin qu'il retarde
ſon heure derniere ſouuent appelle ſon pere
confeſſeur, & faict ſemblant d'auoir oublié
quelque peché, qu'il deſire luy reueler encore, pour en auoir remiſſion : ſi bien qu'il eſt
beſoing que le confeſſeur panche l'oreille en
terre, s'il veult ouyr la voix qui ſort de deſſouz
la terre. Ce qu'il failloit que fiſt Dante, pour
eſcouter l'ame maudite du ſuſdit Pàpe Nicolas,
laquelle il interrogeoit.

LVY CRIE, ES TV DESIA dans ce fond
attaché, Es tu deſia venu droict icy Boniface.]
*Et ei gridò, ſe' tu già coſtì rittò, ſe' tu già coſtì rit-
to Bonifacio ?* Il faict parler le Pape Nicolas
troiſieſme, de la famille des Vrſins, qui fut
creé l'An mil deux cens lxxvij. & tint le Papat, deux àns, neuf mois, quinze iours. Les
autres eſcriuent trois ans, huict moys, vingt-
iours. Durant lequel temps, pour laiſſer ceux
de ſa maiſon riches, il commit pluſieurs ſi-
monies. Pource Dante le met en ce lieu, &
faint encore que ledit Pape durant ſa vie a-

uoit en vne reuelation , que Boniface huictief-
me, l'vn de ses successeurs (par la demission que
fit Celestin cinquiesme du sainct Siege) seroit
grand Symoniaque, & regneroit huict ans , &
neuf mois. Nicolas doncques , croyant que
Dante fust Boniface s'escrie, *se tu gia costì ritto
Bonifacio ?* Mais d'autant , que le temps n'estoit
encore venu, que Boniface debuoit mourir, &
s'aller trouuer aux Enfers, il s'en estonne, adioustant , *Di parecchi anni mi mentì lo scritto.*
c'est à dire, la Profetie susditte . Car à Nicolas
succeda Martin IIII. l'An mil CC. LXXX.
qui regna quatre ans, trois mois, vingt-sept
iours. A Martin, Honorius IIII. l'An mil CC.
quatre-vingts quinze , & regnà deux ans . A
Honorius Nicolas quatriesme. l'An mil CC.
LXXXVII. & regnà quatre ans. A Nicolas,
Celestin V. l'an mil CC. XCIII. qui fut au Papat dix mois , puis s'en desmit l'An mil deux-
cens quatre-vingts quatre, luy succedant Boniface huictiesme, duquel il parle en cest endroit.
Quand doncques Dante fut aux Enfers, ce fut
en l'An VI. du siege de Boniface, pource (que
comme nous auons ven cy dessus) il faint y a-
uoir esté l'An mil CCC. & Boniface mourut
l'An mil trois cens trois , si bien que Nicolas
III. respondant à Dante, qu'il prent pour Boniface, dit que sa reuelation ou profetie l'auoit
trompé de quelques années, sçauoir est, de trois
ou peu moings. Ce qu'il entend par ce mot,
Di parecchi anni. Car quoy qu'il se puisse prendre pour plus grand nombre que de trois, il ne
se peut prendre pour moindre nombre que
trois.

Es tv si tost saoulé de ces thresors du mõde.] Nicolas pensant tousiours parler à Boniface, luy demande s'il est si tost saoul du bien, pour le desir duquel il n'a pas eu crainte auec fraude & tromperie s'emparer du Siege Apostolique, qu'il appelle en ce lieu, *la bella donna*, afin d'en faire marchandise, comme l'on fait de cheuaux ou d'esclaues. Au chant III. nous auons touché le moyen, par lequel Boniface vient au Siege Apostolique.

Tel ie fvs, qvels sont ceux qui pour n'rapporter Ou entendre le faict que l'on leu vient descrire Demeurent escornez, & ne sçuét que dire.] *Tal mi sec'io qua' son color chi sta, Per non intender ciò ch' è lor risposto, Quasi scorna & risponder non sanno.* Dante, voyant que Nicolas III. parloit à luy, comme s'il eust esté Bonface, touchant quelque chose, qu'il ne pouuo entendre, dit, qu'il estoit semblable à ceux auquels l'on respond choses qu'ils n'entenden poinct, & demeurent auec escorne, & comme en doute.

La svs ie fvs vestv du manteau du grand Prestre.] *Sappi, ch'io fui vestito del gran manto,* c'est à dire, i'ay esté Pape, ou grand Pontife, comme nous auons declaré cy dessus.

Et de l'ovrse vrayment i'estois fils] *Et veramente fui figliol de l'Orsa.* Il fait vne allusion au nom de ceux de sa famille, qui fut des Vrsins. Il s'appelle Ours, & ses parens qu'il voulut aggrandir estant Pape, petis Ours.

Icy moy mis en bovrse, & là haut bien indignes.] *Che sù l'hauere, et quì mi misi in borsa.* Il veut dire, qu'il a esté du naturel de l'Ours,

qui est vn animal insatiable à cercher sa pastu-
re, & celle pour ses petis : Ainsi luy au monde a
mis beaucoup d'argent en bourse pour aggrandir les siens , qui fait qu'aux Enfers il est mis
en bourse, sçauoir en la flamme qui l'enuiron-
noit.

LES AVTRES SONT TIREZ au dessouz de ma
teste.] *Di sotto al capo mio son gli altri tratti.* Il dit,
que les autres Papes attains de simonie, qui l'a-
uoyent precedé estoyent plats estēdus dessouz
sa teste, & que luy tomberoit, par la venuë de
Boniface VIII. qu'il entend disant , *Quando*
verrà colui ch'io credea che tu fossi, Allhor ch'i seci il su-
bito dimando.

QVE LVY NE SERA PAS auec flammes ardentes A ses pieds : car viendrà du costé de Ponent Vn Pasteur apres luy sans loy.] *Ch' ei non*
starà piantato co piè rossi Che dopo lei verrà di più laid'
opra Di ver Ponente vn pastor senza lege. Nicolas
Pape troisiesme, dit à Dante, que Boniface ne
sera pas si long temps que luy auec les pieds
droicts dedans la flamme san-sus dessouz , à
cause que bien tost le suyuroit Clement Pape
cinquiesme plus meschant que luy. Nicolas a
esté en tel estat pres de XXIII. ans. Il mourut
l'An mil CC. quatre vingts, & Boniface 8. l'An
mil CCC III. de la mort duquel iusques à Clement V. qui mourut l'An mil CCC. XII. il n'y
aurà que neuf ans. Ce Pape Clemēt fut Guascon
appellé Raymond de Grotto, Archeuesque de
Bordeaux grād ennemy de Philippes le Bel Roy
de Frāce premieremēt, mais se reconciliāt auec
luy par le moyē du Cardinal François Caietan,
qui le fit aussi recōcilier auec Charles sās terre

son frere, & par leur moyen il fut Pape appellé
Clement V. de ce nom, le cinquiesme iour de
Iuin, mil CCC. V. & L'XI. de Nouēbre fut cou-
ronné à Lyon, gardant au Roy de France quel-
ques promesses entre eux accordées. Voyez
Platina & Paul Emile en l'histoire de France.

NOVVEAV IASON SERA dõt se trouue asseurance Dans les Machabeans, & comme à luy
fut mol Son Roy, tel à celuy qui gouuerne la
France.] *Novo Iason sarà di cui si legge Ne Machabei,*
& come a quel fu molle suo Re, cosi fi à lui, chi Francia
regge. Il compare Clement Pape V. à Iason He-
brieu, frere d'Onias grand Pontife & homme
de bien, mais Iason ambitieux & desireux de
luy oster ceste dignité, allà trouuer Antiochus
Roy de Syrie, & alors de Ierusalē, luy promet-
tant richesses & thresors infinis, s'il luy vouloit
transferer ceste dignité, laquelle receuë iniuste-
ment, il se met sans respect à abādonner les sa-
crifices anciens & les loix de Moyse, pour in-
troduire la religiõ des Gentils & autres choses
infames descriptes aux Machabees liu. 2. chap.
4. le Roy de Iason, c'est Antiocque. &, *chi Fran-*
cia regge, c'est Philippes le Bel Roy de France.

NOSTRE SEIGNEVR & Maistre Quel thresor
vouloit il bonnement de S. Pierre.] *Quanto the-*
soro volle Nostro Signor in prima da san Pietro. Dante
reprenant les Papes, qui sont paruenus au sainct
Siege par argent & corruption, monstre que
IESVS CHRIST n'a vendu son Vicariat à sainct
Pierre pour or ou pour argēt, ne luy demandāt
autre chose sinon qu'il le suyue. & S. Pierre auec
les autres Apostres n'ont pris de l'argēt de Mat-
thias, pour le faire Apostre au lieu du traistre

Iudas. Cecy est tiré de l'Euangile S. Iehan chap.
XXI. & des actes des Apost. chap. I.

ET GARDE LE THRESOR que tu as mal acquis
Qui sur Charles te faict d'hardiesse non vaine.]
Pource que Dante ne touche la raison pourquoy Nicolas III. fut ennemy de Charles I.
Roy de la Pouille, qui estoit de la maison de
France, il faut sçauoir que ce Pape à cause de ses
richesses entra en telle presomption, qu'il fit demander audict Charles vne de ses Niepces pour
son Nepueu: lors Charles respondit, Que, quoy
qu'il eust les piedz rouges, que pour celà il n'e-
stoit digne d'auoir alliãce auec le sang de France. Dont le Pape eust si grand creuecœur & depit, qu'il luy ostà le Vicariat de la Toscane, &
auec le temps consentit à la rebellion de la Sicile, de laquelle il receut grande somme d'argent
par les mains de Iehan de Procida auteur de ladicte rebellion. Par ainsi Charles perdit la Sicile, qu'il auoit acquis de l'Eglise, & nõ sans beaucoup d'effusion de sang. C'est pourquoy Dante
dict en ce lieu.

> Però ti stà, che tu se ben punito,
> E garda ben la mal tolta moneta
> Ch'esser ti fece contra Carlo ardito.

L'EVANGELISTE entend de l'auare Pasteur
Quand celle là qui sied dessuz les eaux fut veuë
Auec Roys paillarder.] Di voi Pastor s'accorse 'l
Vangelista Quando colei che siede soura l'acque Putta-
negiar co i regi à lui su vista. Dante explicque le passage qui est en l'Apocal. chap. XVII. contre la simonie, auarice & autres vices des Pasteurs &
des Princes. Venit vnus de septem Angelis qui habebat
septem phialas, & locutus est mecum dicens, Veni tu, &

K v

ostendam tibi damnationem meretricis magnæ quæ sedet super aquas multas, cum qua fornicati sunt Reges terræ & inebriati sunt, qui inhabitant terram de vino prostitutionis eius. Et abstulit me in desertum & in spiritu, Et vidi mulierem sedentem super bestiam plenã nominibus blasphemiæ habentem capita septem & cornua decem. Et mulier erat circundata purpura & inaurata auro, & lapide pretioso, & margaritis, habens sciphum aureum in manu sua plenum abominatione & immundicia fornicationis eius. Et in fronte eius erat scriptum, Babylon magna mater fornicationum terræ.

VOVS L'AVEZ FAICTE vn Dieu d'or & d'argent.] *Fatto v' hauete Dio d'oro & d'argento.* Dante dict, il semble que maintenant l'Eglise & Dieu soyent d'or & d'argent, pour ce que vendant les choses sacrées qui sont de Dieu par or & par argent, vous le reniez, & croyez plustost en l'or qu'à luy, si bien que vous estes Idolatres de l'or. C'est ce que dict le Profete Ozée ch. VIII. *Aurum suum & argentum suum fecerunt sibi Idola,* & Perse en ses satyres.

Dicite Pontifices in templis quid iuuat aurum?

HELAS ! GRAND CONSTANTIN , de quel mal fut nourrice , Non ta conuersion, mais la dot que de toy Prent le pere premier qui dans les biens se glisse.] *Ahi Constantin , di quanto mal sò madre , Non la tua conuersion , ma quella dote che da te prese il primo ricco padre.* Nostre Poëte blasme les donations que l'Empereur Constantin le grand receuant la foy Chrestienne fit au Pape Siluestre, d'autant que des richesses est venuë la vye meschante en plusieurs Ecclesiastiques. Pource S. Ierosme dict fort bien , *Deuotio peperit diuitias, & filia suffocauit matrem.* En ce lieu la donation

de Constantin est tenuë pour toute certaine, laquelle debattent plusieurs, & y en à des traittez
tout exprez.

Les devx pieds il mouuoit auec grand' vehemence.] *Forte springaua con ambe le piote.* Ce
mot de *springare,* signifie proprement, debattre
& remuer fort les iambes pour toucher, & est
propre du cheual qui tire des pieds de derriere.
Il dict, *con ambe le piote:* c'est à dire, Auec l'vne &
l'autre plante des pieds.

Qvi dv rempart quatriesme est traiect au
cinquiesme.] *Che dal quarto al quint' argine è tra-
ietto.* Il entend d'vne arche, laquelle estoit passage du quatriesme au cinquiesme fossé.

Qvi avx chevres seroit passage difficile.]
che sarebbe alle capre duro varco. Le naturel des cheures est tousiours de grimper aux montagnes
plus droictes. Dont il veut monstrer que ce
sommet estoit merueilleusement penible & fascheux à monter.

                              K vj

CHANT XX.

L me conuient chanter d'vne peine nouuelle
Et matiere donner à ce vingtiefme chant
Du Cantique premier, qui est de tout re-
   belle
En terre suffocqué. là des-jà m'approchant
I'estois dispost à voir au fond que l'on inonde
De larmes & de pleurs auec douleur profonde,

Et ie voys vne gent par la ronde valée
Venir en se taisant & pleurant pas à pas,
Qui font rogations en ce monde à volée,
Comme depuis ma veuë en eux defcend plus bas,
Par miracle paroit de ces tristes la mine
A rebours, du menton au droict de la poitrine.

Si que des reins estoit retourné le visage,
Et ils auoyent besoing en derriere venir,
Car de voir en deuant plus n'estoit leur visage.
Des-jà parauenture il pourroit aduenir
Qu'ainsi se tourne aucun par la paralysie,
Mais ie ne croy qu'il foit ny l'ay veu de ma vye.

Lecteur, si Dieu permet que fruict tu puisses prendre
De ta leçon, or pense en toy mesme, comment
Ie pouuois retenir les yeux fans larmes rendre,
Quand i'aperceuz de prez ainsi vilainement
Nostre Image à rebours, que les pleurs de la face
Baignoyent dessuz le cul les sesses par disgrace.

Pour le vray ie pleurois soustenu sur la roche
Du dur escueil, ainsy que l'escorte me dict:
Des autres folz encor ton naturel s'approche,
Icy vit la pitié, quand pour vn bon depit
Elle est morte. Qui plus que celuy pourroit estre
Meschant, qui contre Dieu la pitié veut admettre?

Dresse la teste, dresse, & à celuy regarde
Que la Terre engloutit sur les yeux des Thebains,
Quand tous ilz s'escrioyent, Amfiare, prens garde
A toy : ou tombes tu ? pourquoy quittent tes mains
La guerre ? & ne laissa de ruyner en terre
Iusques au Roy Minos qui tout le Monde enferre.

Voy comment il a faict de son dos la poitrine,
Pource qu'il voulut voir vn peu trop au deuant.
Il regarde en derriere, & faict sentier indigne.
Voy le vieil Tireste, il changea de semblant
Lors que d'vn homme masle il deuient en femelle,
Tous ses membres changeans d'vne façon nouuelle.

Et puis premierement de rebattre il s'esforce
Les deux serpens nouez ensemble auec le fouët,
Qu'il reprenne le poil masculin ou la force.
Celuy que s'endosser à son ventre l'on voit,
Est Aronte, qui eust, aux montagnes de Lune,
(Là où du Carrarois cultiue la commune

Qui habite dessoubz) vne grotte profonde
Pour sa demeure, d'où ne luy tranche la mer
La veuë à contempler les estoilles du Monde.
Et celle qui le sein couure d'vn cœur amer,
Lequel tu ne peux voir, auec sa tresse belle,
Et derriere ha le poil pour sa peine cruelle:

Ce fut Mantò qui court pays en plusieurs terres;
En fin demeure au lieu de ma natiuité.
Doncques escoute moy quelque peu sur ces erres.
Puys que son pere sut par la Mort surmonté,
Et que serue deuient du bon Bacchus la ville,
Par le monde vn long temps và ceste ieune fille,

Vn Lac git là dessuz en la belle Italie
Au pied des Alpes blancs, qui serrent l'Alemand
Au Conté de Tyrol, & a nom Benachie,
Par bien mille surgeons, & plus, il se faict grand
Baigné de l'eau qui coule au dict Lac entre Garde,
Et Vaidimonicà que le Penuin regarde.

Vn lieu git au millieu, où l'Euesque de Trente,
Celuylà de Veronne & de Bresse pourroit
Benir, si ce chemin à faire se presente,
Pesquiere sied vn fort & admirable toict
Pour seruir de frontiere à Bergame & à Bresse,
Où le riuage au tour plus descend & s'abaisse.

Il est là de besoing que tout autant se perde
Qui ne peut demeurer de Benace au gyron,
Et vn fleuue se faict par la campagne verde,
Tout aussi tost que l'eau s'escoulant faict surgeon,
Benacò n'est plus dict, mais s'appelle Mincie,
Là où iusqu'à Gouuerne au Pò il se ralie.

Il ne court pas beaucoup qu'il trouue vne valée,
En laquelle il s'estend, & faict vn palus,
Si qu'elle est en Esté du bon Air reculée.
En ce vallon passant la vierge au cœur confuz,
Voit vne grasse terre au millieu de la pante
Sans estre cultiuée, & d'habitans exempte.

Ores là pour fuyr l'humaine compagnie
Demeure auec les siens en exerceant son art,
Et laisse son corps vain ayant finy la uye.
Depuys les habitans qui furent à l'escart,
S'assemblent en ce lieu des-ja sort pour la plaine
Qui fut de toutes partz des eaux sus-dictes pleins.

Dessoubz ces os pourris vne ville poserent,
Et pour celle qui fit premiere election
Du lieu, sans autre sort, Mantouë la nommerent.
Plus espaisse fut jà dedans sa nation
Auant que Pinamont vsurpast par ses fraudes
Le sol gouuernement des Contes Casalodes.

Pour ce i'ay dict cecy: car si tu viens entendre
Que l'on donne à ma terre origine autrement,
Ne t'empesche le faux la verité comprendre.
Et moy, Maistre, ie diz, Des-ja me sont vrayment
Tes discours si certains, & ma foy tant s'enflamme
Pour eux, qu'autres me sont comme charbons sans fláme.

Mais dy moy de la gent qui en ce lieu chemine,
Si pas vn tu ne voys qui soit digne de nom,
Qu'à cecy seulement mon iugement incline.
Alors il me respond, Celuy qui du menton
La barbe faict venir sur les espaules brunes
Quand la Grece se vid sans brigades aucunes

De masles, tellement qu'en resterent à peine
Pour remplir les berceaux, fut Augur, & prescript
Auec Calcante l'heure à la nef Capitayne
Pour regner en Aulide, Euripile on le dict,
Et ainsi l'a chanté ma haute Tragedie,
Tu le sçais, qui la tiens du tout en fantasie.

Cest autre qui aux flancs faict monstre si petite,
Fut Michel l'Escossois, lequel abondamment
Des charmes de Magie ha l'art au cœur escripte.
Voy là Guy Bonati, voy Asdent qui vrayment
Voudroit de son seul cuir avoir en cognoissance,
Maintenant, mais bien tard il faict sa penitence.

Ces malheureuses voy lesquelles se retirent
De l'eguille, fuseau, & nauette, & en fin
Sont Mages & par herbe & images mal firent.
Mais vien t'en desormais. Car l'espine & Cain
Des-ja tient les confins des deux grans Hemisseres,
Et soubz Siuille encor touche les eaux amaires.

Et estoit hier au soir des-jà la Lune ronde,
Et t'en doibt souuenir, ne t'ayant faict du pis,
Errant aucunesfoys par la forest profonde,
Il me parle en la sorte, et nous allions tandis.

ANNOTATIONS
sur le Chant XX.

CE VINGTIESME CHANT Du Cantique premier, qui est de tout rebelle en Terre suffoqué.]. *al ventesimo Canto Della prima canzon, ch'è de sommersi.* Il dict chanson pour Cantique, ceste Comedie est diuisée en trois Cantiques, & cent chants, & le premier Cantique, est de l'Enfer, lequel parle tant seulement de ceux qui sont damnez, & suffoquez aux entrailles de la Terre, ou l'on dict qu'est l'Enfer.

QVI FONT ROGATIONS en ce monde à volée]. Dante dict. *Che fanno le Letane in questo mondo* Les Letanies se chantent aux Rogations & processions generales, qui se font tous les ans pour les biens de la terre.

DV MENTON AV DROICT de la poitrine.]. Dante dict, *Dal mento al principio dal casso,* c'est à dire, au commencement de l'estomach. Il monstre que le visage de ces pauures mal-heureux estoit tourné du costé des reins.

DESIA PARAVENTVRE il pourroit aduenir Qu'ainsi se tourne aucun par la Paralysie, Mais ie ne croy qu'il soit, ny l'ay veu de ma vie.] *Forse per forsa gia di paralysia Si trauolse cosi alcun di*

tutto, Ma io nol vidi , nè credo che sia. Il compare
ces miserables, qui ont le visage tourné derriere, à quelque Paralytique, lequel seroit deuenu tel par le moyen de la Paralysie , laquelle
est vn mal qui dissoult les ligatures des nerfs,
faict trembler les membres , les retourne &
change hors de leur place , toutesfois voyant
l'estrange accident des damnez , en fin il confesse n'en auoir iamais veu pas vn qui fust tourné de ceste façon.

Q_VE LES PLEVRS DE LA EACE Bai-
gnoient dessus le cul les fesses par disgrace.]
che 'l pianto de gli occhi le natiche bagnaua per la
fesso. C'est à dire, comme ils auoient la face retournée en derriere , les larmes des yeux leur
baignoient les partyes de derriere, qui est le cul
& les fesses.

ICY VIT LA PITIE quand par vn bon
depit Elle est morte.] *Qui viue la pietà quand*
è ben morta. Il veut dire, Que pour la condi-
tion de la iustice, qui s'exerce aux Enfers par
la volonté de Dieu contre les damnez, c'est
pitié ou pieté de n'en auoir poinct de compassion ou pitié. Car il prent ce mot de Pietà
pour compassion. Par là il monstre , Qu'aux
Enfers il y a seulement iustice, & non pitié,
si bien qu'il ne faut poinct auoir compassion
des peines des damnez, mais de leurs fautes &
miseres, regrettant de ce qu'ils sont tombez en
telle erreur.

ET A CELVY REGARDE Que la terre
engloutit sur les yeux des Thebains.] *Et vedi*
à cui s'aperse à gli occhi de' Theban la terra. Il

veut entendre d'Amfiaraus l'vn des sept Roys
ou Capitaines qui furent au siege de Thebes,
pour remettre Polynices en son Royaume,
qu'auoit occupé son frere Eteocles. Il estoit
fort experimenté aux augures & diuinations,
si bien qu'ayant preueu qu'il debuoit mourir
en ce siege, il se cacha pour n'y aller poinct, &
seulement il se descouurit à sa femme Eryfile,
Mais Argye femme de Polynices, desirant qu'
Amfiaraus se trouuast audict siege, corrom-
pit Eryfile auec dons, laquelle decela son ma-
ry.Lors descouuert, il veint auec les Argiues
en la susdicte expedition, & arriué pres de
Thebes à la premiere bataille la terre s'ouurit, & fut englouty iusques aux Enfers, comme feinct Dante. Ouide au I x. de la Metamorf.

O v T O M B E S T v.] . Dante dict. *Doue rui,*
c'est à dire, *doue ruini.*

V O Y L E V I E L T I R E S I E, il changeà
de semblant Lors que d'vn homme masle il deuient en femelle.]. *Vedi Tiresia, che mutò sembian-*
te, Quando di maschio femina diuenne. Tiresias fut
Thebain, & Deuin. vn iour passant par vne forest, il bat auec sa verge deux serpents qui
estoient liez ensemble, & soudain de masle il
deuient femelle: en laquelle forme il fut l'espa-
ce de sept ans, mais aprez il retourne vne autre
fois à la mesme forest, & trouuant au mesme
lieu les deux serpens encore liez ensemble, il les
rebat & separe auec sa verge, & lors rede-
uient masle. Depuis, pour auoir esprouué &
l'vn & l'autre sexe, comme il fut esleu iuge
entre Iuppiter & Iunon, qui disputoyent,
sçauoir, quel plaisir de la chair estoit plus grand

en l'homme, ou en la femme, ayant prononcé
veritablement que c'estoit en la femme, Iunon
se monstrà si depite contre luy, qu'elle luy creue
les yeux, mais Iupiter en recompense luy fit don
de la Diuination, dont, il annonçoit les choses
futures. Qui fait que Dante le met icy entre les
Astrologues & Deuins. Ouide au III. de la
Metamorf.

QV'IL REPRENNE le poil masculin ou la for-
ce.]. *Che rihauesse le maschili penne.* Il dict, *penne,*
pour le poil des hommes. Deuant, dict il, qu'il
puisse rehauoir la barbe & autre poil, qu'ont
les masles, & non les femelles.

CELVY QVE S'ENDOSSER à son ventre l'on
voit, Est Aronte.]. *Aronte è quel ch' al ventre gli
s'atterga.* c'est à dire, Qui a le ventre où deburoit
estre le dos, pource qu'il auoit le visage tourné
en derriere. Arons fut deuin ou Augur de la ville de Lucques, lequel predit deuant la bataille
donnée au champs Pharsaliques, que Cesar auroit le dessus contre Pompée. De luy parle Lucain au premier liure :

> *Hæc propter placuit Tuscos de more vetusto*
> *Acciri vates, quorum qui maximus æuo*
> *Aruns incoluit desertæ mœnia Lunæ,*
> *Fulminis edoctus motus, venásque calentes*
> *Fibrarum, & monitus errantis in aëra pennæ.*

Sa demeure estoit aux montagnes de Luni,
noble Cité pres de la mer entre Ceresane &
Pietra santa, auiourd'huy ruynée, du nom de
laquelle toute la contrée est nommée *Lunigia-
na.* Dessoubz telles montagnes est le chasteau
de Carrare, pource Dante dict, *Doue ronca Lo
Carrarese, che di sotto alberga. Ronca,* c'est à dire, cul-

tiue, mot Latin. Aruns doncq demeuroit aux
grottes & carrieres des marbres blancs, qui se
prenoient là prez de Carrare.

ET CELLE QVI LE SEIN couure d'vn cœur
amer, Lequel tu ne peus voir, auec sa tresse belle. Et derriere ha le poil pour sa peine cruelle,
Ce fut Mantò.]. *Et quella che ricuopre le mammelle,*
Che tu non vedi, con le treccie sciolte, Et ha di là ogni
pilosa pelle, Mantò fu. I'ay dict le sein pour les mâ-
melles, qui sont de ça & delà sur le sein, ou l'e-
stomach, & Dante ne pouuoit voir ses mammelles, d'autant que les cheueux les couuroient.
Car ceste Dame ayant le visage sur les espaules
tourné, son poil qui naturellement est deuant,
en elle estoit derriere, & les cheueux qui estendus debuoient couurir les reins, en elle couuroient le ventre, l'estomach & les mammelles.
Manto fut magicienne & Deuineresse fille de
Melampo, comme escript Diodore Sicilen,
mais la plus part des autres autheurs la disent
fille de Tiresias, laquelle apres la mort de son
pere, & la ville de Thebes tributaire des Atheniens, courut plusieurs contrées, & enfin s'en
vient en Italie, où de Tyberinus Dieu du Tybre, elle enfanta Ocnus qui edisia Mantoue.
Ainsi le raconte Virgile au x. de l'Eneide :

 Ille etiam patriis agmen ciet Ocnus ab oris,
 Fatidicæ Manthus & Thusci filius amnis,
 Qui muros matrisq; dedit tibi, Mantua, nomen,
 Mantua diues auis.

La sepulture d'Ocnus estoit magnifique aupres de ladicte ville, ainsi que le mesme, Virgile
tesmoigne à la ix. Bucolique

 ———*Namque sepulchrum*

Incipit apparere Bianoris.   c'est à dire, Oc
ni. Car comme Ocnus fut tresrobuste de corps
& d'esprit, il emporta le nom de *Bianor*, qui signifie force d'homme, les Latins disent, *Virum*.
En ce lieu Dante faict parler Virgile touchant
l'origine de Mantoue vn peu autrement qu'il
ne la deduit en son Eneide , mais il s'excuse disant, qu'il s'estoit là arresté aux choses fa-
buleuses, & qu'il rapporte icy la verité.

EN FIN DEMEVRE AV LIEV de ma natiui-
té.]. *Poscia si pose là doue nacqu' io.* c'est à dire , à
Mantoue. Car Virgile estoit du pays Mátouan,
non de sa propre ville, mais d'vn vilage appellé
Andium auprez de Mantouë.

ET QVE SERVE DEVIENT du bon Bacchus
la Terre.]. *E venne serua la Citta di Bacco.* C'est à
dire, Thebes, la ville du Dieu Bacchus , qui deuient esclaue & tributaire. Pource qu'aprez la
bataille des sept Roys, & la mort des deux freres, Eteocles & Polynices, Creon homme cruel,
occupa la Tyrannie de Thebes. Mais peu apres
par la priere des deux femmes dessusdicts freres morts, ausquels Creon ne voulut accorder
sépulture, Thesée Roy des Atheniés vient auec
vne armée contre Creon, luy oste la ville , & la
rendit tributaire des Atheniens. Ainsi Thebes
fut reduite en seruitude.

LA DESSVS.]. *Suso,* c'est à dire là haut au Mó-
de, qui est haut à ceux qui sont aux Enfers , &
bas à ceux qui sont au Ciel,

EN LA BELLE ITALIE.]. *In Italia bella.* De
telle façon la descript Virgile en ses Georgi-
ques, ou il n'oublie les louanges de ceste fertile prouince.

Av pied des alpes blancs qui ferrent
l'Alemand Au Conté de Tirol.]. *A pie de l'Alpe,*
che ferra la Magna foura Tiralli. Il entend parler
des montagnes qui feparent l'Italie de l'Alemagne contenues au Conté de Tirol.

Et ha nom Benachie.]. *Et ha no-*
me Benaco. C'eſt le nom ancien du Lac, dont
il parle en ce lieu, *Benacus* , Virgile au x. de
l'Eneide.

 Quos patre Benaco velatus arundine glauca
 Mincius infeſta ducebat in æquora pinu.

Auiourd'huy il eſt nommé, *Lago di Garda.* Lac
de Garde, à cauſe de *Garda* chaſteau ſis ſur la
riue de ce Lac, lequel eſt entre le Veronnois, le
Breſcean & le pays de Trente, & ſa longueur
s'eſtend aux racines d'vn deſſuſdicts monts nó-
mé de ceux du pays *Pennino* , où ſont de tres-
beaux & plaiſans Iardins de Cedres arrouſez
de pluſieurs fontaines, les eaux deſquelles , de
Garda à Valdimonica , valée du pays Breſcean,
tombent & s'arreſtent audict Lac. Il faut lire
en ce lieu de Dante.

 Tra Garda & Valdimonica Pennino,
non pas, *Valcamonica* , comme pluſieurs font. *Val-*
camonica eſt vne valée au Bergamaſche loing de
ce Lac plus de ſoixante milles, mais *Valdimonica* ,
eſt au Breſcean voiſine au deſſus dudict Lac.
Et eſt ainſi dicte, *quaſi valle de Monica* , à cauſe
d'vn chaſteau ſis en icelle nommé *Monica.* Auiourd'huy quelques vns diſent *Valmonica* , pour
Valdimonica.

Vn lieu git av milliev où l'Eueſque de
Trẽte, Celuy là de Veróne & de Breſſe pourroit

Benir.]. *Luogo è nel mezo, la doue il Trentino Pastore, & quel di Brescia e'l Veronese Segnar porria* Il monstre que le Lac est au millieu de Trente, de Bresse, & de Verone, si bien que les trois Dioceses de ces Cittez arriuent au millieu du Lac, & là finissent, dont ces trois Euesques pourroient donner la benediction audict lieu, comme estans vn chascun sur son Diocese. Ce qu'autrement ils n'auroient moyen de faire. Car le droit Canon porte, Que pas vn Euesque ne puisse benir sinon en son Diocese.

PESQVIERE SIED VN FORT & admirable toict Pour seruir de frontiére à Bergame & à Bresse]. *siede Peschiera bello, & forte arnese Da fronteggiar Bresciani & Bergamaschi:* C'est vn fort chasteau sis aux confins du susdict Lac, qui est du Diocese de Veronne, & est basty pour seruir de frontiere au pays Brescean, & celuy de Bergame.

ET VN FLEVVE se faict par la campagne verde.]. *Et fassi fiume qui per verdi paschi.* Il dict, Que le Lac de Garde, ou Bénacus, à son bout s'abaisse, si bien que l'eau qui abonde sort dudict Lac, & d'icelle se faict vn fleuue qui n'est plus dict *Benacus*, mais *Mincius*, lequel court insques à Mantouë, & là encores le faict vn Lac, mais pour cela le fleuue ne perd son nom, qu'il ne soit à Gouerne, chasteau du Mantouan, où il entre dans le Po, & là perd le nom de *Mincius*, si bien que le Lac *Benacus* est le pere du fleuue *Mincius*, & ainsi l'appelle Virgile au x. de l'Eneide.

TOVT AVSSI TOST que l'eau s'escoulant faict surgeon.]. *Tosto che l'acqua à correr mette co.* Il dict,

Il dict, *Cò* pour *capo*. Qui est vn mot Lombard,
& monstre que si tost que le Lac de Garde,
court comme vn fleuue, qu'il perd son nom, &
se nomme. *Mincius.*

QV'IL TROVVE VNE VALEE.]. *che troua vna la-*
ma. Il prend en ce lieu, *Lama*, pour vne valée, côme plus bas au chant XXXII. *che mal fai lusin-*
gar per questa lama, par ceste valée.

EN EXERCEANT SON ART.]. *A far sue art i.* Qui
estoit, de deuiner les choses futures, & se mesler
de la Magie.

ET SON CORPS LAISSE VAIN ayant finy sa
vie.]. *Et vi lascia suo corpo vano.* c'est à dire, que
Mantò mourut à la fin, pource que le corps
mort il demeure vain & vuyde de l'Ame.

ET POVR CELLE QVI FIT premiere election,
Du lieu sans autre sort, Mantoue la nomme-
rent.]. *Et per colei, che 'l luogo prima elesse, Mantoa*
l'appellar senz' altra sorte. Il dict cecy, pource
qu'anciennement les fondateurs des villes y
mettoient nom à sort, ou bien par quelque augure, comme Albe fut dicte d'vne blanche
Truye là trouuée fortuitement. Romme de
Romulus, aprez les augures tentez, & ainsi des
autres mais Mantouë sans aucun sort ou augure fut nommée de Mantò deuineresse, qui premiere vint se loger aux paluz où est bastye
Mantouë.

PLVS ESPAISSE FVT IA dedans sa nation,
Auant que Pinamont vsurpast par ses fraudes
Le sol gouuernement des Contes Casalodes.].
Già fur le genti sue dentro più spesse, Prima che la mat-
tra de Casalodi Da Pinamonti inganno riccuesse. Il
monstre que la ville de Mantouë deuant les

L

diſſenſions & guerres ciuiles eſtoit plus floriſ-
ſante d'habitants qu'en ſon temps, & parlant de
Pinamont & des Contes Caſalodes, il touche le
changement des ſeigneurs de Mantouë, qui ad-
ueint ceſte façon. Les Côtes de Caſalode (c'eſt
vn chaſteau au Breſcean) ayans occupé la Tyrā-
nie dedãs Mantouë, Pinamõt de Bonaccoſi gē-
tilhõme du pays cognoiſſant que les autres nobles eſtoiët beaucoup odieux au peuple, perſua-
de finemēt au Côte Albert de Caſalode ſeigneur
alors de laditte ville, qu'il deuoit pour quelque
téps chaſſer aux chaſteaux voyſins les plus grãs
de la nobleſſe, deſquels il ſe doutoit le plus de
pouuoir eſtre empeſché, pour ce qu'il deſignoit
d'entreprēdre, aſſeurant audit Côte que c'eſtoit
l'vn deſplꝰ ſeurs moiés de ſe recõcilier le peuple,
afin qu'il luy fuſt touſiours fauorable & obeyſ-
ſant. Le Conte Albert mal aduiſé trouue bon le
cõſeil frauduleux de Pinamõt, & le croyant met
à execution ce que l'autre deſiroit le plus. Par
ainſi Pinamont ayãt ſuborné le peuple en ſa faueur oſtà la ſeigneurie aux Caſalodes mal ap-
puiez alors, apres auoir chaſſé les principaux de
la nobleſſe, & mit au fil de l'eſpée quaſi tous les
autres Gētils-hõmes qui demeurerēt en la ville,
bruſla leurs maiſons, & ceux qui peurēt eſchap-
per ſa rage, allerent en exil perpetuel, dõt ladite
Cité fut à demy deſerte, & c'eſt pourquoy Dãte
fait dire à Virgile, que deuant vn tel accident, &
ruyne publique, *Gia ſur le genti ſue dentro piu ſpeſſe,*

CAR SI TV VIENS ENTENDRE Que l'on doñe
à ma terre origine autrement, Ne t'empeſche le
faux la verité comprendre. *Però t'aſſenno, che ſe tu
mai odi Originar la mia terra altrimēti, La verità nulla*

menfogna frodi. Virgile aprez auoir monftré cō-
me aprez la mort de Mantò deuinereffe qui fe
retira aux paluz de Mantouë pour y exercer fes
artz de Magie, les habitans circonuoyfins firent la ville fur fon fepulchre. Il dict cecy, afin
qu'on ne le trouue eftrange. Car nous auōs veu
cy deffus, qu'au x. de l'Eneide, il parle autremēt
de l'origine de Mantouë, l'attribuant à Ocnus
filz de Tyberinus & de la fufdite Mantò. Ce
qu'il confeffe en ce lieu eftre fabuleux.

QV'AVTRES ME SONT comme charbons fans
flame.]. *che gli altri mi farian carboni ſpenti.* Il veut
dire que les difcours de Virgile, luy donnent
telle affeurance d'vne loyale foy, que ceux de
tous autres ne luy pourroient donner aucune
lumiere ou cognoiffance.

CELVY QVI DV MENTON La barbe faict venir
fur les efpaules brunes, Quand la Grece fe vid
fans brigades aucunes De mafles, tellemēt qu'ē
refterent à peine Pour remplir les berceaux, fut
Augur & prefcript, Auec Calcante l'heure à la
Nef Capitaine Pour regner en Aulide, Euripile
on le dit.]. *Quel che de la gotta Porge la barba in fu*
leſpalle brune, Fu, quando Grecia fu di maſchi vota, Si
ch'à pena rimaſe per le cune, Augure & diede il
punto con Calcanta In Aulide à tagliar la prima fu-
ne, Euripilo hebbe nome. Au temps qu'Agamemnō
Roy des Grecz fut contre les Troyens pour a-
uoir Helene, fēme de fon frere Menelaus, rauie
par Paris Troyen, il menà vne fi grā de quantité
d'hommes en fon armée, qu'à peine refterēr en
Grece les enfans de la māmelle. Dōt Dante dir,

Quando Grecia fu di maſchi vota,
Si, ch'à pena rimaſer per le cune.

Alors fut Augur Eurypile, lequel auec Calcas, estant des-ja toutes ses nefs pleines de Grecz au port d'Aulide , declarà l'heure & le poinct heureux & fauorable pour sortir dudit port. Dante dict, *A tagliar la prima fune*, c'est à dire, le chable de la nef premiere, ou de la Capitaine, depuis suiuie de toutes les autres. Ainsi Virgile.
——— *Tortósque incidere funes*. Car les nauires au port sont attachées à l'Anchre, & quand l'on est pressé, l'on ne se met pas en peine d'arracher l'Anchre, mais l'on couppe les cordes qui sont liées à l'Anchre.

EN AVLIDE.]. C'estoit vn port de Beocie nó loing de Tanagra, où Agamemnó assembla bié mille vaisseaux pour aller au siege de Troye. Homere en fait le catalogue au 11. de l'Iliade.

ET AINSI L'A CHANTE ma haute Tragedie.]. *& cosi'l canta l'alta mia Tragedia in alcun luoco*. Virgile appelle en ce lieu sa haute Tragedie, les liures de l'Eneide, pour la grauité du stile, ou bié pource que parfois ils contiennent vn subiect Tragicque, comme le second liure où il parle d'Eurypile & de Calcas Augures.

FVT MICHEL L'ESCOSSOIS.]. Quelques vns disent que ce Michel fut Espagnol, mais Dante le fait Escossois grand Magicien de son téps, qui vescut soubz l'Empereur Federic 11. & lui predit le lieu où il deuoit mourir, qu'il disoit estre Florence. En quoy le susdit Empereur fut trompé à cause du nó equiuocque. Car il ne mourut pas à Florence, ville capitalle de la Toscane , mais en la Pouille à vn chasteau nommé Fiorenzola. Ce Magicien preueut q̃ sa mort aduiendroit par la cheute d'vne pierre qui luy briseroit la teste. Ce

qui ne faillit pas, pource qu'vn iour, comme il
estoit à l'Eglise, la teste decouuerte pour adorer
le corps & sang de IESVSCHRIST, la corde de la
cloche que l'on sonnoit fit tomber vne grosse
pierre sur sa teste, & incontinent il iugea qu'il
mourroit, ce qui arriua soudainement.

VOY LA GVY BONATI.]. Ce fut vn Magicié
de Forly fort estimé pour son liure d'Astrolo-
gie, duquel l'on fait grand cas. Le Conte Gui-
dō de Monte Feltro Seigneur dudit Forly l'ai-
moit tāt, qu'il ne faisoit iamais entreprise côtre
ses ennemis qu'à l'heure que cestuicy luy disoit:
& par ainsi retornoit tousiours victorieux. Tou
tefois au deshonneur & mocquerie de son art
iudiciaire, vn iour il fut vaincu par vn vilageois, lequel asseuroit qu'il deuoit pleuuoir à vn
iour fort serain, & cóme Guidon Bonati conte-
staft, qu'il seroit impossible, il aduint qu'il pleut,
ce que voyāt, il interroge le vilageois pour sçauoir de luy, à quoy il l'auoit aperceu: il respondit, à son asne, pource que le tirant de l'estable,
il auoit beaucoup secoué les oreilles.

VOY ASDENT qui vrayment Vouldroit de só
seul cuir auoit la cognoissance, Maintevāt, mais
bien tard, il fait sa penitence.]. *vedi Asdente, Che*
hauer inteso al cuoio & à lo spago Hora vorrebe, ma tar-
disi pente. Ce fut vn Cordōnier de la ville de Parme, ignorant les lettres, neantmoins il s'adonna
à l'art de deuiner, en laquelle il fut excellent. Entre autres choses predit que l'Empereur Federic
II. deuoit tenter de bastyr la ville de Victoria
auprez de Parme, mais que là il seroit deffaict,
comme il aduint, en assiegeant Parme. Dante se
mocquant de ce Cordonnier dict, que mainte-

nant il deſireroit ne s'eſtre iamais meſlé d'autre
choſe, que de manier le cuir & l'haleine, mais
qu'il n'eſt plus temps de s'en repentir. Car aux
Enfers la repentence eſt inutile.

CES MALHEVREVSES VOY.]. Il veut comprendre toutes les femmes condamnées en ce lieu,
qui furent ſorcieres par le moyen des herbes, &
Images de cire faiſant mille meſchancetez.

CAR L'ESPINE ET CAIN Deſ-ja tiét les côfins
des deux grans Hemiſferes, & ſoubz Siuille encor touche les eaux amaires.]. *che già tien il con-
fine D'amendue gli hemiſperi, & tocca l'onda ſotto Sibilia Caino & le ſpine.* Par ceſte deſcription, il môſtre que le iour approchoit, & qu'il eſt temps de
partir. Car comme il dit, Que la Lune ronde
touche les confins des deux hemiſferes, ſçauoir
l'Orizô Occidental, lequel eſt ſoubz Siuile noble Cité aux dernieres parties de l'Eſpagne: il
veut donner à entendre que le iour approchoit,
pource que le Soleil commençoit à venir à l'O-
rizon de l'Orient. Par ces mots: *Caino et le ſpine*,
il entend la Lune, à la façon du vulgaire: Car le
Peuple, voyant en la face de la Lune vne ombre
certaine, il croyt que ce ſoit Cain, qui ha ſur l'eſ-
paule vne fourche d'vne eſpine, & par ces mots:
Tocca l'onda, diſant que la Lune touche l'onde, il
parle encore ſelon l'opinió du vulgaire, pource
que quand vne Eſtoille va ſoubz vn autre He-
miſfere, d'autát qu'entre nous & ladite Eſtoille
la mer ſe trouue, il ſemble qu'elle tombe dans
la mer.

ET HIER AV SOIR DESIA eſtoit la Lune ronde,
Et t'en doit ſouuenir, ne t'ayant fait du pis, Errant aucune fois par la foreſt profonde.]. *Et*

già bier notte fu la Luna tonda: Ben ten' dè ricordar, che
non ti noeque Alcuna volta per la selua fonda. Il veut
dire, que quand Dante estoit esgaré en la forest
obscure, comme nous auons veu au commencement, qu'alors la Lune ne luy a pas nui, mais
serui de beaucoup, pource qu'aux tenebres de
la Nuict & obscurité de la forest, elle luisoit.

CANT XXI.

Insi de pont en pont en parlant d'autre chose
Que ceste Comedie à chanter n'ha besoing,
Nous venions & tenions le haut, quand ie
    propose
De m'arrester pour voir l'autre sente auec soing
De la mauuaise bouge, & autre plainte dure,
Et merueilleusement ie la vis sombre-obscure.

Quelle dans l'Arzenal de la belle Venize
Bouilt au temps de l'Hyuer la plus gluante poix,
Quand les vaisseaux non sains calfeutrer l'on s'auise
Mal propres à voguer, & l'vn à ceste fois
Faict son nouueau basteau, l'autre costes restouppe
A celuy qui souuent a eu le vent en pouppe.

L'vn rebat à la prouë, & à la pouppe encore,
L'autre faict auirons, l'autre les cordes tord,
L'autre le terzerol & l'artimon decore:
Telle non par le feu, mais par diuin accord
Bouillonnait vne poix làbas si fort espaisse,
Qu'elle engluoit par tout la riue vengeresse.

L iiij

Ie la voyois, mais non par le trauers d'icelle,
Rien autre que bouillons, qu'elle faisoit bouillant,
Et comme elle enfle toute & se restraint en elle,
Tandis que ie portois en bas mon œil brillant,
Mon Duc en me disant: Pren garde à toy, pren garde:
Me retire vers soy du lieu d'où ie retarde.

Lors ie me tourne ainsi, que l'homme plein d'enuie
De voir ce qu'il luy faut fuir asseurement,
Et que la peur soudaine affoiblit & manie,
Qui pour voir ne retarde à partir promptement,
Et là vn noir Demon s'aperçois qui chemine
Au derriere de nous courant par la colline.

Ah! combien il estoit en sa face effroyable,
Combien il me sembloit aux effetz inhumain,
Ses aisles estendant, & sur ses pieds ployable,
Son dos qui fut aigu, desdaigneux & hautain,
Sur deux arches chargeoit vne ame pecheresse,
Et le nerf de son pied serroit auec rudesse.

De nostre pont, dict il, ò Demons Male branches,
Vn Ancian voicy de Sainête Zite pris,
Qu'on le mette au dessoubz, ie tourne auec mes anches,
En ceste terre où sont reuendeurs de grand pris,
Tout homme est eschangeur, excepté le Boture,
Là de N O N ce faict Si par argent sans droicture.

Au fond il le iettà, puis par l'escueil retourne,
Et veu ne fut iamais vn dangereux mastin
Ainsi diligemment suyure le larron morne.
Ce pauure fut caché, qui retourne à la fin
Enueloppé de poix, mais les Demons qu'ombrage
Le Pont, disent, icy n'ha lieu le saint visage.

Cy l'on nage autrement qu'au fleuue de Serchie,
Pour ce si tu ne veux de nos graffignemens,
Au deffus de la poix venir n'ayes enuie.
Puis l'edentent auec plus de cent ferremens,
En difant, il conuient qu'icy couuert tu balles,
Afin que si tu peux fans eftre veu tu raffles.

Ainfi les Cuifiniers à leur vaffaux commandent
Les viandes cacher au fond du chauderon
Auec les crocs, afin qu'icelles ne s'eftendent.
Le bon Maiftre me dit, Pour ofter le foupçon
Que tu fois en ce lieu, tien-toy baiffé derriere
Vn roch, pour efchapper toute rencontre fiere.

Et pour empefchement aucun que l'on me faffe,
N'ayes crainte de rien, i'auray tout bien à poinct,
Pource qu'vne autrefois i'ay vaincu leur menace,
Puis il paffa de là par la tefte conioinct
Du pont, & là venu fur la fixiefme riue
Au front il eut befoing de couleur feure & viue.

Auec telle fureur, auec telle tempefte
Que vont les chiens à dos du pauure pelerin,
Qui foudain quiert l'Aumofne, ou en place s'arrefte:
Sortent ceux de deffouz du petit pont, afin
De tourner contre luy toute fourche cruelle,
Mais mon Duc s'efcria, Nul de vous foit rebelle.

Deuant que voz crochets me prennent, que s'en vienne
L'vn de vous au deuant pour ouyr mes propos,
Et puis que le conseil de m'en fourcher fe prenne.
Tous crierent alors: Que s'en aille difpos
Male-queuë. Ainfi l'vn quand les autres font pofé,
A luy s'en-vient, & dit. Que luy fert cefte chofe ?

L v

Croys tu bien, Male-queuë, icy de me voir estre
Venu, des-ia disoit mon Maistre en seureté,
Contre tous voz efforts & mal-vueillance traistre,
Sans le vouloir diuin & la fatalité ?
Laisse moy passer outre, ainsi le Ciel ordonne
Que ie monstre à autruy ceste voye felonne.

Alors il laisse choir l'orgueil de telle sorte
Que tomber à ses pieds se void le croc, & dit
Aux autres, Qu'il ne soit blessé ie vous exhorte.
Et mon guidon s'escrye : O toy, qui non sans fruict
Entre le mur du Pont te tenois à cachette,
Asseuré desormais tourne vers moy la teste.

Pource ie m'aduençay venant à luy bien viste,
Et les Demons se font tous au deuant de moy,
D'ont l'accord ie soupçonne en ma crainte subite:
Ainsi i'ay veu desia les soldats en esmoy
Craindre, quand par accord ils sortent de Capronne,
Voyans des Ennemys vne grande couronne.

Auecques tout mon corps tremblottant ie m'approuche
Le long de mon Seigneur, & ne tourne les yeux
Au deuant leur aspect qui fut non bon & louche:
Et abbaissoyent leurs crocs. Veux tu que furieux,
L'vn à l'autre disoit, d'vn seul coup ie luy nuise ?
Et respondoyent, Ouy, touche tant qu'il luy cuise.

Mais le cruel Demon qui dressoit sa parole
A mon Maistre, tout prest se retourne de dueil,
Et dit, Scarmiglion cesse, cesse & n'affole:
Puis il nous dit, Plus outre aller par cest escueil
Ne se pourrà, d'autant que git au fond extreme,
Depecée en esclats toute l'Arche sixiesme.

Que si d'aller auant il vous est fauorable,
Par ceste grotte allez, vous trouuerez là pres
Vn autre escueil qui fait vn chemin secourable.
Hier cinq heures plus outre à ceste cy, complets
Furent mil deux cens ans & six auec soixante
Que le passage icy se rompt reduit en fente.

J'enuoye en ce lieu là de ces miens pour cognoistre
Si quelcun ne sort point au dehors, vsez or
De telle escorte, à vous fideles pourront estre:
Passe auant Alichin & Calcabrin encor,
Il commence à leur dire, & toy le fier Cagnasse,
Et Barbarie guidon sois de la populace.

Libicoc, Draginas, bien plus outre s'en vienne
Auec Sirat', Sannute, & Graffican aussi,
Et Farfarel, lequel Rubican fol amene,
Cerchez la poix bouillante autour, & soyent ceux-cy
Sanlues iusques à l'autre escueil qui se proiette
Tout entier au dessus de la Male-bougette.

Mon Maistre, qu'est cecy que ie voys, ie commence
A dire, helas ! tous seuls nous irons sans guidon,
Si tu le sçais, pour moy d'aller n'ai-ie asseurance,
Si tu es tant accort comme en toute saison,
Ne voys-tu pas des dents comme ils grincent ensemble,
Et auec les sourcys nous menacent, ce semble ?

Il me dit, ie ne veux te voir esmeu de crainte,
Mais laisse les grincer selon leur bon plaisir,
Ils le font pour donner aux bruslez quelque attainte,
Par le gauche rempart tournent d'vn grand desir,
Mais premier vn chacun auoit la langue estroitte,
Et tourné sur leur Duc auec les dents tempeste,

Et aussi de son cul il faisoit vne trompe.

L vj

ANNOTATIONS
sur le Chant XXI.

VE CESTE COMEDIE à chanter n'ha besoing.] *Che la mia Comedia cantar non cura.* Ce n'est sãs raison que ce liure est intitulé Comedie, puis que l'autheur d'iceluy l'appelle ainsi, & il dit, que cheminant, ils parloyent par forme de deuis de plusieurs diuines & hautes matieres dont il n'est besoing de traiter en sa Comedie.

ET TENIONS LE HAVLT.] *Et tenenamo'l colmo.* c'est à dire, le sommet du Pont, qui est le milieu d'où ils pouuoyent mieux voir toute la valée de la cinquiesme bouge.

DE LA MAVVAISE BOVGE.] Ainsi ie traduits ce mot, *Di male-bolge. Bolgia*, est vne bouge, ou bougette.

ET AVTRE PLAINTE DVRE.] Dante dit, *Et gli altri pianti vani.* Les pleurs estoyent bien durs & fascheux, puis qu'ils estoyent vains. Car aux Enfers, il n'y a point de commiseration ou pitié, comme il a dit cy dessus au xx. chant.

Qui viue la pieta, quand' e ben morta.

& au III.

Misericordia & iusticia gli sdegna.

QVELLE DANS L'ARSENAL de la belle Venise.] *Quale nel Arzenal de Veniciani.* Il fait comparaisõ de la poix qui bouilloit en ceste cinquiesme bouge pour y punir les Tricoteurs, achep-

reurs d'offices & changeurs des choses nõ per-
mises, à celle qui boult l'hyuer à Venise dans
l'Arsenal, pour poisser les vaisseaux que l'on fait
de nouueau, ou ceux que l'on doibt racommo-
der ou rafreschir.

QVAND LES VAISSEAVX non sains calfeutrer
l'on s'auise.] *A rimpalmar li legni l'or non sani. Rim-*
palmare, proprement signifie calfeutrer, c'est à
dire, rafreschir les vaisseaux defectueux & non
sains, de poix, d'estouppes, de cloux & autres
choses necessaires.

L'AVTRE LE TERZEROL & l'artimon decore.
Chi terzeuolo, & artimon rintoppa. I'ay retenu ces
deux mots, pource que nostre François n'en a
pas vn propre pour les exprimer. Aux galeres il
y a trois sortes de voyles, la premiere est ditte
Artimone, que les Latins & Grecs nomment *A-*
catiõ, la seconde *Mezana*, qui est à la pouppe du
nauire ditte *Epidromon*, la 3. *Terzeuolo*. & c'est la
plus petite. nommée *dolon*. *Rintoppare*, signifie re-
placer & remettre quelque chose en sa place.

TELLE NON PAR LE FEV, mais par diuin accord
Bouillonnoit vne poix.] *Tal non per fuoco, ma per*
diuin' arte Bollia là giuso vna pegola spessa. Ce qu'il
dit, *Per diuin' arte*, i'ay traduit par diuin accord.
Car il veut entédre, par l'ordre & volõté diuine.

IE LA VOYOIS, MAIS NON par le trauers d'icelle,
Riẽ autre que bouillõs, qu'elle faisoit bouillãt.]
I vedea lei, ma non vedena in essa, Ma che le belle, che 'l
bollor leuaua. c'est à dire, ie ne voyois riẽ autre q̃
bouillõs, que les Latins appellẽt *Bullas*, & Dante
vse d'vne façon de parler Lombard, disant, *Ma*
che le bolle. Car le Florentin diroit, *se non bolle.*

ET LE NERF DE SON PIED serroit auec rudesſe.] *Et ei tenea de' pie ghermito il nerbo.* Sçauoir le nerf qui eſt la part de la iambe plus ſubtile & plus voyſine du pied.

O DEMONS MALEBRANCHES.] O *Malebranche,* c'eſt vn mot general des Demons qui ont de mauuaiſes griffes ou ongles, inuenté par Dante fort à propos, pour monſtrer que ceux icy puniſſoyent les Tricoteurs, & changeurs qui ont ongles de Lyon, pour prendre & attrapper l'argent d'autruy.

VN ANTIAN VOICY de ſaincte Zite pris.] *Ecco vn de gli Antian di ſanta Zita.* Antiani, eſtoyent le premier magiſtrat en la ville de Luques, cõme *Priori,* en celle de Florence. *Antiani di ſancta Zita,* dõcques ce ſont les magiſtrats principaux de Luques, nõmant ladite ville de la Saincte, laquelle les Luquois ont en grande veneration. Ce fut vne ſaincte Dame, qui fit miracles durãt ſa vie, & apres ſa mort, de laquelle le corps eſt ſis en vne chappelle de l'Egliſe de S. Fredian à Luques. Celuy qu'il ne nomme pas en ce lieu fut, ainſi que penſent quelques vns, Martin Bottaio qui mourut l'vn des Antiani, leſquels au temps de Boniface VIII. à Lucques eſtoyent chefs du party. Ce Martin conduiſoit la moytié du Peuple, & Bouturo Bati, duquel Dante faict mention, auoit à ſa deuotion l'autre moytié.

EN CESTE TERRE où ſont reuendeurs de grãd pris, Tout homme eſt eſchangeur, excepté le Boture. Là de Nõ ſe fait Si par argẽt ſans droicture.] *A quella terra che n' è ben fornita, Ogni huom' v' è barattier' fuor' ch'el Bouturo, Del nò per li denar vi ſi faita.* Premierement il taxe en general la ville de Lucques, où les Citoyens ſont fort ad-

donnez à la reuente des magiſtrats & autres
choſes illicites. Puis auec vne certaine ironie,
diſant que le Bouture eſt exempt de tricoterie
& eſchange, il veut monſtrer qu'en toute ladite
ville, il n'y a point de plus grand baratier que le
ſuſdit Bouturo Bati. En fin ,, il veut dire, qu'à
Lucques l'on ne regarde pas à la ſuffiſance d'vn
perſonnage, mais à ſon argét pour le faire Magiſtrat. L'on fait Ouy (dit-il) de Non pour
argent. les Lucquois diſent *Ita* pour ouy.

Mais les demons qu'ombrage Le Pont, diſent, icy n'a lieu le ſainct viſage.] *Ma i demon*
che del ponte hauean coperchio, Gridar, Qui non ha luo-
go il ſanto volto. Les Demons ſe mocquét du pauure Bouture, qui vouloit ſortir hors de la poix,
& luy diſent , pource qu'il eſtoit de Lucques,
qu'en Enfer le ſainct viſage ne ſe pouuoit inuo
quer. Les Lucquois auoyét en l'Egliſe S. Martin
la face de noſtre Seigneur, que fit faire Nicode-
mus ſon diſciple, en grande veneration, & en
l'inuoquant ils ſe fioyent beaucoup au ſecours
& ayde de Dieu.

Cy l'on nage autremét qu'au fleuue de Ser-
chie.] *Qui ſi nuota altrimenti, che nel Serchio.* C'eſt
vne autre mocquerie, dont vſent les Demons.
Vous autres Lucquois , vous auez de couſtume
par plaiſir de nager au Serchio, qui vous eſt vn
fleuue voyſin, tenans la teſte dehors , mais icy
il la faut tenir dãs la poix. Serchio eſt vn fleuue
proche de Lucques ḡ les Latins nóment Auxeris.

Afin que si tv pevx ſans eſtre veu tu raf-
fles.] *Si che, ſe puoi, naſcoſamente acciaffi.* c'eſt à dire, tu prennes & raffles viſtement. C'eſt vn mot
propre pour les Baratiers, qui ſçauent tromper
ſans qu'on y penſe.

AFIN QV'ICELLES NE S'eſtendent.] *Perche non
galli.* Proprement *gallare,* eſt ſe hauſſer ou enſler.

POVRCE QV'VNE AVTREFOIS, i'ay vaincu leur
menace.] *Perch' altra volta fui à tal barratta.* C'eſt
à dire, à telle bataille, effort, menaçe, & Dãte vſe
de ce mot', d'autant qu'il traite des peines des
Baratiers.

A LA TESTE CONIOINCT DV pont.] *Di là dal
co del ponte.* Il dit, *Co,* pour *capo,* à la façon des
Lombars.

QVE S'EN AILLE DISPOS Malé-queuë.] *Vada
Malacoda.* Il ſemble par ce mot vouloir entendre
Gerion, dont il a parlé cy deſſus. Car deſcriuãt
vne telle beſte, il afferme qu'elle auoit vne
queuë de ſcorpion.

AINSI I'AY VEV DESIA les ſoldats en eſmoy
Craindre quãd par accord ils ſortent de Captõ
ne, Voyans des ennemis vne grãde couronne.]
*Coſi vid'io già temer i fanti Ch' vſciuian pattegiati di
Caprona, Veggendo ſe tra nemici cotanti.* Pour entẽ-
dre cecy, il faut ſçauoir, que Caprone fut vn
chaſteau de ceux de la Republique de Piſe aupres du fleuue Arno, lequel au tẽps des guerres
des Guelfes & Ghibelins leur fut oſté par les
Lucquois, qui s'eſtans liguez auec les autres
Guelfes de Toſcane, faiſoyét guerre à Piſe chef
des Ghibelins. Quelque temps apres ledit chaſteau fut aſſiegé par vne grande armée des Piſans, lors les ſoldats de Lucques qui là dedans
faiſoyẽt la garde, voyãs que l'eau leur mãquoit,
ſe rendirent leur perſonnes ſaulues, & ſortis en
cãpagne furent liez tous enſemble à vne corde,
afin qu'ils ne ſe ſeparaſſent, & ſeparez ne fuſſét
maſſacrez par les villageois. Ainſi accõpagnez

iufqu'aux confins de Lucques furent licentiez,
routesfois pource qu'ils paſſoyent par le camp
des ennemys, chacun crioit, Pendez pendez, dõt
ils eurent vne merueilleuſe crainte.

QVI FVT NON BON & louche.] Dante a
parlé de ceſte façon, *ch'ero non buoua.*

ET DICT, SCARMILLION ceſſe ceſſe.] Et dite,
Poſa poſa Scarmiglione. C'eſt vn nom d'vn Demon
formé par Dáte de *Scarmigliare,* qui ſignifie deſ-
cheueler, autrement *Rabuffare.*

PLVS OVTRE ALLER par ceſt eſcueil Ne ſe
pourra, d'autant que git au fond extreme Depecée en eſclatz toute l'arche ſixieſme.] *Piu oltra
andar per queſto Scoglio non ſi potrà, però che grace
Tutto ſpezato al fondo l'arco ſeſto.* Dante decouure
le meſchant naturel du Diable, par le propos
que tient icy Malacode, qui confeſſe bien ce
qu'il ne peut nier, mais ment touchant ce qu'il
penſe que l'on ne ſçache pas. Selon la fiction de
noſtre Poëte doncq, il eſtoit vray, que le Pont
ou eſcueil de la ſixieſme bouge, eſtoit depecé &
cheut au fond, mais il n'eſtoit pas vray, qu'en
ceſte bouge fut demeurée aucune grotte entiere, par laquelle on peut cheminer, comme Malacode donne à entendre. Dante fainct qu'à la
paſſiõ de Ieſus-Chriſt toutes les arches de ceſte
bouge où ſe punit l'hypocriſie, furent rõpues.

HIER CINQ HEVRES plus outre à ceſte cy,
completz Furent mil deux cens ans & ſix auec
ſoixante, Que ce paſſage icy ſe rompr reduit en
fente.] *Hier piu oltre cinqu'hore che queſt' hotta, Mille
dugento con ſeſſanta ſei Anni compier, che quì la via
ſu rotta.* Dante monſtre qu'il ſe trouuà dans l'enfer en l'An mil CCC. par le conte des ans de

l'incarnation de Iesus Christ. Car si le iour de sa
passion à six heures par le tremblement de terre
les arches furent rompues, & au iour que Dante
se trouua aux Enfers, qui fut l'heure premiere
du Samedy sainct, faisoit mil CCLXVI. Il y fut
doncq, en l'An mil CCC. Pource qu'il faut ad-
iouster XXXIII. ans que Iesus Christ auoit
vescu, & vn An de plus, à cause des neuf moys
que la Vierge Marie le porta dans son ventre.
Adioustant donc XXXIIII. à M. CCLXVI. il
y aurà M.CCC.ans Auquel temps Dante auoit
XXXV. ans. Car il en a vescu LVI. & il mourut
l'An M.CCCXXI. si bien qu'en tirant XXI. de
LVI. restent XXXV. qu'il auoit au temps, qu'il
feint auoir eu ceste vision.

SI QVELCVN NE SORT poinct dehors.] *s'al-
cun se ne sciorina, sciorinare*, ou *scioare*, c'est sortir
dehors.

PASSE AVANT Alichin & Calcabrin.] il con-
trouue icy neuf noms de Diables qui tourmen-
tent les trompeurs baratiers. *Alichino, qui alios
inclinat: Calcabrina*, qui foule la rousée, laquelle
se prent pour la grace diuine. *Cagnazzo*, meschát
chien qui ne faict que iapper & mordre. *Barba-
riccia*, qui a la barbe crespée. *Libicocco. libido coqués*,
desir ardent & immoderé. *Draghignazzo*, venin
de Dragon. *Ciriato sannuto*, Crocq de pourceau
tiré du Grec. *Graffиcane*, qui egraffigne. *Farfare-
lo*, abuseur, charlatant, *Rubicante*, enflammé,
furibond.

ET AVSSI de son cul il faisoit vne trompe.]
Et egli hauea del cul fatto trombetta. C'est à dire,
qu'il leur rendoit des pettarades, côme il voyoit
que les autres estraignoyent les dents entre la

langue, c'est à dire, qu'ils faisoyent vn tel bruyt
auec la bouche, quel est le vent qui sort du derriere.

CHANT XXII.

N cheualier i'ay veu jà mouuoir vn camp
     d'armes
Et commencer bataille, & faire monstre,
     aussy
Par foys pour se sauluer, reculer des a-
larmes.
I'ay veu par vostre terre vn courrier tout trancy,
O Aretins i'ay veu faire les caualcades,
Courir ioustes, tournois en cent mille brauades.

Auecques cloches, or, & ores auec trompes,
Ores auec Tambours & signal des chasteaux,
Et auec noz façons & estrangeres pompes,
Ne des-jà pour telz sons si diuers et nouueaux
Ie n'ay veu Cheualier, ou fantassin, ou voyle
De nauire au signal de terre ou de l'estoille.

Auec les dix Demons nous allions de l'Auerne,
Ah ! fiere compagnie ! ainsi auec les saincts
En l'Eglise, & auec les glouttons en tauerne.
Toutesfoys à la poix estoyent mes sens astraius
Pour voir ce que contient la mauuaise retrette,
Et la gent qui se brusle en la flamme secrette.

Ainsy que les Daulfins quand ils donnent le signe
Auec l'arc de l'eschine aux mariniers, afin
Qu'ils taschent de saluuer leur vaisseaux de ruyne:
Par ainsi telle foys pour vn soulas benin
De sa peine monstroit aucune ame seuere
Le doz, & se cachoit plus vitte qu'il n'esclaire.

Et comme au bord de l'eau d'vn fossé sont les Renes,
Mais auec le museau dehors, si que les piedz
Elles cachent auec les autres partz plus pleines:
Ainsy sont les pecheurs cachez de tous costez,
Mais comme Barbarye faisoit là ses approches,
Vitte ilz se retiroyent soubz les bouillantes roches.

I'ay veu, mesmes mon cœur encor d'horreur se dresse,
Vn qui de mesme attend comme celuy qui void
Qu'vne rene ne bouge, & l'autre en l'eau se baisse,
Et Graffican, qui plus contre luy se tenoit,
Encroche ses cheueux empoissez, & le tire
Au dessuz, dont sembloit qu'vne Loutre il retire.

Des-ja de tous ceux là ie me pouuois promettre,
Sçauoir le nom, si bien ie les remarque lors,
Qu'ils se trouuent esleuz, & quand ilz viennent estre
Nommez, ô Rubican metz leur dessuz le corps
A doz ces durs crochez, si que tu les despites,
Ensemble s'escrioyent toutes ames maudites.

Et moy, Mon Maistre, faiz, s'il est en ta puyssance,
Que tu sçaches, qui fut ce fol iniurieux
Aux mains des Ennemys venu sans esperance,
Mon Duc, à son costé s'accoste gratieux,
Son pays luy demande, & il respond, Encore
De Nauarre ie suis, & mon pays i'honore.

Seruiteur d'vn Seigneur me faict estre ma mere,
Laquelle m'engendra d'vn ribauld despensier
De son bien & de soy non sans son vitupere:
Puys du bon Roy Thibauld ie fuz le familier.
Là des estatz ie faiz la marchandise entiere,
Dont ie rends la raison en ceste grand' chaudiere.

Et Ciriate, auquel sortoit hors de la bouche
Vne baue par tout ainsi que d'vn porceau,
Luy faict sentir comment sa fourche fiere touche.
Des mal-branches venu se trouue vn de nouueau,
Mais auecques le bras Barbaricce le serre,
Et dict, soyez en là, tandis que ie l'enserre.

Et deuant mon bon Maistre il retourne sa face
Demande encor, dict il, si plus tu as desir
Sçauoir de luy, premier qu'vn autre le desface.
Mon Duc, Doncques dys moy si tu as le loysir,
Des autres mal-heureux ne cognois tu personne
Du pays des Latins soubz la poix qui bouillonne?

Il dict, ie suis parti d'vne ombre là voysine
Depuys peu, ainsy moy auecques luy couuert
Ie fusse, & ne craindrois croc ou ongle maligne.
Et Libicoc dict lors, Trop nous l'auons souffert,
Dont il luy prend le bras auec sa fourche espaisse,
Si que le deschirant il emporte vne piece.

Draginaz finement voulut l'empoigner ore
Par le bas de la iambe, & leur Decurion
Autour autour se tourne à les rebattre encore.
Quand ilz furent vn peu mis à discretion
De cil qui regardoit encores sa blessure,
Mon bon Duc demanda sans aucune demeure.

Dy, qui fut celuy là duquel à ta nuysance
Tu pars pour luy venir en prouë? & il respond,
Ce fut frere Gomite auec bonne asseurance,
Celuy là de Gallure & vaisseau plus fecond
De toute fraude & dol: Car ayant de son Maistre
En main les Ennemys, tels enuers eux veut estre,

Si qu'vn chascun s'en louë. A l'argent il s'amuse,
Et comme il dict, les laisse en paix, d'autres estatz
Reuandeur non petit, mais grand, rien ne refuse,
Auecques son Seigneur Michel Zanche au pourchas
Du Logodore vient, & leur langues à dire
De Sardeigne ne font lasses en ce martyre.

Ah moy! l'autre voyez qui la face s'indigne,
Encore ie dirois, mais ie crains, qu'icelluy
Ne se trouue tout prest de me gratter la tigne.
Alors le grand Prouost regarde auec ennuy
Farfarel, qui des yeux rouille plein de menace,
Et dict, loing de ce lieu va-t-en, oyseau rapace.

Si vous voulez ouyr ou voir les miserables,
Aprez recommenceà l'esprit, quoy que peureux,
Toscans ou bien Lombards ils viendront fauorables,
Mais les Mal-branches soyent escartez vn peu d'eux,
Si qu'ilz ne craignent pas leurs rigueurs vengeresses,
Et moy me voyant sis sur ces roches espaisses,

Au lieu d'vn que ie suis, i'en feray sept paroistre,
Lors que ie souffleray selon que nous vsons
De faire quand quelcun au dehors se doibt mettre.
A ces motz le museau remply de marissons,
Leue Cagnax croulant la teste, ô la malice,
Qu'il a pensé, dict il, affin que bas il glissel

Dont luy comblé de dol non sans riche abondance
Respond : Malicieux ie suis par trop vrayment,
Quand aux miens ie procure vne triste nuysance.
Allichin ne se tient, & oppositement
A tous autres luy dict, si tu t'aduences guiere,
Ie ne te viendray pas de galop en derriere.

Mais les aisles battray sur ceste poix bouillante,
Qu'ilz se iettent en bas du mont, & soit bouclier
La rime, à voir qui plus de nous ou toy se vante.
O Lecteur ! tu liras nouueau ieu singulier,
Chacun tourne les yeux deuers l'autre partie,
Celuy qui de ce faire ha premier plus d'enuye.

Le Nauarrois à poinct prend le temps, & à terre
Met les plantes du pied, & saute en vn moment,
Et de leur entreprise hardy luy se deserre.
Dont vn chacun cognoit sa faute asseurement.
Mais celuy qui fut plus de ce defaut la cause,
Pource s'esmeut criant, Arriue, tu fays pause.

Or il luy sert bien peu, car ne peurent ses aisles
Auancer au soubçon. Dessoubz l'esprit s'en vient,
Et luy dressà volant haut ses griffes isnelles.
Non autrement en l'eau le plongeon lors suruient
Que le faulcon s'approche, & en haut il retourne
De l'estorne rompu du tout colere & mourne.

Calcabrin courroucé d'vne brauade telle
En derriere volant le tient fort amoureux,
Que luy puisse eschapper pour dresser la querelle,
Et comme le trocqueur disparut tout poureux,
Il tourne les arteilz, dont il bat Allichine,
Et fut auecques luy sur la fosse voysine.

Mais Allichin fut bien vn efprauier griffagne,
Pour le bien agriffer, & tomberent tous deux
Au millieu de l'eftang bouillant, lequel les baigne.
Le chaud les feparà foudain, mais bien pour eux
Ne peurent fe leuer, car les gommes cruelles
De la poix chaud cuyfante engluerent leurs aifles.

Auec les autres fiens Barbaric fe tourmente,
Et faict quatre Demons d'autre cofté voler
Armez de crocz pointuz, & d'vne courfe ardente,
Tant d'vn cofté que d'autre ilz fe laiffent couler,
Mettant les fourcherons où font ces miferables,
Qui furent def-ja cuitz aux crouftes effroyables.

Alors nous les quictons engluez en la forte.

ANNOTATIONS
fur le Chant XXII.

I'AY VEV PAR VOSTRE terre vn Cour-rier tout trancy, ô Aretins.] *Corridor vedi per la terra voftra, ô Aretini.* Il femble qu'il vueille icy toucher la chaffe des Ghibelins de Florence, quand ilz prindrent Arezzo, qui changeà fi fouuent de party durant les guerres Ciuiles d'Italie que la pauure Citté fut quafi toute deferte & ruynée.

I'AY

I'AY VEV FAIRE les caualcades.] *& vidi gir gualdane.* Les Anciens appelloyent *gualdane*, les cheuauchées que faisoit vne ville sur le pays d'vne autre ville ou terre ennemye, pour faire le degast & emmener le butin.

COVRIR IOVSTES, TOVRNOIS & cent mille brauades.] *Ferir torniamenti & correr giostra.* Tourniamenti, c'est quand les escadres vont l'vne contre l'autre, & representent comme vne bataille. *Giostra*, c'est quand vn Cheualier ou Pieton và l'vn contre l'autre corps à corps, & represente vn duël.

ET SIGNAL DE CHASTEAVX.] *Con cenni di castella.* Il entend le signal des voysins chasteaux, qui se faisoit de iour auec fumée, & de nuict auec feu.

ET AVEC NOZ FAÇONS & estrangieres pompes.] *Et con cose nostrati, & con istrane.* c'est à dire, auec façons propres du pays, ou empruntées des nations estrangieres.

NE DESIA POVR TELS sons si diuers & nouueaux.] *Ne già con si diuersa cennamella.* Ce mot signifie son, qui est vne espece prise pour le genre. Car *Cennamella*, vient de *Cemmalo*, que les ieunes filles en Italie vsent communemét, pour leurs esbatz & plaisir de sonner, & au son accorder la voix.

AINSI AVEC LES SAINCTS en l'Eglise & auec les glouttós en Tauerne.] *ma ne la chiesa cò santi, & in tauerna cò ghiottoni.* C'est vn prouerbe Italien semblable à celuy dont nous vsons, Auec les Loups il faut hurler, auec les bons estre bon. C'est que les bons quelquefoys se rencontrent en la compagnie des meschans.

M

AINSI QVE LES DAVLFINS quand ilz donnent
le ſigne Auec l'arc de l'eſchine aux mariniers aſ-
fin Qu'ilz taſchent de ſauluer leur vaiſſeaux de
ruyne.] *Come Delfini, quando ſanno ſegno A mari-*
nar con l'arco de la ſchiena che s'argomentin di campar
lor legno. Il touche par forme de comparaiſon le
bon naturel du Daulfin qui ayme beaucoup
l'homme & les enfans, comme teſmoigne Ari-
ſtote & Pline , & les Grecz qui le nomment
φαιδεςὴς & φιλάνθρωποι. Quand quelque tempeſte ſe doibt eſleuer il a de couſtume auec ſon eſchine faire ſigne aux mariniers , leſquels tirent
de là argument, comme ilz ſe doibuent ſauluer
& leur vaiſſeaux en quelque port. Car il rompt
l'eau de ſon eſchine , & la faict tellement blanchir qu'il rend la mer ſemblable à vn pré tout
plein de beſtes blanches.

SI QVE LES PIEDS Elles cachent auec les autres parts plus pleines.] Dante dict ,*ſi che celauā*
i piedi,& l'altre groſſo.

ENCROCHE SES CHEVEVX empoiſſez.] *Gli ar-*
runciglio le 'mpegolate chiome. c'eſt à dire , luy prit
auec ſes crochets de fer les cheueux tout poiſſés.

DONT SEMBLOIT QV'VNE LOVTRE il retire.]
che mi parue vna Loutra. Nous auons parlé de la
Loutre cy deſſuz, eſtant vn animal nen moings
grand qu'vn Regnard , mais long & d'vn poil
noir qui ha le muſeau aigu,& habite les eſtangs
pour manger les Poiſſons. Les Latins l'appellent *Lutra.*

DE NAVARRE IE SVIS, & mon pays i'honore.] Ce fut Iehan Paul filz d'vne gentilfemme
matiée à vn hôme qui conſommà tous ſes biés,
ſi bien qu'il fut laiſſé pauure par ſon Pere. Pour

ceste cause la mere le mit au seruice d'vn Baron
du Roy Thibauld de Nauarre. Ce ieune hôme
fut de si bon esprit , qu'il se rendit agreable audict Roy , & luy commettoit toutes les affaires
de son Royaume. Mais estant auaricieux, il deuient marchant de toutes sortes d'offices , & les
donnoit à qui plus luy promettoit d'argent.

DES MAL-BRANCHES venu estoit vn de nouueau.] Dante dict , *Tra Male-branche era venuto il*
sorco. Ie confesse ne sçauoir ce qu'il veut entêdre
par ce mot de *sorco.* lequel ie n'ay peu trouuer al-
lieurs, pour en auoir l'explicatiõ, & les Cõmen-
taires Italiens le passent soubz silence.

DONT IL LVY PREND le bras auec sa fourche
espaisse, Si que le deschirant il emporte vne piece.] *Et presegli 'l braccio col runciglio, si che stracciando*
ne poriò vn lacerto. Il prent *lacerto* pour vne partie
ou piece du bras,& signifie aussi tout le bras.

ET LEVR DECVRION au tour au tour se tour-
ne à les rebattre encore.] *Onde 'l Decurio loro si*
volse intorno interno con mal piglio. Il vse par Metaphore du mot de *Decurion* , lequel aux trouppes
des Rommains auoit dix hommes de guerre
soubz sa charge.

CE FVT FRERE GOMITE auec bonne asseurance. Celuy là de Galure & vaisseau plus fecond
De toute fraude & dol.] *Fu frate Gomita: Quel di*
Galura vassel, d'ogni froda. Il faut sçauoir pour entendre ce passage, Que l'Isle de Sardeigne voysine huict milles de Corse, estât en la puyssance
des Sarazins d'Affrique, fut l'An mil CXVI. gai-
gnée par les Pisans de Toscane, qui la perdirét
en la mesme année reprise par Muset Roy d'Affrique, Depuys les Pisans ioincts aux Geneuois

l'An d'aprez de nouueau la reconquirent par
accord entre eux, que tout le butin demeureroit
aux Geneuois , & la Seigneurie à ceux de Pife,
lesquelz diuiserent toute l'Isle en quatre parties, qu'ils appelloyēt quatre iudicatures, pource qu'à chascune il y eust vn iuge estably pour
la gouuerner, & y rendre Iustice quasi Seigneur
d'icelle. La premiere iudicature fut nommée *Lo-*
godoro, pource que c'estoit la plus riche partie de
l'Isle. La seconde *Calari*, de Calaris Citté noble
& ancienne. La troysiesme *Gallura*, pource qu'au
commencement elle fut donnée à certains Côtes de Pise qui porterēt en leurs armes vn Coq.
la quatriesme *Alborea*. Gomita doncques eust
vne merueilleuse authorité auprez de Ninus
l'vn des Viscontes de Pise & Seigneur de Gallure en Sardaigne. Et quoy qu'on rapportast
audict Ninus, qu'il estoit auare , & qu'il faisoit
toute chose inique par argent , neantmoings
son Maistre qui le tenoit en fort bon predica-
ment ne vouloit croire pas vn , iugeant qu'il
estoit accusé par enuye , iusques à ce que ledict
Gomite ayant laissé aller quelques siens Ennemys qui le corrompent par presens , Ninus co-
gnut clairement qu'il estoit vn meschant homme & plein de perfidie , si bien que s'enquerant
plus à plein de ce faict & de tous ses autres de-
portemens infames, scachant la verité, pour recompense de ses demerites il le fit pendre par
la gueule.

DE SON MAISTRE] Dante dict, *Di suo donno.*
c'est à dire, *domino.* Les Anciens disoyent aussi en
Latin *Donno* pro *Domino*, dont nous lisons souuent *Domnum Apostolicum*, pour le Pape.

TEL ENVERS EVX VEVT ESTRE ſi qu'vn chaſ-
cun s'en louë.] *Et ſe lorſi, che ciaſcun ſe ne loda.* c'eſt
à dire, qu'il traite ſi courtoyſement les Ennemys
de ſon Maiſtre, que pas vn n'a occaſion de ſ'en
plaindre, Car les ayant en ſa puyſſance, les laiſſe
aller en receuant quelque argent.

LES LAISSE EN PAIX.] *laſciogli di piano,* c'eſt à
dire, leur donne congé ſans leur faire aucũ mal.

D'AVTRES ESTATZ Reuendeur non petit, mais
grand.] *ne gli altri offici anche Barattier ſu non pic-
ciol, ma ſourano.* c'eſt à dire, qu'il ne cedoit à per-
ſonne au faict de la reuente iniuſte des offices.

AVECQVES SON SEIGNEVR Michel Zanche au
pourchas Du Logodore vient.] *vſa con eſſo donno
Michel Zanche Di Logodoro.* C'eſt à dire, que Michel Zanche Seneſchal de Entius ſuccede à la
meſme dignité de ſon Maiſtre. le faict eſt tel.
L'empereur Federic II. euſt vn filz naturel que
l'on nommoit Entius, auquel il donnà la droiéture du Logodoro. Mais il mourut à Bouloi-
gne la Graſſe en priſon. Si bien que Michel
Zanche ſon Seneſchal par ſes fineſſes & mar-
chandiſes illicites induiſit la mere dudiét Entius, laquelle par la mort de ſon filz demeuroit
Dame du Logodoro, à le prendre pour mary.
Par ainſi deuenu Seigneur de ceſte Droiéture
s'aparentà auec Meſſire Branca d'Oria luy donnant ſa fille pour femme, ou bien ſelon quelques vns eſpouſant ſa ſeur.

QVI LA FACE S'INDIGNE.] *Che digrigna.* Proprement *Digrignare,* c'eſt tourner ou rider le viſage d'vne telle façon que l'on ouurc la bouche, ou que l'on monſtre les dents. C'eſt ſe faſ-
cher & depiter.

M iij

A ME GRATTER LA TIGNE.] *A gratarmi la ti-gna.* C'eſt vn prouerbe Florentin. Quand l'on parle de battre quelcun, l'on dict, *io gli gratterò la tigna.*

QVI DES YEVX ROVILLE plein de menace.] *ehe ſtranulaua gli occhi per ſedire.* C'eſt regarder de trauers quelcun en le menaſſant de le battre.

OYSEAV RAPACE. [*Maluagio vccello.* il appelle ce Demon Oyſeau de proye, tant à cauſe du na-turel des Diables, qui demandent touſiours de rauir quelque ame, que pource qu'on les faint auec des aiſles.

DONT LVY COMBLE DE **dol** non ſans riche abondance.] *Ond' ei ch'auea l'accinoli à gran diuitia.* c'eſt à dire, qui eſtoit malitieux abondamment.

OPPOSITEMENT.] Dante dict. *Di rintoppo,* pour *aldirimpeto,* à l'oppoſite.

IE NE TE VIENDRAY PAS de gallop en der-riere.] *iò non ti verrò dietro di galoppo.* c'eſt à dire, en courant. Galopper, eſt entre le trotter & le courir.

CAR NE PEVRENT SES aiſles aduencer au ſoubecon.] *che l'ali al ſoſpetto Non potero auanza.* *Soſpetto,* c'eſt à dire la peur de l'eſprit Nauarrois qui ſe cachà dedans la poix.

CHANT XXIII.

Eulets ne disans mot & sans entretenuë
Nous allions l'vn deuant & l'autre par
    aprez,
Comme freres mineurs cheminent en la
    ruë.
I'auois l'entendement à cause du procez
Present, tout attentif sur les fables d'Esope
Là où de la grenouille il parle & de la Taupe.

MO & ISSA non plus ensemble sont conformes
Que l'vn à l'autre faict, si l'on accouple bien
Le principe & la fin au discours que tu formes.
Et ainsy qu'vn penser donne à l'autre moyen,
Aussy puis d'icelluy vn autre prend racine,
Qui doublement m'accroit la peur d'vne ruyne.

Ie pourpensois ainsi. Ces demons ont eu prise
A nostre occasion en leur escorne & mal,
Tellement que ie croy qu'assez leur cuit l'emprise
Si au maunais vouloir le desdain est esgal,
Sur nous bien plus cruelz viendront que la leurette
Ne faict sur le Leuraut qu'ell' attaint par la teste.

Des-ja mon poil dresser ie sentois par la crainte,
Et me tenois derriere attentif, quand ie dis,
Mon Maistre, si bien tost vous n'auez l'ame attainte
De pitié me cachant, & vous, ie suis espris
De peur pour ces Demons, nous les auons jà proches,
Ainsi ie l'imagine, Et ie sens leur approches.

M iiij

Il reſpond, ſi i'eſtois vne glace de verre,
A moy n'attirerois ton image pluſtoſt
Dehors, que dans mon cœur ta crainte ie reſerre,
Mais vient ton penſement entre le mien diſpoſt
Auec meſme façon & auec meſme face,
Si bien que de nous deux vn ſeul conſeil i'embraſſe.

S'il eſt ainſi que tant la coſte droicte baiſſe,
Qu'il ne nous ſoit poſsible à l'autre cercle aller,
La chaſſe nous fuyrons qui nous tient en triſteſſe.
A peine il acheuà d'ainſi me conſeiller,
Que ie les voy venir aux aiſles eſtenduës,
Non trop loing pour haper nos ames eſperduës.

Mon Duc ſoudainement me prent, comme la mere
Qui ſe reueille au bruit du feu, quand prez de ſoy
Void la flamme allumée à ſa grande miſere,
Elle ſonge à ſon filz, le prent & fuyt d'eſmoy,
Ayant plus ſoing de luy que de ſoy ne s'arreſte,
Et au doz ſeulement vne chemiſe iette.

Luy bas de la colline à la riue plus dure
Baiſſé ſe precipite à la roche qui pend,
Qui faict l'vn des coſtez à l'autre rond cloſture.
Iamais par ſon canal l'eau ſi toſt ne reſpend
Pour eſmouuoir la rouë à vn moulin terreſtre,
Quand plus au deſcendant ià proche s'en vient eſtre:

Comme mon Maiſtre lors par ceſte eſtroitte ſente
En ſon ſein me portant ainſi qu'vn de ſes filz,
Non comme compaignon, à peine ſe preſente
Son pied iuſques en bas au bord du fond ſoubnis,
Qu'arriuent les Demons au haut de la colline
Deſſiez nous, mais n'eſtoit le ſoubçon de ruyne,

Pource que du grand Dieu la haute prouidence
Qui ministres les mettre en ce cinquiesme rond
Voulut, lors leur ostà toute preéminence
De pouuoir de-partir de la garde qu'ils font.
Nous vismes vne gent peinte qui tournant passe
Lentement, & pleuroit vaincuë & toute lasse.

Auec bas capuchons sur les yeux de vergoigne
Leurs chappes ils auoient telles comme on les voit
Pour moynes Allemands au pays de Coloigne.
D'or sont par le dehors si bien qu'il esclatoit,
Mais au dedans estoient de plomb & si fort pleines,
Que celles de Fedric sembloient de paille & vaines.

O eternellement robbe trop empeschante!
Nous nous tournons encor plus à la gauche main
Auec eux attentifs à la plainte dolente:
Mais ceste pauure gent pour le poix inhumain
Venoit si lentement, que l'haleine faillie
A tout pas nous faisoit nouuelle compagnie.

Dont ie dis à mon Duc, Fay que quelcun ie trouue,
Duquel soit le renom cognu par ses effects,
Et allant que les yeux autour ainsi tu mouue.
Alors vn qui sçauoit le Toscan, tost aprez
Derriere nous crià, Que ne vous importune
Le bouger qui si fort courez par l'aure brune.

Possible tu auras de moy ce que demandes.
Ainsi le Duc se tourne, & dict, Arreste toy,
Et puis selon son pas à marcher te commandes:
Ie m'arreste tout court, & d'estre auecques moy
I'en vis deux desirer au maintien du visage,
Mais la voye & le poix retardent leur courage.

M v

Nous ayans attrappez long temps me regarderent
Auec vn œil retort, sans dire pas vn mot,
Puis retourne vers eux, & à part soy parlerent.
C'estui-cy semble vif au respirer dispost,
Et encor s'ils sont morts, par quelle grace ou tresue
S'en vont ils descouuerts de nostre estolle griefue?

Puis m'ont dict, O Toscan qui du college triste
Des hypocrites vains es venu, qui tu sois
Dy-le nous, par mespris ores ne nous contriste.
Accroissance i'ay pris (ie leur respons courtois)
Sur le fleuue gentil de l'Arne à la grand' ville,
Et suis auec le corps dont tousiours ie m'habille.

Mais vous qui estes vous à qui telle tristesse
Comme ie voy distille en bas par tout le front?
Quelle peine est en vous qui tant brille & vous presse?
L'vn des deux me respond, Les chappes iaulnes sont
Si fort grosses de plomb que les pesantes ances
Font cingler tellement leurs cruelles balances.

Freres Roure-bon temps nous fusmes à Bologne,
Ayans pris nourriture en nos plus ieunes ans,
Mon nom est Catelan faisant si laide trongne,
En si triste manoir auec ces pauures gens.
Cest autre est Loderincq, pour nostre suffisance
Enleuez par les tiens, Magistrats à Florence.

Comme tiré seroit vn homme solitaire
Pour conseruer sa Paix, tous deux nous fusmes tels
Qu'encor paroist au tour du Gardinge l'affaire.
Freres, ie commençay, vos desdains immortels.
Mais plus ie ne parlay: car à mes yeux se serre
Auec trois cloux fiché vn crucifix en terre.

Quand il me vit, du tout se detort en la bouche
Soufflant auec souspirs, & lors soudain me dict
Le frere Catelan qui de cecy s'embouche,
Ce pauure malheureux que tu voys si despit
Conseille aux Farisains , qu'il estoit conuenable
Que souffrist pour le peuple un homme miserable.

Il est attrauersé tout nud mis en la voye,
Comme tu vois, & fault qu'il sente sur le dos
Vn chacun des passants, & qu'à son poix il ploye,
Et son beau pere encor de mesme n'a repos
En ceste fosse obscure, & autres du Concile,
Qui fut pour les Hebreux vne graine inutile.

Alors ie voy Virgile estre en merueille telle
Pour celuy qu'il regarde estendu sur la Croix
Ainsi vilainement par sentence eternelle,
Et quelque temps aprex dresse au frere sa voix:
N'ayes à desplaisir s'il t'est permis de dire,
Si à main droicte git aucun fond de Martyre,

Dont tous deux nous puissions sortir auec main forte
Sans contraindre quelcun des Anges malheureux,
Qui parte de ce lieu pour nous seruir d'escorte.
Adonques il respond, s'approche un vallon creux
Plustost que tu ne crois, qui de la grand Sfere
Se leue, & vn grand tour à tout vallon vient faire.

Sauf que cestuy rompu se trouue, & ne le couure,
Par la ruyne haut bien vous pourrez monter
Qui en la coste git, & au fond se descouure,
Le Duc à teste basse un peu de s'arrester.
Puis dict, Mal nous contoit le nœud de nostre affaire
Celuy qui les pecheurs enfourche trop seuere.

M vj

Et le frere, A Boulongne auoir ouy ie songe
Les vices de Satan, entre lesquels ie sçeu
Qu'il estoit mensonger & pere de mensonge,
Apres s'en va le Duc à grands pas tant soit peu
De colere troublé à iuger son visage,
Dont ie pars deschargez auec vn bon courage,

Les trasses poursuyuant des plantes gratieuses.

ANNOTATIONS
sur le Chant XXIII.

A OV DE LA GRENOVILLE il parle & de la Taupe.]. *Doue ei parlò de la Rana & del Topo.* Esoppe en l'vne de ses fables raconte, Qu'vne Taupe ou souris vn iour allant par les champs arriuà prez d'vne fosse pleine d'eau, & ne l'osant passer, crainte de se noyer, vne Grenouille s'offre de la passer, & la lià sur son doz en intention de la tirer dessoubz l'eau pour la faire estouffer, faisant toutesfois à croyre à la dicte Taupe ou Souris de la lier à son doz, afin qu'elle ne tombe. Au mesme temps qu'elle passoit vn Huà ou Milan voyant ces deux petites bestes, il desirà soudain de faire vn bon repas & descendit prez de l'eau pour rauir la Taupe, mais il emporte quant & quant la Grenouille qui s'estoit

liée à ladicte Taupe, & ainſi la Grenouille qui
voulut tromper la Souris, fut elle meſme miſe à
mort, & trompée.

Mo ET ISSA non plus enſemble ſont conformes.]. *Che piu non ſi pareggia* MO ET ISSA. Ce
ſont deux mots qui en diuers lieux de la Lombardie ſignifient vne meſme choſe, ſçauoir eſt,
comme en langue Toſcane, *Hora & Adeſſo.* en
François, Ores & maintenant. Il dict doncq.
Que ces deux mots pour ſeur ſignificatiotion,
ne ſont point tant corformes, que ſont le debat
veu cy deſſus d'Allichin & de Caſcabrina, &
celuy de la Grenouille, & de la Taupe ou Souris
à conſiderer le commencement & la fin.

IE SVIS ESPRIS DE PEVR Pour ces Demons.].
i ho pauento Di Malebranche. Il entend tous les
Demons qu'il auoit veu au chant precedent.

SI I'ESTOIS VNE GLACE de verre.]. *s'io foſsi d'im-*
piombato vetro. c'eſt à dire, ſi i'eſtois vn miroir,
dans lequel ſe voit l'Image d'vn hôme ou d'vn
autre animal, ou toute choſe qui à corps.

A VN MOVLIN TERRESTRE.]. *di molin terragno.*
Il appelle ainſi les moulins d'eau qui ſont proches de terre, pource qu'il y a des moulins à vêt,
qu'il faut eſleuer haut en l'Air, afin que le vent
le faſſe beaucoup tourner.

PAR CESTE ESTROITE ſente.]. *Per*
quel vinagno. Vinagno, proprement c'eſt la riue
ou le bord de quelque choſe que les Latins appelle, *Ora.*

TELLES COMME ON LES VOIT Pour moynes
Allemans au pays de Cologne.]. *Fatte de la*
taglia che in Cologna pe' monaci faſſi. Il dict, à
quela taglia, c'eſt à dire, en la forme & façon.

Il compare les chappes des hypocrites punis en
ce lieu, aux chappes des Religieux de Cologne
qui les portent grandes, mal faictes, & plustost
semblables à vn sac, qu'à vne robbe. L'on faict
vn conte qu'il y eust vn Abbé à Cologne, lequel fut si ambitieux & insolent qu'il demanda
permission au Pape, que ses moynes peussent
porter chappes d'escarlatte, ceintures, esperons
& estriers à cheual d'argent doré. Ce qui de-
pleut tant au Pape, qu'il luy cōmandà qu'à l'aduenir, luy & ses moynes vseroient de chappes
noyres, & mal faictes, de ceintures & estriers de
boys. Cologne est vne belle ville en la basse
Alemagne sur le Rhein, ainsi appellée, poura-
uoir esté Colonie des Romains. Agrippa gēdre
d'Auguste ne la fit pas bastir, mais renoueller
& embellir, dont elle est dite *Colonia Agrippina.*

MAIS AV DEDANS ESTOIENT de plōb & si fort
pleines Que celles de Fedric sembloiét de paille
& vaines.]. *Mà dentro tutte piombo & graui tanto,*
Che Federigo le mettea di paglia. Pour entédre cecy
les Hystoires tesmoignét, que Federic II. Empereur estant naturellement cruel, comme il auoit
quelcun à punir pour s'estre soubsleué contre
luy rebelle à sa couronne, il luy faisoit faire vne
robbe de plōb, & le mettoit en icelle cuire de-
dās vn grād vase, iusques à ce que le plōb ensé-
ble auec le corps du patiét se fondoit. Il fait dōcques cōparaison des chappes de plōb qu'ōt icy
les hypocrites, à celles de Federic II. Et dit que
les autres sont si pesantes, que celles cy semble-
roient de paille, quoy qu'elles fussent de plōb.

PAR L'AVRE BRVNE.]. *Per l'aura fosca*, c'est à
dire par l'Air obscur sombre & noir.

Cestvicy semble vif au respirer dispost.]. *Costui par viuo à l'atto de la gola*. Il prend l'acte de la gueule, pour le respirer.

Par qvelle grace ou tresue S'en vont ils descouuerts de nostre estolle griesue.]. *Per qual priuilegio vanno scouerti, de la graue stola?* Ces deux esprits s'estonnent de voir auprez d'eux vn homme vif, lequel ne soit poinct couuert de leurs chappes de plomb si pesantes. Il prent icy estolle, pour la chappe de plomb qu'il nomme griesue & pesante.

Svr le flevve gentil de l'Arne à la grand' ville.]. *Soura 'l bel fiume d'Arno alla gran villa*. C'est à dire, ie suis de Florence, dedans laquelle passe le fleuue de l'Arno. Dante dict, *à la gran villa*, selon la façon des Françoys : Car les Italiens prennent *villa*, pour vn vilage, tout ainsi que les Latins, & nous disons vne ville, pour vne Cité.

Freres Rovgebon temps.]. *Frati Gaudenti fummo & Bolognesi, io Catalano, & costui Loderingo Nomati & da tua terra presi*. Le lecteur sera aduerty, côme i'auois oublié de traduire ces trois vers par mesgarde, & n'ayant voulu prendre la peine de refaire tout le reste de ce chant qui va par stances, ie me suis aduisé afin de suyure l'ordre desdites stâces, de faire vne stâce de six vers pour les trois susdits vers. ie desire ḡ l'on m'excuse s'il m'a faillu pour celà estédre vn peu la versiõ desdits trois vers côtre ma coustume en ceste façõ.

Freres Rouge-boutemps nous fusmes à Bologne,
Ayans pris nourriture en nos plus ieunes ans,
Mon nom est Catelan, faisant si layde trongne
En ce triste manoir auec ces pauures gens.

Cest autre est Roderiq pour nostre suffisance
Enstevez par les tiens Magistrats à Florence.

Or pour entendre ce passage, il faut sçauoir,
qu'au temps d'Vrbain IIII. Pape, il y eut à Bologne, Modene & Rhegio, quelques gentilshô-
mes & cheualiers riches & abondants en tous
biens, qui pour se deliurer des charges & cor-
uées publicques, & viure en oysiueté, suplierét
& obtindrent du Pape, de pouuoir instituer vn
ordre nouueau, soubz le tiltre, Des freres de
sainte Marie, & pour se mettre en credit, ils s'of-
froient prompts à cõbatre pour la foy côtre les
infideles, & tous ceux qui violeroient la iustice,
Mais pource qu'ils ne faisoient aucun Vœu ny
profession de Religiõ pour viure ensemblemét,
ains chacun demeuroit en sa propre maison
auec sa femme & enfans, viuant splendidement,
en peu de temps ils furent descouuers, & le
peuple ne les appelloit plus, *Frati di santa Maria,*
ains, *Frati Godenti.* Entre lesquels ces deux icy
furent à Bologne, Messire Catalan Malauolti
qui estoit de factiõ Guelfe, & Messire Rodering-
go de gli Andali, ou de gli Lambertucci, qui e-
stoit de faction Ghibeline, ils furent tous deux
reputez d'vne grande iustice & bône côscience.
Si bien qu'on les esleut pour ceux de Floréce au
lieu d'vn seul Preteur, qu'ilz auoient de coustume d'eslire pour administrer la iustice, afin
qu'ils appaisassent les diuisions de la ville, &
eurent si grande authorité que le peuple iurà
de tenir tout ce qu'ils feroient. Doncques ces
deux cy ayans eu le gouuernement de la ville,
se mirent incontinent à songer à leur prof-
fit particulier, abandonnaas le repos & la

paix du public. Si bien que voyans comme par
la route de Manfredi en la Pouille les Guelfes
preualoyent aux Ghibelins, ils se laisserent corrompre par les Guelfes auec grãde somme d'argent, & firent en façon que les Ghibelins furent
chassez de la ville, ou iamais plus ils ne sont
retournez. Et les maisons des Vberti, chefs des
Ghibelins, qui estoyent en la contree del Gardingo, furent toutes bruslees & ruynees en terre, qui fait dire icy à Dante, en leur personne.

————— *Et summo tali,*
Ch'ancor si pare intorno dal Gardingo.

FRERES, IE COMMENÇEAY Voz desdains
immortels, mais plus ie ne parlay : Car à mes
yeux se serre auec trois cloux fiché vn crucifix
en terre.] *Io cominciai: O frati i vostri mali, Ma pui*
non dissi, ch'a gli occhi mi corse vn' crucifisso in terra
contre pali. C'est vne precision, quand l'on commençe à parler d'vne chose, & que l'on demeure interrompu à my-chemin de quelque trou-
ble ou passion, comme au I. de l'Eneide : *Quos*
ego, sed motos præstat componere fluctus. Dante vouloit monstrer d'auoir compassion pour les peines de ces deux esprits, mais esmeu du regard
de ce pauure crucifié, il laisse son Oraison im-
parfaicte, comme espris d'vn plus grand soing.
Celuy donc qu'il dit, *vn crucifisso in terra contre pa-*
li. ce fut Caiffe qui donnà conseil aux Scribes
& Pharisiens de faire mourir IESVSCHRIST, &
le saint puny d'vne telle façõ que IESVSCHRIST,
sçauoir crucifié à vne Croix attaché auec trois
cloux, mais IESVSCHRIST fut pẽdu en haut,
pource que sa mort appelloit les pecheurs au

Ciel, & Cayfe fur la terre, pource que fon opinion fut caufe de fa mort eternelle, & de celle
de plufieurs autres.

CONSEILLE AVX FARISAINS qu'il eſtoit cô-
uenable qu'il fouffrit pour le peuple vn homme
miſerable.] *Configlio i Farifei, che conuenià Por' vn
huom per lo popolo à martiri.* La Profetie de Cayfe
eſt en S. Iean chap. XI. *Vnus ex ipſis, Caïfas nomi-
ne, cùm eſſet Pontifex anni illius, dixit eis, Vos neſcitis
quicquam nec cogitatis, quia expedit vobis, vt vnus mo-
riatur homo pro populo, & non tota gens pereat.*

ET SON BEAV-PERE encor de meſme n'ha repos en ceſte foſſe obſcure, & autres du Concile.] *Et à tel modo il focero ſi ſtenta in queſta foſſa, &
gli altri dal Concilio.* Il veut entendre d'Ananias
beau-pere de Cayfe, & de tous les autres Scribes & Fariſiens qui fe trouuerent au conſeil ou
il fut conclud de faire mourir IESVSCHRIST.

QVI FVT POVR LES HEBRIEVX vne graine
inutile.] *Che fu per gli Giudei mala ſementa.* il dit,
que le conſeil de la mort de noſtre Seigneur,
fut vne mauuaiſe femence pour les Iuifs, pour
ce qu'il a produit la deſtruction de Ieruſalem,
& la diſperſion de toute la gent Hebraïque,
comme teſmoignent Ioſephe & Paul Oroſe.

DRESSE AV FRERE SA VOIX.] *Drizzo al frate cotal voce.* c'eſt à ſçauoir, au frere Catelan.

AVCVN FOND de martyre.] *giace alcuna foce,*
c'eſt à dire, s'il y repoſe quelque fortie.

DES ANGES MALHEVREVX.] *De gli Angeli neri.* c'eſt à dire, des Demons & Anges reprouuez.

LE DVC A TESTE BASSE vn peu de s'arreſter]
Lo Duca ſtettè vn poco à teſta china. Il dit, que Vir-

gise demeurà quelque temps la reste baissée côme a de coustume faire celuy qui réue & pése.

CELVY QVI LES PECHEVRS ENFOVRCHE.]
Colui ch' i peccator di là vncina. Il entend de Malacoda, qui auoit menty, quand il raconta à Virgile, qu'il y auoit vn escueil ou Arche dessus la
sixiesme bouge qui faisoit chemin.

A BOVLOGNE AVOIR ouy ie songe.] *I vdì
già dir à Bologna.* sçauoir, par les Predicateurs de
Boulogne, qui rapportoyent les vices du Diable. Entre autres qu'il estoit menteur, & pere de
mensonge, comme il dit icy, *ch' egli è bugiardo &*
padre di menzongna, comme il est escrit en S. Iean
chap. VIII. *Diabolus erat homicida ab initio, & in*
veritate non stetit, quia non est veritas in eo, & mendax
est, & pater mendacij.

DONT IE PARTS des chargez.] *Da gli incar-*
cati. c'est à dire, des Hypocrites qui estoyent
chargez de chappes de plomb.

CHANT XXIV.

N la saison de l'An iouuençeau que tem-
pere
Le Soleil les cheueux au deſſouz du Ver-
ſe-eau,
Et les nuicts à my-tour deſ-ià viennent
ſe faire,
Quand la bruyne ſemble en terre au portrait beau
De ſa ſeur au ſein blanc, mais vn long temps ne dure,
Et deſtruiſant la peine eſchauffe ſa froidure:

Le villageois à qui defaut toute cheuançe
Soudainement ſe leue, & la campagne voit
Toute blanchir, ſi bien qu'il ſort hors d'eſperance.
Deçà delà s'afflige en retournant au toict,
Comme le mal-heureux qui ne ſçait plus que faire,
Puis retourne, & l'eſpoir reprend de ſa miſere,

En voyant que le monde a eſchangé ſa face
En peu d'heure, & ſe met à prendre ſon baſton,
Et ſon trouppeau dehors à la paſture chaſſe:
Auſſi me fait troubler mon Duc & maiſtre bon,
Quand ie le vis au front blanchir plus que l'albaſtre,
Mais auſſi toſt au mal il applicque l'amplaſtre.

Car comme nous venons au pont tout en ruyne,
Le Duc vers moy se tourne auec ce doux regard
Dont premier ie le vis au pied de la Colline.
Lors il ouure les bras en soy couuant à part
Quelque conseil esleu, & en prenant bien garde
Au degast me reçoit en bonne sauuegarde.

Et comme celuy là qui besongnant estime,
Lequel semble tousiours au deuant se pouruoir:
Ainsi luy me leuant au dessus de la cime
D'vn petit roch rompu, bien s'aduise de voir
Autre pierre, disant, Agraffe toy sur celle,
Mais pour te gouuerner considere la telle.

Ce n'estoit le chemin d'vn reuestu de chappe,
Car nous à peine, luy leger, moy sousstenu
Poumions monter là haut de trappe en autre trappe.
Et si ce n'eust esté que d'vn procinct cognu
Plus que de l'autre estoit la coste courte, encore
De luy ne sçay-ie, ains moy vaincu ie serois ore.

Mais d'autant que du puits plus bas deuers la porte,
La noire male-bouge en toutes parts pendoit,
Le sit de tout vallon par son circuit se porte.
L'vne coste surgit, & l'autre descendoit,
Toutefois à la fin nous venons à la pointe,
Dont la derniere pierre est pour rompre deioincte.

Seche estoit ainsi fort de mon poulmon l'halaine,
Quand ie fus au dessus que ie n'en pouuois plus,
Ains venu ie m'assis pour soulager ma peine,
Et le Maistre me dit: Il conuient au surplus
A te depoltronner : car ne vient en estime
Qui gist dedans la plume, ou dans vn lict sublime.

Qui les iours sans renom indignement consume
Telle marque en la terre il imprime de soy,
Quelle en l'air la fumée, & en la mer l'escume.
Et pource leue toy, vueilles vaincre l'esmoy
Du souffle auec le cœur qui rompt toute bataille,
Si par le pesant corps de ceder ne luy chaille.

Il nous conuient monter vne plus longue eschelle,
Et estre ne suffit de ceux icy party.
Si tu m'entends or vaille vne sentence telle,
Alors ie me leuay, me monstrant mieux fourny
Que ie ne me sentois de poulmons & d'haleine,
Et ie dys, va, ie suis hardy pour ceste peine.

Sur l'escueil nous prenons le chemin auec ioye,
Quoy qu'il fust raboteux, estroit & mal-aysé,
Et royde beaucoup plus que la premiere voye.
Ie m'en allois parlant, pour ne sembler lassé,
Dont en l'autre fossé sort vne voix dolente,
Pour paroles former assez disconuenante.

Ie ne sçay que l'on dit, quoy que mes pieds i'assemble
Ià sur le doz de l'arc qui passe par icy,
Et celuy qui parloit estre colere semble,
En bas i'estois fiché, mais au fond espaissy
Par son obscurité ne penetroit ma veuë,
Pour ce, Maistre, ie dis, ta vigueur m'est cognuë.

Fay que par l'autre enceint tu arriues, & mesme
Desmontons ce grand mur, que comme en ce lieu i'oy,
Et ie n'entends, aussi ie voy le fond extreme,
Mais rien ie ne figure. or tu n'auras de moy,
Dit-il, autre responce hormis le faire: Preste,
Taisant doit estre à l'œuure vne demande honeste.

Nous descendons le pont de la teste qui mene,
Et se ioinct droictement auec l'huictiesme bord,
Puis manifeste fut la bouge icy sans peine,
Et au dedans i'ay veu nombre terrible & ord
De serpens venimeux en mine si diuerse,
Que là memoire encor le sang me gele & verse.

Que ne se vante plus l'Affrique en ses areines,
Car si elle produit chelydres, dardereaux,
Phares, Cencres tachez, & les Amfesibenes,
Or ne monstrà iamais si cruels animaux,
Si pestilentieux auec l'Ethiopie,
Et ce que la mer rouge au dessus soy manie.

Parmy ceste cruelle & triste compagnie
Couroyent peuples tous nuds & trop espouuentez,
Sans esperer pertuis, ou bien helitropie.
Par les mains ils estoyent derriere garrottez
Auec serpens lesquels aux reins fichent la queuë,
Et la teste nouez de façon incognuë.

Lors à vn qui estoit voisin à nostre prouë
Vn serpent s'elença, qui le perce cruel
En la part où le col aux espaules se nouë,
Et iamais ie n'ay veu ny s'escript vn fait tel,
Comme il s'allume & brusle, & conuient que tout cëdre
Impetueusement tombant doiue se rendre.

Et puis qu'il fut destruit sur terre en ceste sorte,
La pouldre se r'assemble, & en ce mesme alors
Retourne tout à coup par sa puissance forte,
Comme on lict aux escripts des sages plus accords,
Que meurt l'oyseau Fenix, & puis vient à renaistre,
Alors qu'à cinq cens ans bien proche se sent estre.

D'herbes ne se nourrit ny d'auoyne en sa vie,
Mais seulement d'amome & de gomme & d'Encent,
Et pour son nid dernier la myrrhe auec enuye
Il recerche, & le Nard. Et quel est cil qui tend
A la cheute, & ne sçait comment si par la force
Des Demons, ou du mal qui le lier s'esforce,

Quand il se leue droict, & qu'autour il remire
Comme tout estourdy du tourment furieux,
Lequel il a soufffert, & en gardant souspire:
Tel estoit le pecheur apres leuant les yeux.
O Iustice de Dieu combien es tu seuere,
Qui touches de tels coups en ta vengeance amere!

Le Duc luy demandà depuis, qu'il pouuoit estre:
Et pourtant il respond, il n'y a pas long-temps
Que ie viens de Toscane en ceste gueule traistre,
Au viure bestial ie prenois passe-temps,
Et non humain, ainsi qu'vn Mulet beste indigne,
Vanni Fucci ie suis, & pour taniere digne

Me fut Pistoye. Ie dis au Duc, Dy luy de grace
Qu'il ne fuye, & requiers, qu'elle coulpe icy bas
L'a poussé l'ayant veu plein de sang & menaçe.
Le pecheur qui m'entend, d'ouyr ne se faint pas,
Mais deuers moy dressà le cœur & le visage,
Et de honte se paint qui triste l'endommage.

Puis dit, il me deuilt plus qu'ainsi tu me rencontres
En ce lieu de misere où tu me vois, que quand
Ie meurs pour essayer ces mauuaises rencontres.
Ie ne te puis nier ta demande, Ainsi tant
Ie suis precipité pource que ie desrobbe
En l'Eglise de Dieu toute sa riche robbe.

Et des-jà faulsement à un autre s'impose
Ce larcin, mais affin que tu n'ayes plaisir
De me voir, si du moins tu n'as la porte clause
De ce fond, à iamais, ouures auec desir
L'oreille à mon Oracle oyant, Des Noirs Pistoye
Se priue & puis Florence vne gent met en voye.

De Val-di Magre Mars tristes vapeurs attire,
Qui sont enuironnez de nuages espais,
Et dans le Camp Picene auec tempeste & ire
Impetueusement se combattrà de pres,
Dont luy soudainement dissipera la Nuë,
Si bien que de tout Blanc l'ame sera seruë.

Et ie l'ay dit pourtant que douloir il te doiue.

ANNOTATIONS

Sur le Chant XXIIII.

N LA SAISON DE L'AN iou-
uenceau que tempere Le Soleil les cheueux au dessoubs
du verse eau.] Dante prend
le commencement de l'An-
née de la natiuité de IESVS-
CHRIST, içlon l'vsage de Romme, & par ces
mots, In quella parte del giouanett' anno che 'l sole ã
crin sotto l'Aquario tempra, il entẽd la fin du mois
de Ianuier. Car proche de la moitié de ce mois,
le Soleil entre souz l'Aquaire, & lors il tẽpere ses
cheueux, c'est à dire ses rayós souz vn tel signe,

pource qu'ils cōmençent vn peu à s'eschauffer.

ET LES NVICTS A MY IOVR des-ià viennēt se faire.] *Et già le notti al mezzo di s'en vanno*, c'est à dire, que les nuicts & les iours se diuisent par moitié. Non pas que ce soit l'Equinoxe encore, mais le iour est des-ià si fort accreu, & la nuict diminuée sur la fin de Ianuier, que bié qu'ils ne soyent pas à la moitié, neantmoins ils cōmen-çent d'y aller. Donc il ne dit pas *Sono*, mais *Vā-no*. Les autres entendent cecy, Des-ià le iour est commēcé à croistre, & la nuict à diminuer.

QVAND LA BRVYNE semble en terre au por-trait beau de sa seur au sein blanc, mais vn long temps ne dure, & destruysant la peine eschauf-fe sa froidure.] *Quando la brina in su la terra assem-pra L'imagine di sua sorella bianca, Ma poco dura à la sua pena tempra.* Bruyne, est dite en Hyuer, ce qui est Rosée en Esté. & se forme, d'autant que tandis que le Soleil est sur terre, il attire à soy les humeurs, & ceux qu'il ne cōsomme retom-bent en bas, soudain qu'il se couche, dont se fait *Ros & Pruina.* Aristote definit la bruyne, ro-sée congelée en la region moyenne de l'Air, par la frigidité du lieu & du temps, quand il n'y a poinct de chaud. Par le froid dōcques elle s'en-durcit, & telle humeur deuient blanche qui pre-mierement estoit rosée, & c'est ce que veut di-re Dante.] *Quando la brina in su la terra assem-pra L'imagine di sua sorella bianca.* c'est à dire, à la neige qu'il nomme seur de la bruyne pour leur semblance, mais elle dure peu. Pource que le Soleil commençant à la fin de Ianuier à s'es-chauffer, destruit la bruyne, & sa peine est tem-perée, c'est à dire, que le froid diminuë. Il dit

Assempra, pour *assimiglia*, vsant du mot François sembler, & assembler. Il dit, *Pena tempra*, pour *temperata*, & non excessiue.

SI BIEN QV'IL SORT hors d'esperance.] *Ond' si si batte l'anca.* Il touche ce qu'ont accoustumé de faire les villageois en leur aduersité. I'ay tourné selon ce qu'il veut entēdre, sçauoir qu'il entre en desespoir voyant si grande bruyne.

COMME LE MAL-HEVREVX] *Come 'l tapin.* c'est à dire, l'affligé & abādonné. c'est vn mot Grec.

ET L'ESPOIR REPREINT de sa misere.] *Et la speranza ringauagna.* C'est vn mot formé de *Canagna*, qui est vn panier, comme voulant dire, rensache, remet au panier, & rembourse l'espoir.

ET SE MET A PRENDRE son baston.] *Et prende suo vincastro.* Il veut dire, qu'il prent en main la houlette. Car *Vincastre*, est toute verge molle aysée à ployer, soit d'ozier, orme, peuplier, bouleau ou autre bois.

CAR NE VIENT EN ESTIME qui gist dedans la plume ou dans vn lict sublime.] *che seggendo in piuma in fama non si vien ne sotto coltre.* Qui veut acquerir renom, il doit trauailler. Horace.

Qui studet optatam cursu contingere metam,
Multa tulit, fecitque puer, sudauit & alsit.

VVEILLES VAINCRE L'ESMOY du souffle.] Dante dit, *Vinci l'ambascia. Ambascia*, propremēt signifie, *asma*, abondante haleine, & quand l'on est contrainct de souffler par trop.

SI PAR LE CORPS PESANT de ceder ne luy chaille.] *Se col suo graue corpo non s'accascia.* c'est à dire, si l'esprit estant pressé du pesant fardeau du corps terrestre ne se laisse aller à terre.

Car proprement, *Accasciare*, signifie tomber, aller par terre, à cause de la pesanteur. composé du Latin *Ad & cadere*.

EN MINE SI DIVERSE.] *Di si diuersa mena,* c'est nostre mot François, dont il vse. & veut dire, de si diuerse qualité & sorte.

QVE NE SE VANTE PLVS l'Affrique en ses areines. Car si elle produit chelydres, dardereaux, Fares, Cenchres tachez, & les Amfesibenes.] *Piu non si vanti Lybia con sua rena , Che se chelidri, Iaculi & pharée Produce & cencri con Amphesibena.* Les anciens disoyent comme par va prouerbe, que la Lybie ou Afrique apportoit tousiours quelque monstre nouueau. Car elle est abondante en estranges animaux, tout ainsi que l'Ethiopie, l'Egypte, & pays circonuoysins. Ce que Dante dit des cinq sortes de serpēs qu'il allegue est imité de Lucain au 9. liure des guerres Ciuiles.

> *Natus in ambiguæ coleret qui Syrtidos arua*
> *Cherfydros, tractique via fumante chelydri,*
> *Et femper recto lapfurus limite cenchrix,*
> *Et grauis in geminum vergens caput Amphefibæna,*
> *Et natrix violator aquæ, iaculique volucres,*
> *Et contentus iter cauda fulcare Phareas.*

Chelidri ce sont serpens qui habitent en terre, & en l'eau, ainsi nommez *quasi cherfidri , Cherfos* signifie terre, & ὕδωρ eau. *Iaculi,* dars en François, pource qu'ils s'eslançent & iettent comme vn dard *Phares,* serpens qui vont auec la queuë, & du reste sont esleuez de terre. Cenchres sõt serpens raschettez de points semblables au grain du Mil. Aussi κέγχρον en Grec signifie Millet. Amphesibenes ont deux testes, l'vne où natu-

rellement elle doibt estre, l'autre à la queuë.
Voyez Albert le Grand.

ET CE QVE LA MER rouge au dessus soy ma-
nie.] *Ne con ciò che di sopra al mar rosso è.* Il veut entendre, l'Egypte ou commençe la mer rouge,
dicte Erythrée, & vient en Palestine. l'Egypte,
comme l'Ethiopie sont remplies de serpens &
de monstres.

SANS ESPERER PERTVIS ou bien Helitropie.]
senza sperar pertugio ò Helitropia. Il veut dire, que
ces pauures miserables punis icy, qui sont tous
nuds, n'esperent pas de pouuoir trouuer l'Helitropie pour estre faicts inuisibles. Helitropie,
est vne pierre qui se trouue en Cypre, mais plus
fine en Afrique & en Ethiopie, qui est de couleur verte, mais nubileuse, & taschetée d'estoilles pourprines. Les Magiciens escriuent que si
l'on oinct ceste pierre auec le suc de l'herbe du
Soleil, pareillement dicte, Helitropie, & la
consacrant auec legitimes prieres, l'homme qui
la porte deuient inuisible. Pour ceste cause Dãte dit,

Correuan genti nude, & spauentate,
Senza sperar pertugio & Helitropia.

Sçauoir est, pour se rẽdre inuisible, par le moyẽ
de la susditte Pierre, où se pouuoir cacher dans
quelque trou, afin de n'estre persecuté de ces
bestes susdittes.

QVE MEVRT L'OYSEAV Phœnix, & puis vient
à renaistre, Alors qu'à cinq cens ans bien proche se sent estre.] *Che la Fenice more, & poi*
rinasce, quand' al cinque centesimo anno appressa. Il
faict comparaison de la dissolution & renou-
uellement d'vn pauure miserable puny en ce

lieu auec le Phœnix, duquel les autheurs escriuent, qu'il est seul au monde, & qu'il vit cinq
cens ans, à la fin desquels il se fait luy mesme
de Narde & de myrrhe son dernier nid, & se
tournant en iceluy du costé du Soleil auquel il
est consacré auec battement des aisles, il s'allume du feu audit nid, où volontairement il se
brusle & reduit en cendre, d'icelle se forme vn
ver lequel peu à peu deuient nouueau Phœnix.
Voyez Pline au x. liure chap. 2. Lactance &
plusieurs autres.

D'HERBES NE SE NOVRRIT ny d'auoyne en
sa vie, Mais seulement d'amome & de gomme
& d'encent.] *Herba nè biada in sua vita non pasce.*
Ma sol d'incenso, lachryme & amomo. Cecy est tiré
ou plustost imité, d'Ouide en ses metamor-
foses.

> *Vna est que reparat, seque ipsa reseminat ales,*
> *Assyrij Phœnica vocant, non fruge, nec herbis,*
> *Sed thure & lachrymis & succo viuit amomi.*

QVE IE VIENS DE TOSCANE.] Dante dit,
piouui di Toscana, c'est à dire, ie tombe & descéds
en ceste fosse où ie suis damné de la Toscane
qui fut mon pays.

AV VIVRE bestial ie prenois passe-temps, &
non humain ainsi qu'vn Mulet.] *Vita bestial mi*
piacque, & non humana, si come à mul' chi io fui. Nô
sans raison viuant bestialement comme il faisoit, ce pauure miserable se compare à vn Mulet. Pource le Psalmiste dit :

> *Nolite fieri sicut equus & mulus.*

IE SVIS PRECIPITE' pour ce que ie desrobbe
En l'Eglise de Dieu toute sa riche robbe.] *Et*
qui son messo tanto perch'io fui Ladro, à la sagrestia

de belli arredi. Il parle de Vanni Fucci, qu'il a nõ-
mé vn peu plus hault, Gentil hôme de Pistoye
ville de la Toscane, & fils de Messire Fuccio de
Lazari noble famille en ladicte ville. Pour le
fait qu'il touche icy, il aduint en ceste façon.
Comme Vanni Fucci au téps du Carneual eust
souppé auec quelques voisins ses amis, tous d'vn
commun consentement allerent par la ville
follastrant, sonnant & dançant. En fin arriuez en la maison du sieur Vanni de la Noua
excellent Notaire & homme de bien, qui fut
en leur compagnie ce soir là. Or pource qu'il
auoit vne Dame honneste & belle pour femme, ils demeurerent en sa maison pour passer
le temps. Ce pendant Vanni Fucci se separant
de la compagnie auec deux autres, les trois
vont à l'Eglise de S. Iacques non loingtaine de
ce quartier là qu'ils trouuerent ouuerte auec la
Sacrestie, ou bien s'efforçerent de l'ouurir auec
engins propres à crochetter. Lors ils prennent
au thresor toutes les choses les plus pretieu-
ses qui se trouuerent en grande quantité dans
ladicte Eglise. Puis prennent resolution de
mettre leur larcin & sacrilege en la maison dudit sieur Vanni de la Noua, comme lieu qui
seroit hors de tout soupçon, pour l'honneur
& bonne renommée du Maistre, d'aller chercher là les choses desrobbées. Ainsi lende-
main au matin les Prestres de ladicte Eglise
découurans le larcin fait en icelle, en aduer-
tissent le Podestà de Pistoye, qui fit diligence de faire trouuer les larrons de ce grand sacrilege, mais il n'en eust aucune raison, si bien
qu'il se resolut de faire prendre & donner la

queſtion à tous ceux qui eſtoyent mal renom-
mez en Piſtoye, dont quelques vns vaincus de
la douleur d'vne ſi eſpouuentable queſtió accu-
ſerent pluſieurs faulſement qui furent iniuſte-
ment mis à mort. Apres leſquels il fit prendre
Rampino fils de Meſſire François Foreſi noble
Citoyen, lequel ne confeſſa iamais le larcin en
eſtant du tout innocent, mais pource qu'il menoit vne vie licentieuſe & desbauchée, le Podeſtà le vouloit códamner, & luy auoit aſſigné
certain temps pour confeſſer le ſacrilege, à faute dequoy il menaſſoit de le faire mourir. Ce
qui mit en deſeſpoir le Pere, & conclud auec
ſes parens & amis la nuict qui precedoit la
condamnation de Rampino, de courir auec
feu au Palais du Podeſtà, & oſtà ſon fils par
force. Mais ſur ces entrefaictes Vanni Fucci
qui s'eſtoit retiré à Monte-Caregli village
de Florence, aymant beaucoup Rampino donne aduis à ſon pere que l'on deuoit prendre le
ſieur Văni de la Noua. lequel fut prins vn iour
de Careſme, & confeſſa d'auoir en ſa maiſon
tout le ſuſdit larcin, & que ſouuent il auoit taſ-
ché de le faire ſortir hors de la ville, mais qu'a-
prochant de la porte luy ſembloit voir vn Cheualier qui ſ'alloit chercher. Sur ceſte confeſſion il fut pendu, & le pauure Rampino deliuré.

Ovvres avec desir l'oreille à mon Ora-
cle.] *Apri gli orecchi al mio annuntio.* Pour entendre ce qu'il dit en ce lieu, il faut ſçauoir,
qu'en l'An mil trois cens, Piſtoye iouyſſoit
d'vn grand heur, & en icelle la famille des
Cancelieri auoit beaucoup d'authorité, comme

riche & puyssante, mesmes s'estendoit en tant
de personnes, qu'il y auoit de ladicte famille
plus de cent hommes capables à porter les armes, si bien qu'elle n'estoit pas en credit seulement en sa ville, mais en toute l'Italie. Icelle
pour vn faict suruenu dont nous parlerons au
chant XXXII. se diuise en deux factions, l'vne des
Blancs, l'autre des Noirs, à raison dequoy l'on
vit s'engendrer des diuisions en tout le reste de
la susdicte ville, & puis dans peu de temps Florence fut infectée d'vne telle poyson. L'An d'a-
prez au moys de May les Blancz de la ville de
Pistoye aydez des Blancz de Florence chasse-
rent les Noirs de la ville. Depuys les Noirs va-
gabonds dressent vne armée soubz la conduit-
te du Marquis Marcel Malespina, Seigneur de
Valdi Magra dicte Lunigi ana, & au champ
Picene proche de Pistoye rompent les Blancs.
Pource Dante dict.

Tragge Marte vapor di Valdi Magra,
Ch' è di torbidi nuuoli inuoluto.

c'est à dire les occasions qui meuuent la guerre.
Car sans vn chef elle ne se peut faire, pource il
fallut se seruir du susdict Marquis. Doncques,
quel vapor é di torbidi nuuoli inuoluto, c'est à dire en-
uironné du Camp des Noirs. *Et con tempesta im-*
petuosa & agra, c'est à dire, auec les impetueux
mouuemens de la guerre. *Sopra campo Picen sia*
combatutto, qui est nõ loing de Pistoye la bataille
sera donnée. *Onde ei repente spezzera la nebbia,*
c'est à dire, que le Marquis chef des Noirs auec
ardeur & vehemence romperà le camp des
ennemys. *si ch' ogni Bianco ne sera feruto.* c'est à
dire, que tous ceux de la faction des Blancs,

preſens en ceſte bataille ſeront tuez, priſon-
niers, ou bien mis à vau de routte non ſans
leur honte & perte.

CHANT XXV.

E larron à la fin de ſes paroles leue
Les mains auec les deux fiches contre
ſon Dieu,
S'eſcriant, Pren les Dieu, Pour toy ie les
ſoubsleue.
Les ſerpens gratieux me furent en ce lieu,
Pource que l'vn l'entourne au col lors, ainſi comme
S'il diſoit, ie ne veux, que plus tu parles homme.

Encor vn autre au bras, & ſi fort le relie,
Se rebattant ſoy meſme au deuant, que pour rien
Il ne pouuoit crouller, quoy qu'il en euſt enuye.
Helas ! Piſtoy, Piſtoye, ah cerche le moyen
De t'encendrer, ainſi que plus l'on ne t'habite,
Puys qu'auance en tout mal ta ſemence maudite.

Par tous les cercles noirs du tenebreux Tartare,
Autre eſprit ie n'ay veu ſi ſuperbe enuers Dieu,
Non celuy qui tombant des murs Thebains s'egare.
Il fuit ſoudainement ſans parler tant ſoit peu,
Et ie vys vn Centaure enflammé d'vne rage
Venir criant, Où eſt ce ſuperbe courage?

Que les Marenunes tant en ayent ie ne pense,
Comme il à de serpens sur la crouppe là droict
Où se voit commancer nostre ventre en la pance.
Auec aisles au doz, vn Dragon s'estendoit
Sur ses espaules là derriere de la teste,
Et enflamme celuy qui hurte ceste beste.

Lors mon Maistre me dict, C'est Cacus miserable,
Lequel soubz le Rocher du Mont de l'Auentin
Souuent a faict de sang vn lac espouuentable.
Auecques ses esgaux ne và par vn chemin,
A cause du larcin que d'vne ame maligne
Il faict du grand trouppeau qui de luy s'avoysine.

Si bien qu'auroyent cessé ses œuures malheureuses
Soubz la masse d'Hercul, mais possible de cent
Ne sentent les dix coups ses forces langoureuses.
Parlant en ceste sorte il courut plus auant,
Et trois ames soubz nous viennent en telle guise
Que d'icelles ny moy, ny mon guidon s'aduise,

Sinon quand on les oyt s'escrier, Qui vous estes?
Pource nous delaissons nostre nouuelle. Ainsi
Nous sommes attentifs à ces ames funestes.
Ie ne les cognoissois, mais il aduient icy,
Comme on voit aduenir que par cas il arriue,
Que de nommer l'vn l'autre il faut qu'il s'en ensuyue.

Et l'vne dict, Cianse où as tu faict ta pose?
Ainsi doncq' moy pour rendre attentif mon Seigneur,
Du menton suz au nez le doigt soudain ie pose.
Si tu es ores lent à me croyre Lecteur,
De ce que ie diray ce ne sera merueille,
I'ay veu, croyant à peine vne chose impareille.

Comme ie redreſſois ſur ces voleurs la face,
Là ſe iette vn Dragon auec ſix piedz rampans
Deuant l'vn qui du tout par le corps l'entrelaſſe,
De ſes piedz du millieu par la pance le prent
Et de ceux du deuant les bras bien fort luy ſerre,
Puys l'vne & l'autre iouë il mord de ſa dent fiere.

Aux cuiſſes il eſtend ceux de derriere encore,
Et attire ſa queuë entre les deux, ſi bien
Que par les reins derriere en haut la retend ore.
Le lierre iamais d'vn ſi tenant lien
Quelque arbre n'embraſſâ, comme la fiere beſte
Par les membres d'autruy s'enuironnant, tempeſte.

S'attachent puys aprez, comme paiſtriz de cire,
Que la flamme amollit, & meſlent leur couleur,
Ny l'vn deſ-jà ny l'autre à ſon portrait retire,
Comme l'on voit paroiſtre au deuant de l'ardeur
Par le cotton qui bruſle vne couleur brunette
Qui n'eſt encores noyre, & la blancheur veiette.

Les autres deux iettoyent leur regard, & s'eſcrie
Vn chacun, Mon Agnel, comment tu es venu?
Voy, que tu n'es deſ-jà ny deux, ny vn, en vie.
Jà l'vn & l'autre chef eſtoit vn deuenu,
Quand n'apparoiſſent lors deux figures tenues
En vne face ou deux eſtoyent deſ-ja perdues.

De quatre liſtes ſont les deux bras, deuenues
Cuyſſes, iambes, le ventre & la poitrine auſſy,
En telles membres ſont non iamais deuant veues.
Tout le premier regard alteré fut icy,
Deux ſembloit, & pas vn la deſaſtreuſe image,
Et celle s'en alloit auec vn lent paſſage.

Comme le Stellion soubz la verge peruerse
Des iours Caniculiers changeant de parc paroit
Vn esclair si par foys chemin il attrauerse:
Aussy venant au sein des deux autres sembloit
Vn serpenteau maling, illuminé, verdastre,
Et comme grain de poyure, encores plus noirastre.

Et à l'vn de ceux là ceste part il transperce
Par où premierement est pris nostre aliment,
Puys deuant luy tendu il tombe à la renuerse.
Le percé regardoit, ny parle aucunement,
Ains les piedz arrestez tout paresseux il baille,
Comme si le sommeil ou la siebure l'assaille.

L'ame au serpent, & luy iette en l'ame la veue,
Par la playe elle fume, Et l'autre non moings fort
Par la bouche, si bien que la fumée est ve
Se rencontrer. Mais or que taise non à tort
Desormais là Lucain, où du pauure Sabelle,
Et Nasidie il dict, & la façon cruelle

Que i'ay dict-il escoute: & taise encor Ouide
De Cadme & d'Arethuse. Or si Cadme en dragon,
Et l'autre poetisant il change en source humide,
Ie n'en suis enuieux, car par son beau iargon
Il n'a iamais changé deux natures pour estre
Promptes toutes les deux à transferer leur estre.

A ces reigles ensemble ilz respondent de sorte,
Que le serpent la queue en fourche transformà,
Et le blessé restraint la figure qu'il porte.
La iambe auec la cuisse ainsi se consommà
En soy-mesme, qu'en peu ne faisoit la iointure,
Signe qui s'apparut, & sa mesme figure

Oſtoit encor la queue, & là ſe venoit ſondre
Et perdre : auſsy ſa peau bien molle ſe faiſoit,
Comme l'autre bien dure, & ie puiſſe conſondre
Si ie ne vys entrer les bras en ce lieu droit
Par les eſſelles lors, & deux piedz de la fere
Eſtant courts s'allongir, comme on void courts ſe faire

Du malheureux les bras. Puis les piedz de derriere
Enſemble tortillez ſe font membre viril,
Et le pauure du ſien tendoit deux piedz arriere.
Tandis que l'vn & l'autre auec voyle ſubtil
Vont cacher la fumée en leur couleur nouuelle,
Vne part prent le poil, & l'autre ſe depele.

L'vn ſe leue ſur piedz, & l'autre bas s'incline,
Ne laiſſant toutefoys la cruauté des yeux,
Soubz leſquelz vn chacun changeoit de face indigne,
Celuy qui droict eſtoit l'attire furieux
Aux tempes, & du trop de matiere qui reſte,
Les oreilles ſe font en la teſte funeſte.

Ce qui ſubretenu ne courant en derriere
Du ſuperabondant la face en ſaict vn nez,
Et les leures groſsit comme quiert la matiere.
Celuy là qui giſoit les muſeaux nouueau-nez
Deuant chaſſe & retire en ſon chef les oreilles,
Comme ſaict le limas ſes cornes nompareilles.

La langue qu'il auoit premierement formée,
Et preſte pour parler ſe ſend, & le fourchon
Dedans l'autre s'enferme, & reſte la fumée.
L'ame alors deuenue vne beſte, au vallon
A bel-erre s'enfuyt chifflant, & l'autre crache
Au derriere de luy, & des paroles laſche.

Depuys il retournà ses espaules nouuelles,
Et au troisiesme dict, ie veux comme i'ay faict
Que Bose à quatre piedz coure aux voyes cruelles.
Ainsi t'ay veu changer & transformer subget
En la septiesme bouge, & en ce lieu m'excuse
La nouueauté si or de belles fleurs ie n'vse.

Et quoy que bonnement confuse fust ma veue
Et mon esprit perdu, tous ainsi vittement
Ne peurent s'enfuyr, qu'à moy ne fust cognue
L'ombre de Puccius Sciancat, & vrayment
Luy seul estoit des troys venux qui ne se change
En corps autant nouueau, comme il estoit estrange.

L'autre estoit celuy là que tu plains ô Gauille.

ANNOTATIONS
sur le Chant XXV.

LEVE LES MAINS AVEC LES DEVX fiches, contre son Dieu S'escriant, Prē les Dieu, pour toy ie les soubsleue.] *Le mani alzò con ambedue le fiche, Gridando, Togli Dio, ch'à tele squadro.* Au commencement de ce chant, il faint que Vanni Fucci eust vne telle vergongne & rage d'auoir esté trouué par Dante en vn lieu si miserable, qu'ayant acheué sa Profetie, il haulsa les deux mains au Ciel, & fit les fiches à Dieu, s'escriant, qu'il les debuoit prendre, puys qu'il les luy addressoit. Qui est vne façon de faire, quand nous mesprisons les menaces de quelcun, pource que pis nous ne sçaurions auoir. Car ce voleur de Fuccius par ces motz se depite côtre Dieu, disant que pis il ne luy peut aduenir, que d'auoir esté trouué par Dante en vn lieu si obscur, vilain, puant & abominable.

HELAS PISTOY' Pistoye, ah cerche le moyen De t'encendrer, ainsi, que plus l'on te t'habite.] *Ahi Pistoia Pistoia , che non stanzi D'incenerarti si , che più non duri !* Il veut dire que puys que les habitans de Pistoye deuiennent tous les iours plus meschans , qu'il seroit meilleur

qu'elle fuſt du tout eſteinte, que d'eſtre au mõde d'vn ſi mauuais exemple. Ceſte pauure ville
pour les diſſenſions Ciuiles eſtoit au temps de
Dante à demy bruſlée, deſtruite & deshabitée.

NON CELVY QVI TOMBANT des murs The-
bains s'egare.]. *Non quel, che cadde à Thebe giù
da'muri.* Il entend Capanée l'vn des ſept chefs
qui aſſiegerent Thebes, & Dante dict, qu'il n'e-
ſtoit ſi ſuperbe & impie contre Dieu, comme
fut Vanni Fucci de Piſtoye.

ET IE VIS vn Centaure.]. Il appelle icy Cacus vn des larrons d'Hercules, Centaure, le fi-
gurant demy homme & demy cheual, pour
auoir eſté beſtial en ſes meurs, pluſtoſt que de
la race des Centaures. Car il ne fut tel, mais fils
de Vulcain, qui habitoit le mont Auentin à
Romme, là il commettoit pluſieurs voleries, &
ayant vn iour deſrobbé les beufs d'Hercules,
fut par luy maſſacré. voyez Virgile au VIII. de
l'Eneide, & l'vnzieſme labeur d'Hercule, en la
Mythologie de N. le Comte.

QVE LES MAREMMES tant en ayent.]. *Maremma non credo io, che tante n'habbia.* Les Italiens
appellent generallement *Maremma*, tout lieu
maritime, où l'Hyuer eſt moings froid, & les
herbes s'entretiennent pour la paſture des beſtes blanches ou à corne. Mais Dante icy veut
entendre les lieux maritimes de la Toſcane, &
ſpeciallement ceux de Piſe qui ſont abondans
en ſerpens & coulœuures.

OV SE VOIT COMMENCER noſtre ventre en
la pançe.]. *In ſin, oue comincia noſtra labbia.* c'eſt
à dire ou commence noſtre ventre, Qu'il appelle, *labbia*, pource qu'en iceluy eſt la vilainnie

& l'ordure de noſtre corps, que les Latins appellent, *labes*.

AVECQVES SES ESGAVX ne và par vn chemin.]. *Non va co ſuoi fratrei per vn camino.* Il appelle les Centaures freres de Cacus, non pas que Cacus fuſt fils d'Ixion, comme les autres Centaures, mais d'autant qu'il le faint ſemblable en membres, & en vices. Quant aux Centaures, voyez le 1211. chap. du VII. liure de la Mythologie de N. le Comte.

SES OEVVRES Malheureuſes.]. *Le ſue opere biecce.* c'eſt à dire, tortuës ou mauuaiſes, comme ſont celles d'vn voleur & gueteur de chemin.

QVE D'ICELLES ny moy ny mon guidon s'aduiſe.]. Dante dict, *De quai, ne iò ne'l Duca mio s'accorſe.*

POVRCE NOVS DELAISSONS noſtre nouuelle.]. Dante dict, *Perche noſtre nouuella ſi riſtette.* c'eſt à dire, l'araiſonnement que nous auions, en racontant l'Hyſtoire de Cacus, fut delaiſſée pour eſtre attentif aux trois eſprits qui paſſoient.

CIANFE, OV AS TV FAICT ta poſe?]. *Cianfa doue ſia rimaſo?* L'on dict que ce Cianfe fut de la maiſon des Donati dans Florence, mais l'on ne ſçait quel larcin il auoit commis. Icy Dante le deſcript par vne gentile Metamorfoſe, faignant qu'il eſt changé en ſerpent à ſix piedz, lequel ſe lance ſur vn autre eſprit, qui fut Agnelo Brunelaſchi Florentin.

DV MENTON SVS au nez le doigt ſoudain ie poſe.]. *Mi poſi 'l dito ſu dal mento al naſo* c'eſt à dire, ie mis le doigt ſur la bouche. Qui eſt vn

figne pour faire faire filence . felon le prouerbe
Latin, *Digito compefce labellum.*

AVX CVISSES Il eſtend ceux de derriere encore.]. *Gli diretani à le cofce diſteſe.* Diretano, ou
deretano, comme il ſe lict aux vieux exemplaires,
ſignifie derriere , ſi bien que *piedi deretani,* ſont
les pieds de derriere.

LE LIERRE IAMAIS d'vn ſi tenant lien
Quelque arbre n'embraſſa.]. *Hellera abbarbica-*
ta mai non fuè Ad alber ſi. Il môſtre la nature du
Lierre qui eſt de s'entrelaſſer aux arbres , & và
touſiours rempant , & met certaines racines
barbuës auec leſquelles il s'attache, pource Dâ-
te l'appelle *abbarbicata* , & les Latins , *hedera ab*
herendo.

S'ATTACHENT PVIS APRES comme paiſtriz
de cire Que la flame amollit.]. Dante dict. *Poi*
s'appicar, come di calda cera Foſſero ſtati. & veut dire, qu'ils commencerêt à meſler enſemble leurs
ſubſtances , comme ſi deux chandeles de cire
chaude s'incorporoient enſemblement.

VNE COVLEVR BRVNETTE Qui n'eſt encores
noire & la couleur reiette.]. *Vn color bruno, Che*
non è nero ancora & 'l bianco more. Le brun eſt
vne couleur qui n'eſt noire à plain, mais approche du noir, que les Latins appellent, *Fuſcus.*
Dante monſtre en ce lieu , que la nouuelle figure des deux eſprits qui ſe metamorfoſent,
n'auoit plus de couleur de ſerpent ny d'vn eſprit humain , mais de quelque choſe tierce.
Côme il aduient que le lumignon ou cotton de
la chandelle allumée deuant qu'il ſoit bruſlé &
deuenu noir, ayât perdu ſa blâche couleur, préd
vne autre couleur qui n'eſt ny blâche ny noire,

mais brune. Par ainsi disant, *Per lo papiro suso*, il entend le lumignon, le cotton, ou la laine & fil, qui est dedans vne chandele.

MON AGNEL]. *O me Agnel.* Il entend l'vn des trois esprits nommé Agnelo Brunaleschi Florentin.

DEVX FIGVRES TENVES En vne face.]. *Due figure miste in vna faccia.* Ces deux changez en serpens pour leur larcins sont l'vn Buoso, & l'autre François Caualcanti, desquelz ie n'ay peu apprendre autre chose, sinon qu'ils sont punis icy pour leur larcin.

COMME LE STELLION.]. *Come 'l ramarro.* I'ay traduit *Ramarro*, qui est vn mot general, pour toutes sortes de lesars, Stellion, d'autant que le stellion est le plus caut & trompeur animal qui soit, & il represente vn esclair ou lueur, à cause qu'il est painturé d'Estoilles, dont il porte le nom. Ouide parlant de luy.

——— *Varijs stellatus corpora guttis.*

voyez Pline, & Theophraste.

SOVBZ LA VERGE PERVERSE Des iours Caniculiers.]. *Sotto la gransferza De' di Canicular* Par metafore, il appelle les rayons du Soleil plus ardens, *sferza*, qui est vne verge dont l'on donne les estriuieres. I'ay dict, la verge peruerse des iours Caniculiers. Pource que ces iours là sont fort chaulds & dangereux, ainsi appellez d'autant que les Poëtes feignent que ce signe ou Astre est la chienne, laquelle fut donnée ensemblément auec vn serpent à la garde d'Europa fille d'Agenor Roy de Fenicie, & aymée par Iupiter, laquelle depuis Cefale Athenien mena à la chasse de Thebes contre le Regnard qui ruynoit ceste contrée. Et pource que ces deux bestes estoient fatales à ne poinct mourir, Iupiter transformà le Regnard en pierre, & la chienne en Estoille.

CESTE part il transperce Par où premierement est pris nostre aliment.]. *Et quella parte, donde primà è preso Nostro alimento.* Il entend le nombril, par lequel l'Enfant au ventre de la mere reçoit la nourriture, deuant qu'il la prenne encor par la bouche.

LVCAIN OV DV PAVVRE Sabelle & Nasidie il dict. Lucain au liure IX. escript que Sabelle soldat de Caton en la Lybie sablonneuse fut picqué d'vn serpent dict *seps*, & que telle piquure en peu de temps courut par tout le corps, & rompoit la peau & la chair, & finalement comme vn feu ardent le reduisit en peu de cendre. Et apres, il met vn effet contraire d'vn autre venin, sçauoir, qu'vn serpent dict *Prester*, picquà Nasidius soldat du mesme Camp, & que telle morsure si fort ensla le corps, que sa cuyrasse creuà, & grossit de telle façon que l'on ne discernoit aucun membre ou ioincture, & pas vne beste ou oyseau ne gousta de ce corps, qu'il ne mourust incontinent.

ET TAISE ENCOR Ouide de Cadme & d'Arethuse.]. Cadmus sur sa vieillesse venu en Illyrie auec sa femme, se mirent l'vn & l'autre à deplorer leur affliction, si bien qu'ils furent conuertis en serpens qui ne nuysoient à personne, ains volontairement voyoient les hommes. voyez Ouide liure III. de la Metamorf. & au IIII. il raconte qu'Arethuse fut nymfe compagne de Diane, laquelle tournant de la chasse

pour se rafreschir, se baigna nuë dans le fleuue
Alfeus, qui court en Arcadie. Dont Alfeus
Dieu de ce fleuue soudain espris de l'amour
d'vne si belle Nymfe la voulut violer, mais
elle comme vierge chaste s'enfuit, & en courant pour sa trop grande sueur fut conuertie
en fontaine. Alors Diane esmeuë de pitié, luy
ouurit la terre, si bien que son eau court soubz
la terre & soubz la mer, arriuant en Sicile sans
se mesler auec l'eau salée. Pour celà Alfeus ne
cesse de la poursuyure, mais conuerty en
fleuue il court iusqu'en Sicile par derriere.
La verité de cecy est que le fleuue Alfeus en
Arcadye coule soubz terre, & vient en Sicile
dans la fontaine Arethuse. Quand à Cadme & Harmonie sa femme voyez le XIIII.
chapitre du IX. liure de la Mythologie Françoyse de N. le Comte: & quant aux amours
d'Alphée & d'Arethuse, voyez le XXII. chapitre du VIII. liure de ladicte Mythologie, con-
tenant vne ample & belle description de tout
ce discours.

EN LA SEPTIESME Bouge.]. *La set-
tima Zauorra.* Il appelle la septiesme bouge, *Zauorra*, qu'il prent pour la sentine du nauire,
laquelle est tousieurs pleine d'ordure, & put,
Quoy que proprement *Zauorra* soit le sable ou
terre legiere qui se met en la sentine du nauire, afin que pour le peu de poix elle ne panche
çà & là.

ET MON ESPRIT perdu.]. *Et l'animo
smagato,* c'est à dire, esgaré, confus, troublé.

L'OMBRE DE PVCCIYS Sciancat.].

Puccio Scianeato fut l'vn des trois qui ne furent
pas changez, les deux autres font Agnelle
Brunaleschi, & Buoso Abbati, tous Florentins, & qui auoyent volé l'argent public aux
charges de la republique, mais il n'est speci-
fié ce qu'ils auoient commis, & les Com-
mentaires Italiens ne disent autre chose de
leur vie.

L'AVTRE ESTOIT celuylà que tu plains
ô Gauille.]. Il entend de Messire Françoys
Guercio Caualcanti, tué par les habitans de Gauille, vilage au val d'Arno au dessus de Florence. Pource il dict, *che tu Gauille piagni*,
Car en vengeance de la mort d'vn tel homme, plusieurs de ceste terre furent tuez.

CANT XXVI.

Lorence esiouys toy, puys que tu es si
    grande
Que les aisles tu bas par terre & par
    la mer,
Et par l'Enfer encor ton nom se recom-
    mande.

Cinq entre les larrons ie trouuay se nommer
De tes bons Citoyens, dont moy mesme i'ay honte,
Et toy ne veux monter en grand honneur & conte.

Mais si proche au matin la verité se songe,
Tu sentiras vrayment à quelque nombre d'ans
Ce que Pratò non qu'autre à ta ruyne ronge,
Et des-ia s'il estoit, il ne seroit à temps,
Ainsi fut il, depuis que ce malheur doibt estre,
Car vieillissant plus grief il me le faut cognoistre.

De ce lieu nous partons, & dessus les eschelles
Qui borgnes nous ont faict montant premierement,
Mon seigneur remontà, m'attirant sur icelles,
Et poursuyuant chemin, où solitairement
Se va par les cailloux & fentes de la roche,
Le pied ne s'asseuroit sans que la main soit proche.

Alors

Alors ie me contriste, & de dueil mē consume,
Quand à ce que i'ay veu l'esprit est combatu,
Et ie bride mes sens bien plus que de coustume,
Afin qu'il ne s'encoure ou ne guide vertu,
Dont si l'estoille bonne ou meilleure partie
M'a donné quelque bien, fol ie ne me l'enuie.

Autant que le Rusticq' qui sur butte repose
Au temps que cil qui rend le monde radieux,
A nous sa face tient moings enserrée & close,
Lors que la mouche cede aux guiblez ennuyeux,
Void bas de vers luysans au valon d'auenture
Où il faict sa vendange, & rompt la terre dure.

De telle quantité de feuz resplandissante
Est l'huictiesme retrette, ainsi que i'apperceuz
Si tost que là ie fuz où le fond se presente.
Et comme celuy là qui ses desdains receuz
Auec les Ours vengeà le char du bon Helie,
Void au partir, alors qu'en la celeste vie

L'enleuent les cheuaux, & ne pouuoit comprendre
Des yeux sinon pour voir la flame seulement,
Ainsi comme vn nuage au Ciel qui s'en va rendre :
Telle se remuoit chacune bonnement
Par le bord du fossé, nulle son larcin monstre,
Et vn pecheur cachant toute flamme rencontre.

I'estois dessus le pont à voir telle merueille,
Tant esbay que si ie n'eusse vn caillou pris
Sans hurt bas ie tombois en la fosse vermeille,
Et mon Duc qui me vit de telle sorte espris,
Dict soudain, Dans ces feuz se trouue chacune ame,
Chacune s'enueloppe en celà qui l'enflame.

O

Mon maistre, ie responds, en oyant vostre dire,
Ie suis bien plus certain, mais des-ja me sembloit
Qu'ainsi fust, & des-ja ie desirois vous dire,
Qui en ce feu venir si diuisé se voit
Du dessus, paroissant, que de la pyre il glisse,
Où fut mis Etheocle auecques Polynice?

Il me replique ainsi, là dedans sent martyre
Vlysse & Diomede, & eux ensemblement
Courent à la vengeance, ainsi que lors à l'ire
Et au dedans leur feu se pleure amerement
La fraude du cheual, qui la porte dispeuce
D'où sortit des Romains la gentile semence.

S'y punit aussi l'art, pourquoy Deïdamye
Morte encore se plaint d'Acchille Pelien,
Et le tourment s'y sent du sacré Palladie,
S'ils peuuent au dedans du brasier inhumain
Parler, ie dy, Mon maistre, assez vous soit entiere
Ma requeste, & pour mill' vaille ceste priere.

Ne me fais le refus de mon ame attentiue,
Tant que le feu cornu soit icy transporté,
Voy que d'vn grand disir proche de luy i'arriue,
Il me respond, De los est digne en verité,
Ta priere, & pourtant, de bon cœur ie l'accepte.
Mais tempere le son de ta langue discrette:

Laisse moy discourir, ce que ton cœur desire,
Ie le conçoit au mien: Ils pourroyent ignorer
Pource qu'ils furent Grecz la façon de ton dire.
Estant le feu venu où il deuoit tirer
Comme mon Duc iugea du temps & de la place,
I'ouys qu'il leur parloit ainsi de bonne grace.

O vous qui estes deux punis dans ceste flame,
Si tandis que i'estois viuant, i'ay merité,
Et merite de vous assez ou peu mon ame,
Lors que les graues vers au monde i'ay chanté,
Ne reculez dicy, mais l'vn de vous me die,
Où il seroit allé mourant perdre la vie.

Le plus ample cornet de la flamme ancienne
Commence à se crouller murmurant tout ainsi
Que la flamme à laquelle vn vent faict de la peine,
La cime demenant or delà, puis icy.
Comme si quelque langue à parler se transporte
Iette vne voix dehors qui parle en ceste sorte.

Quand ie pris mon congé de Circe la gentile
Qui m'auoit plus d'vn an pres Gaëtte aresté,
Premierement qu' Enée ainsi nommast la ville,
Ny la doulceur d'vn fils, ny la grand' pieté
De mon pere vieillard, ny l'amour mutuelle,
Qui deuoit resiouyr Penelope la belle,

Vaincre n'ont peu l'ardeur de mon ame faconde,
Desirant esprouuer à voir loingtains pays,
Et les vices humains, & la valeur du monde.
Ainsi sur haute mer alors ie me suis mis,
Seul auec vn vaisseau, & ceste compagnie
Qui ne m'ha delaissé qu'à la mort & la vie.

Et l'vn & l'autre abbord i'ay veu iusqu'en Espagne,
Iusqu'en l'Isle de Sarde & de Maroc encor,
Et autres que la mer de ses eaux autour baigne,
Mes compagnons & moy nous estions vieillards or
Quand nous nous approchons de cest estroit riuage,
Où les bornes marqua Hercul de son voyage.

O ij

A celle fin que l'homme outre plus ne se mette,
Seuille à droicte main ie laissai la perdant,
Et de l'autre des-ja delaissé m'auoit Sette.
O compagnon,ie dis,qui toints à l'Occident
Estes par des dangers , à vray dire,cent mille,
Ores à cesté courte & petite vigile

Qui reste de nos sens, nier l'experience
Du monde ne vueilliez , qui est sans habitans
Derriere le Soleil,& à vostre semence
De prez considerez , vous n'estes pas des gens
A viure tout ainsi,que font les bruttes bestes,
Mais à vertu poursuyure & les choses honnestes.

Ie fis mes compagnons ainsi prompts au voyage,
Par ce petit propos qui vient d'affection,
Qu'à peine retenir ie pouuois leur courage,
Et la pouppe tournée au matinal rayon,
Auec nos auirons au vol nous faisons aisles,
Tousiours au costé gauche accommodans nos voyles.

La nuict voyoit des-ja de l'Antartique Pole
Tous les celestes feux , & l'autre ainsi baissé
Qu'il ne sortoit dehors de la campagne molle
De la mer,rallumé par cinq fois & cassé
Autant le luminaire estoit dessoubz la Lune,
Puis que fusmes entrez en la mer importune :

Quand à nous apparut vne brune montagne
Pour la grande distance, & si haulte sembloit
Qu'aucune ie n'ay veu qu'icelle ne desdaigne.
Nous-nous resiouyssons,mais le regret estoit,
Bien proche,car s'eleue en la nouuelle terre
Vn tourbillon qui fit au vaisseau rude guerre,

Trois fois le faict tourner, & toute l'onde ensemble,
A la quatriesme fois leuer la pouppe en haut,
Et bas la prouë aller, ainsi qu'à Dieu bon semble,
Iusqu'à ce que la mer dessus nous fit le saut.

ANNOTATIONS
sur le Chant XXVI.

FLORENCE ESIOVIS toy.]. *Godi Fio-*
renza. c'est vne Ironie par laquelle
il se mocque & s'indigne contre
sa patrie, & la ville de Florence,
qui nourrissoit en son sein tant
d'insignes voleurs.

CINQ ENTRE les larrons ie trouuay se
nommer de tes bons Citoyens.]. *Tra gli la-*
dron trouai cinque cotali Tuoi Citadini. De ces cinq
nous auons parlé au chant precedent. le I. fut
Cianfa Donati. le II. Agnelo Brunaleschi. le
III. Buoso Abbati. le IIII. Puccio Scianca-
to. le V. Francesco Guercio Caualcanti.

MAIS SI PROCHE au matin la verité
se songe.] *Ma se presso al matin del ver si sogna.*
L'on tient qu'au matin les songes sont verita-
bles, comme tesmoigne Artemidorus. &
Ouide.

Namque sub Aurora, iam iam comitante lucerna,
Somnia quo cerni tempore vera solent.

Toutesfois Euripide dict que tous les songes
sont vains, & qu'il ne les faut pas y croire.

Ψευδεῖς ὄνειροι χαίρετ', οὐδὲν ἐστ' ἄρα.

Allez vous en vains songes,
Vous n'estes que mensonges.

CE QVE PRATO non qu'autre à ta ruyne ron-
ge.]. *Di quel che Prato, non ch'altri t'agogna.* Il veut
dire, que Florence dans peu de temps sentira les
malheurs que luy desire ou pourchasse Prato,
chasteau voisin, sans qu'il se mette en peine de
parler d'autre terre ou bourgade plus grande
& plus voisine. Les vns pésent qu'il dict Prato,
à cause de Nicolas Cardinal de Prato, qui fut
fort contraire à la republique de Florence. Pour
les calamitez qu'il entend, elles furent telles.
l'An mil CCC. IIII. en May les Florentins ayant
mis ordre sur le fleuue d'Arno au pont à la Car-
raia, qui lors estoit de boys, pour iouer vn spectacle auquel se representoit l'Enfer auec les
ames damnées & les diables qui les tourmen-
toient, il aduint que pour le trop grand peuple
suruenu au pont pour voir les ieux, qu'il fondit
dans l'eau auec toute sa charge, où vn grand
peuple fut noyé, dont la ville se trouua pleine
de tristesse & pleurs pour leur paréts morts ou
blessez en telle infortune. Incontinent apres il
suruint que les deux factions des blancs & des
noirs se firent la guerre non sans grand detri-
mét & perte à la ville de Florence, laquelle souffrit vn general embrasement qui brusla plus de
mille VII. C. maisons de marque, & vn thresor
infiny, tant en argent qu'en meubles. Duquel

fut cause Neri de gli Abbati, & le Prieur de
Sainct Pierre Scheragio , comme ils voulurent
par vn feu artificiel brusler les maisons de leur
compagnons.

AINSI FVT IL depuis que ce malheur doibt
estre. Car vieillissant plus grief il me le faut
cognoistre.]. *Cosi foss'ei, da che par esser dèe che
piu m'aggrauera com' piu m'attempo.* Dante desire
que les malheurs, dont la ville de Florence est
menacée fussent des ja arriuez, puis qu'ils ne
se pouuoyent euiter, d'autant que plus qu'il
deuiendra sur l'aage, plus il en aura de regret,
& luy seront plus griefs à supporter. Il vse
du mot *Attempo* pour deuenir vieil , ou en-
uieillir.

QVI BORGNES nous ont faicts.]. *che
n'hauean fatte borni* Il vse de nostre mot François, borgne , en le corrompant vn peu par le
moyen de la lettre G qu'il oste , & prent *Borni*,
pour ceux qui ont mauuaise veuë, & sont comme esblouys. *Bornio* signifie la mesme chose au
pays de Boulogne la grasse.

LE PIED NE S'ASSEVROIT sans que la main
soit proche.]. *Lo piè senza la man non si spedia.*
Il veut dire, qu'ils auoient tant de peine à monter vn tel escueil ou roche, qu'ils ne pouuoient
aller asseurement, sans s'appuyer auec les mains
aux cailloux rabbouteux.

AFIN QV'ILS NE S'en courent ou ne guide ver-
tu.]. *Perche non corra che virtu nol guidi.* Il veut dire, qu'il bridoit son entendement en vn si grand
hasard, plus que de coustume, afin qu'il ne cou-
rust, si la vertu ne luy seruoit de guide.

DONT SI L'ESTOILLE bonne ou meilleure

partie, M'ha donné quelque bien , folie ne me
l'enuie.]. *Si che se stella buona, ò miglior cosa, M'ha dato 'l ben, ch' io stesso nol m'inuidi.* Par l'estoille bône,
il entend vne bonne influance du Ciel, par la
meilleure chose ou partie, vn don special donné
de Dieu. Il dict doncq, si quelque bonne estoille, ou plustost Dieu m'a donné quelque bien &
entendement, moymesme ie ne veux me l'en-
uier en delaissant le chemin de la vertu.

AV TEMPS QVE CIL qui rend le monde radieux à nous sa face tient moings enserrée &
close, Lors que la mouche cede au guiblez
ennuyeux.]. *Nel tempo che colui , che 'l mondo
schiara , la faccia sua à noi tien meno ascosa , come la
mosca cede à la Zanzara.* Tout cecy se pouuoit
dire auec ces deux mots, en esté. Car il ne veut
entendre autre chose, qu'en ceste saison, où les
nuicts sont plus courtes, & par ainsi le Soleil
cache aux hommes sa face moings de temps
qu'aux autres saisons, & disant, *Come la mosca
cede à la Zanzara*, il signifie l'heure proche de la
nuict, ou la nuict mesme. Car ces moucherons
que le vulgaire appelle cousins ou guiblez qui
bourdonnent la nuict au tour de nos oreilles,
sont plus fascheux de nuict que de iour, & la
nuict suruenât, les autres mouches se reposent.
I'ay donc tourné *Zanzara* guiblez à la façon du
vulgaire, faute d'vn meilleur mot.

ET COMME CELVY LA qui ses desdaings receuz auec les Ours vengeà le char du bô Helie
void au partir.]. *Et qual colui che si végiò cō gli Orsi
vide il carro d'Helia al dipartire.* Par cōparaison il
monstre que toutes les flâmes qui estoiét en la
huictiesme bouge, & tenoiét caché vn pecheur

comme enueloppé, si bien qu'il ne se pouuoit
voir, montoyent en haut par la gueule de la
valée, comme monta iadis le chariot d'Helie,
quád enueloppé du feu il fut veu mõter au Ciel.
L'histoire est prise du liure IIII. des Roys, chap.
II. Helie vray Prophete au temps que Ioram regnoit, apres auoir fait plusieurs miracles, Dieu
voulut le leuer au Ciel. Pour ceste cause de Hierico il viét au fleuue du Iourdã auec son disci-
ple Helisée, & quittant sa robbe, & auec icelle
touchant le fleuue, soudain ses eaux se separe-
rent, & laisserét au milieu vn chemin sec par lequel lesdits Prophetes cheminoyent. Cõme ils
continuoyét leur chemin, voilà qu'ils virét des-
cédre du Ciel vn char de feu guidé par des cheuaux de feu, dans lequel montà Helie, & fut ra-
uy au Ciel. Helisée ayant pris la robbe de son
Maistre, qui estoit cheute luy montát au Ciel,
s'en retourne au Iourdã, auec laquelle il separe
l'eau de rechef, & retournà en Hierico, & delà
allant en Betulie les enfans luy viennent au de-
uát, & en se mocquát de luy disoyent, *Vien chaulue, vien chaulue*, quasi luy reprochans qu'il ne disoit verité, rapportant qu'Helie eust esté enleué
au Ciel de ceste sorte. Helisée là dessus les maudit au nom de Dieu, & sortét incontinent deux
Ours du bois, qui deschirent XLII. de ces pauures enfans.

    PAROISSANT que de la pyre il glisse Où fut
mis Etheocle auecques Polynice.] *che par surger
de la pira, ou Eteocle col fratel fu miso?* Dante fait cõ-
paraison du feu qu'il voyt se diuiser en ce lieu, à
celuy auquel furent bruslez les corps des deux
freres Etheocles & Polynices. Les Grecs & les

Latins auoyēt ceste coustume de ne mettre pas les morts en terre, mais de les brusler, & assembler les cendres, puis les ietter dans vne vrne ou vase , ou dans la sepulture. L'Amas de bois qui se dressoit en forme de pyramide pour les brusler s'appelloit *Pyra*, qui est vn mot Grec, dit par les Latins *Rogus*. Etheocles & Polynices furent deux freres fils d'Edippus Roy de Thebes, qui conuindrent ensemble pour regner l'vn apres l'autre , chacun vn an. L'an premier toucha à Etheocles, mais ne voulant ceder, l'an reuolu, à son frere Polynices , auec l'ayde de son beaupere Adrastus Roy d'Argos, & de son beaufrere Tydeus, il dresse vne armée côtre Thebes de sept Roys, & combat contre son frere d'vne telle fureur qu'ils se tuét reciproquemēt. Creon qui succedà à Etheocles au Royaume de Thebes defend de les enseuelir, mais Argia femme de Polynices quitte Argos, & Antigona seur des deux morts, sort de Thebes, & ensemble prennent le corps de Polynices, & le portent au feu, où desià elles trouuerent Etheocles bruslé, & soudain, qu'elles le mirent aupres de son frere, le bois tremblà, & rechassà Polynices. Dont les flammes des deux corps fuyrēt l'vne de l'autre, comme si encores apres leur mort, les deux freres eussent retenu leur haine.

VLYSSE ET DIOMEDE & eux ensemblement courent à la vengeance , ainsi que lors à l'ire.] *Vlysse & Diomede, & essi in sieme A la vendetta corrou, com' à l'ira.* Il met ensemble Vlysses & Diomedes, deux Capitaines Grecs, qui par fraude, dol & stratagemes furent cause de la ruyne de Troye, *& corron à la vendetta,* dit Dante, *com' à l'i-*

nt, c'est à dire, qu'ils sont icy vengez de leur fi-
nesses & trõperies, ainsi que lors à l'ire, quãd ils
couroyent ensemble à la destructiõ de Troye à
cause du rauissement d'Helene. par ainsi, *à l'ira*,
c'est à dire, à la colere generale des Grecs, qui
coniurerent contre la ville de Troye.

LA FRAVDE DV CHEVAL, qui la porte dispen-
ce D'où sortit des Romains la gẽtile semence.]
L'agguato del caual', che se la porta Ond' vsci de Ro-
mani 'l gentil seme. C'est le grand cheual de bois,
où estoyent cachez plusieurs Princes & Capitaines Grecs, mais il estoit si grand qu'il fallut
rõpre vne porte de la ville, sur laquelle estoit le
sepulchre de Laomedon, qui fut destruit. Par
laquelle porte depuis sortit Enée pour se sauluer,
uer, duquel ont pris origine les Romains, &
c'est ce qu'il veut dire, *che se la porta Ond' vsci de*
Romani 'l gentil seme.

S'Y FVNIT AVSSI l'art pourquoy Deidamie
Morte encore se plaint d'Achille Pelien.] *Pian-*
guisi entro l'arte, perche morta Deidamia ancor si dual
d'Achille. Les Grecs ne pouuoyent prẽdre Troye
sans quelqu'vn de la race d'Eacus, qui estoit A-
chilles son Nepueu, caché en habit de femme
auec les filles de Lycomedes, qu'Vlysses & Diomedes descouurirent ingenieusement, & le firent venir en ladicte entreprise. Mais d'autant
qu'il eust affaire auec Deydamie, & la laissa
grosse, quand il partit de la maison de Lycomedes, Dante dit, qu'icy se punit l'art, c'est à
dire la fraude & tromperie, pour laquelle Deydamie morte se plaint encores d'Achilles. Voyez
le 11. chapitre du 9. liure de la Mythologie de
N. le Comte.

ET LE TOVRMENT s'y sent du sacré Palladie.] Troye ne pouuoit estre prise sans le Palladium, qui estoit la statuë de Pallas en ladicte ville. laquelle Vlysses & Diomedes en habit de mendiants, se coulans dedans Troye, prindrent de nuict pour la porter dehors en l'armee des Grecs. C'est ce que Dante veut dire, *Et del Palladio pena vist porta.*

LORS QVE LES GRAVES vers au monde i'ay chanté.] *Quando nel mondo gli alti versi scrissi.* Il entend son Eneide, dedans laquelle Virgile, qui parle icy, fait honorable recit tant d'Vlysses que de Diomedes.

PRES GAETTE arresté Premierement qu'Enée ainsi nommast la ville.] Vlysses fut en l'Isle de Circei pres de Gaiette deuant qu'Enée nommast ladicte ville Gaiette du nom de sa nourrice, comme escript Virgile.

Tu quoque littoribus nostris Aeneia nutrix
Aeternum moriens famam, Caieta dedisti.

NY LA DOVCEVR d'vn fils.] sçauoir de Telemachus.

DE MON PERE vieillard.] sçauoir de Laërtes.

DESIRANT ESPROVVER à voir loingtains pays, Et les vices humains & la valeur du Monde.] *A diuentar del mondo esperto, Et de gli vitÿ humani & del valore.* C'est pourquoy Homere cômençe son Odyslée, ainsi que l'interprete Horace de ceste façon,

Dic mihi Musa virum, captæ post tempora Troiæ,
Qui mores hominum multorum vidit & vrbes.

ET L'VN ET L'AVTRE abbord i'ay veu iusques en Espagne, iusqu'en l'Isle de Sarde & de Maroc encor, & autres que la mer de ses eaux au-

tourbaigne .] C'eſt à dire , i'ay veu le riuage
d'Europe , & celuy de l'Affrique, iuſqu'en Eſpagne, qui eſt le confin dernier de l'Europe iuſqu'en l'Iſle de Sarde & de Maroc, c'eſt à dire,
iuſques à la Mauritanie, dernier confin d'Affrique, auec l'Iſle de Sardagne, & toutes les autres
voyſines ou loingtaines.

DE CEST ESTROIT riuage, Où les bornes mar
quà Hercul de ſon voyage .] *Venimmo à quella
face ſtretta, Ou' Hercole ſegnò gli ſuoi riguardi.* Il entend le deſtroit de Gilbetar , par lequel la mer
Mediterranée entre dans l'Ocean , & où ſur le
riuage du coſté d'Europe, eſt mis Calpe, & ſur
celuy d'Afrique , Abila, montagnes nommées
les Colomnes d'Hercules, pource que l'on tient
qu'elles ont eſté miſes par luy , comme ſignes
qui donnent à entendre , qu'aucun ne ſe doibt
hazarder de voguer plus outre ſans ſe perdre.

SEVILE à droicte main ie laiſſay.] *Da la man
deſtra mi laſciai Sibilia.* Seuile , eſt vne noble
Cité d'Heſpagne, loingtaine de la mer cinquante milles.

DELAISSE' M'AVOIT Sette.] C'eſt vne ville
d'Afrique, ou Barbarie, plus Orientale que Seuile, pour ce Dante dit, *De l'altra già m'hauea laſ-
ciatta Setta.*

NIER L'EXPERIENCE Du monde ne vueilliez
qui eſt ſans habitans.] *Non vogliate negar la ſpe-
rienza Di retro al ſol del mondo ſenza gente.* Ces paroles veulent dire, qu'il faut aller de l'Hemiſfe-
re où nous ſommes , en l'autre, qui a eſté déſ-
couuert depuis quelque temps , & pource qu'il
fut incognu aux Anciens, Dante l'appelle, *Mód◦
ſenza géte.* Car l'on croyoit qu'il n'eſtoit habité.

RALLVME' PAR CINQ FOYS & cassé Autant le luminaire estoit dessouz la Lune.] *Cinque volte racceso , & tante casso Lo lume era di sotto dalla Luna.* Il monstre, qu'ils auoyent nauigué prez de cinq mois, pource que la Lune croist & decroist, quasi au terme d'vn mois, tousiours vne fois.

PVIS QVE FVSMES entrez en la mer importune.] Dante dit, *Poi ch' entrati erauam' nell' alto passo.* c'est à dire, au profond pas de l'Ocean.

VNE BRVNE MONTAGNE Pour la grande distance.] *Vna montagna bruna Per la distantia.* Il prent brune pour obscure, à cause de sa hauteur & distance. Car à voir vne montagne de loing, elle semble estre obscure & noyre. Ce qu'elle ne feroit pas estant prochaine. Par ceste montagne, il entend le Purgatoire.

TROIS FOIS le fair tourner & toute l'onde ensemble.] *Tre volte il fè girar con tutte l'acque.* C'est à l'imitation de Virgile. *Ter fluctus ibidem torquet.*

AINSI QV'A DIEV BON SEMBLE.] Dante dit, *Come altrui piacque.* C'est à dire, comme il pleust à Dieu.

IVSQV'A CE QVE LA MER dessus nous fit le sault.) *Infin che' 'l mar fu sopra noi richiuso.* C'est à dire, iusqu'à ce que la mer fut fermée dessus nous, & tous fusmes en icelle submergez.

CHANT XXVII.

Des-ia la flamme estoit droicte en haut et
   muëtte
Afin de reposer, & de nous s'en alloit
Auec le bô congé du douceureux Poëte,
Quãd vne qui derriere à elle s'en venoit,
Nous fit tourner les yeux à sa cime bruslante,
Pour vn son tout confus qui par dehors s'esbante.

Quel le bœuf de Sicile alors qu'on vit qu'il meugle
Dès l'armes de celuy (ce fut bien iustement)
Qui l'auoit façonné auec sa lime aueugle,
Mugissoit par la voix du fol qui le tourment
Souffrit pour son ouurage, & quoy qu'il fust de cuyure
Sembloit outre-percé de douleur ainsi viure.

Telle pour n'auoir pas chemin ny l'emboucheure
Du principe du feu en langage confus
Lors se conuertissoit ceste parole dure,
Mais puis que le parler eust pris voyage sus
Par la pointe donnant vne vitesse telle,
Que la langue auoit fait en sa carriere isnelle.

Dire nous entendons:O toy sur qui ie dresse
La voix, & qui tantost vsois d'vn mot Lombard,
Disant, Va t'en ISSA que plus ie ne te presse,
Pource qu'icy venu ie sois quelque peu tard,
De parler auec moy t'ennuyant ne recule,
Voy tu qu'il ne m'en fasche, & toutesfois ie brusle?

S'il n'y a pas long temps qu'en cest aueugle monde
Tu fois precipité du doux pays Latin,
D'où i'aurois attire toute ma coulpe immonde.
Pour ce que moy ie fus de ces monts entre Vrbin,
Et le ioug Apennin qui le Tybre deserre,
Dy si les Romagnols ont la paix ou la guerre.

Panché i'estois en bas, & attentif encore
Quand mon Duc me tentà d'vn costé mollement,
En disant, Parle toy: cestuy Latin est ore.
Lors comme ie pouuois respondre promptement
Sans en rien retarder à parler ie commence:
O Ame qui là bas te caches en souffrance,

Ta Romagne n'est pas, & si iamais à sa perte,
Elle ne fut sans guerre au cœur de ses Tyrans.
Mais maintenant pas vne en ses flancs n'est ouuerte,
Rauenne est en l'estat qu'elle fut plusieurs ans,
Et l'Aigle de Poleut' là comme souz loix belles,
Et recouure Ceruie auec ses larges aisles.

La Terre qui des-ià fit vne longue preuue,
Et vn monçeau sanglant des François ennemis,
Souz les verds escussons maintenant se retreuue,
Et le mastin vieillard, & l'autre à qui sousmis
Est Verruche, lesquels mal traitterent-Montagne,
Sucent auec les dents l'ordinaire campagne.

La Cité de Lamon & de Santerne range
Le Lyonneau cruel esleué du nyd blanc,
Qui bonne part du chaud au froid Hyuer eschange,
Et celle à qui Sapis courant baigne le flanc,
Comme elle entre le mont & la plaine est assise,
Entre la Tyrannie elle vit & franchise.

Mais ores conte nous qui tu es, ie te prye,
Ne sois plus endurcy que d'autres ont esté,
Si au monde ton nom en vogue se deplie.
Depuys que quelque temps le seu fut agité
A sa façon deça puys delà se transporte
La poincte aiguë, & lors vient souffler en la sorte.

Si ie croyois que fust ma responce à personne,
Laquelle retournast au monde quelque tour,
Sans parler resteroit ma flamme qui rayonne.
Mais pource que iamais de ce profond detour
Si i'oy le vray, pas vn retournà sus en vye,
Or ie te respondray sans crainte d'infamie.

Homme d'armes ie fus, & puys ayant croyance
De ma coulpe amender, ie me fis Cordelier,
Et i'eusse eu d'vn tel croyre entiere l'asseurance,
N'eust esté le grand Prestre, auquel ie doibs prier
Que mal preine, m'ayant à ma coulpe premiere
Remis. Ores entens pour quelle cause fiere.

Cependant que de poulpe & d'os i'ay eu la forme
Que me donnà ma mere, en mes œuures i'estois
Au Regnard beaucoup plus qu'à vn Lyon conforme.
Car les chemins couuers & ruses ie sçauois
Toutes entierement, & de tels artifices
I'vsay, si que la Terre oyt le son de mes vices.

Arriué me voyant en la part de mon âge,
Où vn chacun deburoit & les voyles caler,
Et bien soigneusement ramasser son bagage.
Ce qui me fut plaisant lors de me marteler,
Et rends confession soubz chaude penitence,
Et il m'auroit seruy, ah moy ! pour mon offence.

Le Prince des nouueaux Pharisains ayant guerre
Auprez de Lateran, non contre Sarazins,
Et non contre les Iuifs. Car son ire il deserre
Sur ennemys Chrestiens tous ses proches voysins,
Desquels pas vn ne fut pour rendre Acri subiette
Au Soldan, ou marchant d'vn traffic deshonneste.

Ny en soy respecta la souueraine place,
Ny les ordres sacrez, ny ceste corde en moy.
Qui rendoit ses cordez d'vne plus maigre face.
Mais comme Constantin se trouuant en esmoy
Pour la lepre, Syluestre à le guerir demande
Dans Siratte : Aussy luy pour Maistre me commande

A le venir guerir de sa fieure orgueilleuse,
Prenant de moy conseil, & ie me teuz alors.
Car d'vn hyure sembloit sa requeste ennuyeuse,
Puys me dict, Tout soubçon de toy chasse dehors,
Iusqu'icy ie t'absouls, & d'enseigner t'appreste
Comme i'auray moyen de renuerser Preneste.

Le Ciel ie puis serrer & deserrer de mesme,
Ainsy que tu sçais bien, pource les clefs sont deux
Que mon Predecesseur eust en mespris extreme.
Telz graues argumens me poussent desireux
Où il me fut aduis de taire estre le pire :
Et ie dy, Pere Sainct, Depuys que sans martyre

Tu laues le peché qu'ores ie doibs commettre,
Tu pourras triomfer au siege souuerain,
Si en tenant bien peu, beaucoup tu veux promettre.
Puys moy mort, sainct Françoys me vient tendre la main,
Mais l'vn des Cherubins reprouuez en la sorte
Luy dict, Ne me fays tort, celluy-cy ne transporte.

Venir il doibt là bas entre mes miserables,
Pource qu'il a donné le conseil trop meschant:
Et des-lors ie luy suis aux espaules damnables.
Absouldre ne se peult cil qui ne se repent,
Vouloir & repentir ne se peuuent ensemble,
La contradiction n'y consent, comme il semble.

Helas ! moy douloureux comment ie me demene,
Quand il me prit disant, Possible tu pensois
Que bon Logicien ie ne fusse, & sans peine
Deuant Minos me porte, & enuironne huict soys
La queuë son gros dos, & puys que d'vne rage
Il la mordit, se met à dire d'auantage:

Ce Pecheur est de ceux de la flamme larronne,
Pource au lieu que tu voys ores ie suis perdu,
Et vestu tellement à plewrer ie m'adonne.
Quand son propos finy de nous fut entendu,
La flamme part soudain de douleur preuenuë,
Pressant, & debattant la corne plus aiguë.

Nous passons outre, & moy, & mon Duc auec peine
Par l'escueil iusqu'à l'arc qui se trouue voysin,
Et couure le fossé où la paye inhumaine
Reçoyuent les pecheurs chargez de leur butin.

ANNOTATIONS
sur le Chant XXVII.

A FLAMME ESTOIT droitte en haut & muëtte.] *Era dritta in sù la fiamma & queta.* Il entend la flamme, en laquelle furent punys Vlysses & Diomedes, comme nous auons veu au chant precedent.

QVEL LE BOEVF de Sicile alors qu'on vit qu'il meugle.] Il parle du Taureau d'airain de Perillus Athenien, qui l'inuentà pour plaire à Falaris Roy d'Agrigente en Sicile, duquel la Tyrannie & cruauté est fort remarquable, si bien qu'il proposoit loyer aux inuenteurs de quelque supplice nouueau contre les hommes, mais Perillus fut trompé. Car au lieu d'emporter vne bonne recompense, Falaris voulut qu'il esprouuast le premier son Taureau, & le fit mettre dedans, où il mourut miserablement. Dante dict, *Et ciò fu dritto,* c'est à dire, equitable selon le iugement d'Ouide ——— *Non est lex æquior vlla Quàm necis artificem fraude perire sua.*

TELLE POVR N'AVOIR pas chemin ny l'embouchure Du principe du feu en langaige cõfuz Lors se conuertissoit ceste parole dure.] *Cosi per non hauer via, né forame Dal principio del suoco in suo linguaggio, si conuertiano le parole grame.* Il veut dire que les tristes & dolentes paroles de l'esprit qui estoit en ceste flamme, pour ne trou-

uer chemin ou trou du commencement du feu,
dans lequel l'esprit parloit, pour pouuoir sortir
dehors bien distinctes & formées, se conuertis-
soyent en son langaige, c'est à dire, en murmure, que la flamme faict, quand elle est soufflée
du vent.

VA T'EN ISSA, que plus ie ne te presse.] Il m'a
faillu retenir le mot de ISSA, comme pour exé-
ple. Dante dict, *Issa ten' và, piu non t'aizzo. Mo*, &
ISSA, ce sont deux motz Lombards, qui signifiēt
mesme chose, sçauoir, maintenant, ou *adesso*. Le
mot *Aizzare*, signifie irriter, ou prouoquer à
colere.

DV DOVLX PAYS Latin.] *Di quella dolce terra
Latina.* c'est a dire, de l'Italie.

POVRCE QVE MOY IE FVZ de ces montz entre Vrbin & le ioug Apennin, qui le Tybre deserre.] Il introduit l'esprit du Conte Guido de
Montefeltre qui parle, & disant, *ch'i fui de monti là
intra Orbino E'l giogo di che Teuer si disserra*. Dante
veut entendre, Montefeltre. Car les montz d'où
sortent le Tybre, separent la Romagne de la
Toscane.

RAVENNE EST EN L'ESTAT qu'elle fut plusieurs
ans.] Le Seigneur de Rauenne en ce temps là
s'appelloit Guido Nouelli de Polenta, homme
sage & eloquent, qui aymà fort Dante, & portoit en l'escusson de ses armoiries vne Aigle demy blanche en champ. d'azur, & l'autre moytié
rouge en champ d'or. Il estoit aussi Seigneur de
Ceruia, ville sise au riuage de la mer Adriatique,
loing de Rauenne quinze milles, pource Dante
dict en ce lieu, aprez auoir parlé de Rauenne,
L'Aquila da Polenta là si coua, si che Ceruia ricuopre cō

ſuoi vanni. Polenta, eſt vn chaſteau proche de Bretinoro, commencement de la famille des Nouelli.

La terre qvi des-ia fit vne longue preu-ue, Et vn monceau ſanglant des François en-nemys.] Il veut parler de Forli, que les Romains appelloyent *Forum Liuij*, à cauſe de Liuius Sali-nator Conſul, & puys de Liuia femme d'Augu-ſte. Ceſte ville eſt ſiſe quaſi au millieu de la Ro-magne. De laquelle le Conte Guy da Monte-feltro, l'eſprit duquel parle en ce lieu, fut iadis Seigneur, & gaignà vne victoire ſur les Fran-çoys comme il s'enſuyt. L'An mil cc. lxxxii. Martin iii. Pape François de la ville de Tours, enuoyà pour Conte de la Romagne Iehan de Appia homme excellent au faict des armes, qui fauoriſà les Guelfes au téps que le ſuſdict Con-te Guidon, chef des Ghybellins ſeigneurioit Forly. lequel ſe mit aux champs, & ſoudain em-porta Faenze, & depuys fit la guerre à Forly. Mais le Conte Guido conſiderant les forces du ſuſdict Iehan, qui eſtoyent plus grandes que les ſiennes, euſt recours à ſes ruſes & fineſſes or-dinaires, & par vn double traitté diſpoſa le ſuſ-dict Iehan de venir à Forly auec toute ſon ar-mée, le premier iour de May deuant l'Aurore. Qui croyant debuoir eſtre receu comme Amy, auec bonne partie de ſes meilleurs ſoldars en-trà par vne porte que Guido luy auoit faict ou-urir, & laiſſà les autres ſerrez à l'ombre ſoubz vne cheſnée. Doncques les François entrerent dedans, & ſoudain ſe mirent à piller. Mais Gui-do, voyant Iehan entré, ſortit en cachette par l'autre porte, & en bref deffit ceux qui reſtoyết

à la chesnée, & puys retournant à Forly se met
à tuer les ennemys dispersez par les maisons
affin de les piller. Dont bien peu s'en retournerent. Qui fut cause d'vne plus grande guerre.
Car l'année d'aprez Martin ennoyà vne nouuelle armée au Conte Iehan, par le moyen de
laquelle il emporte Forly, & en chassà Guidò.
Et c'est ce que veut entendre Dante, disant, *La
terra che se già le longua proua.* c'est à dire, Forly,
qui pour vn long temps fit resistance au Pape
Martin III. *Et di Franceschi sanguinoso muchio.* c'est
à dire, vn grand monceau de mortz Françoys,
sotto le branche verdi si ritroua. c'est à dire, est sei-
gneuriée par les Ordelaffes. Les armes desquels
sont vn Lyon verd du millieu en haut en champ
d'or, & du millieu en bas auec troys lignes ver-
tes, & troys d'orées. le Seigneur en ce temps là
fut Sinibaldo Ordelaffi.

ET LE MASTIN vieillard, & l'autre à qui soubs-
mis Est Verruche, lesquelz mal traiterent Montagne.] *E'l mastin vecchio, e'l nono da Verruchio, Che
fecer di Montagna il mal gouerno.* Par ces deux cy,
il entend Malateste le pere, & Malatestin le fils,
qui lors gouuernoyent Arimini, comme cruelz
Tyrans, & pour ceste cause il les appelle Mastins. *Verrucchio,* est vn chasteau que ceux d'Arimini donnerent anciennement au premier des
Malatestes, dont il prit son surnom, quoy qu'il
fust descendu de la Penna de Bili, chasteau sis
au territoire de Möseltre. Et d'autant que Dāte
dit, *Che fecer di Montagna il mal gouerno,* il faut sçauoir, que ce Montagna fut vn cheualier de la
noble famille di Parcitati d'Arimini, chef de la
faction Ghibelline, que Malateste fit prendre

auec tous les autres Ghibellins, & les donnà en
garde à son filz. Depuys luy demandant souuēt
s'il gardoit bien ledict Montagne, il le fit mourir, ce qu'il denote par ces motz. *Ne sece il mal go-*
uerno. & aprez il dict. *Là doue soglion' far de denti*
succhio. continuant à sa metafore, il les auoit appellé Mastins, & pource que les chiens rongent
auec les dentz, il veut dire, qu'ilz deschiroyent
& escorchoyent les subjetz.

LA CITTE DE LAMON & de Santerne range
Le lyonneau cruel esleué du nid blanc.] *La Città*
di Lamone & di Santerno, Conduce il leoncel dal nido
bianco. Il veut entendre, les villes de Faenza, dedans laquelle court le fleuue de Lamon, que Pline & Antoninus nomment Anemo, & Immola,
des Latins dicte, *Forum Cornelij*, prez de laquelle
court le fleuue Santerno nommé par Pline Va-
trenus. Celuy qui pour lors estoit Seigneur de
ces deux villes susdictes, s'appelloit Machinardo Pagano, né dans vn chasteau des mōtagnes
au dessuz d'Imola, lequel tant pour son bon
heur, que pour sa vertu deuint Seigneur de Forli, de Faenze & d'Imola, bien qu'en vn mesme
temps il ne les eust toutes troys. Pour-ce qu'en
l'An CCLXXXX. aprez mille, & au XII. de Nouēb.
Estienne de Ghinazzano Romani Conte de la
Romagne fut pris à Rauenne par ceux de Polenta, qui donnà occasion à Machinardo de se
rendre Maistre de Faenze, & aux Bolonnois de
prendre Imola. Depuis le pape enuoyà Bandi-
no Euesque d'Arezzo de la famille des Contes
Guidons de Romena, lequel reduisit les villes
de la Romagne à l'obeissance de l'Eglise. Mais
l'An d'aprez, & au XXIII. de Decembre, sur la
nuict,

nuiĉt, Machinardo prit Forli, & dans icelle le
Conte Aghinolfo da Romena frere du fufdiĉt
Euefque. & aprez la prife de Forly , il affiegea
Cefena où eftoit le Conte de la Romagne. Et
en l'An CCXCVI.ayant faiĉt ligue auec AZZO III.
d'Efté, contre les Bolonnoys qui luy auoyent
ofté Forly,il leur oftà Imola,non fans leur grãd
dommage, leur liurant la bataille à quatre mille combattans qu'ils eftoyent, & en tuà beaucoup, fans leurs prifonniers. Ce Machinardo
portoit en fes armoyries vn Lyon azuré, ou cõme difent les autres, vn Lyon vermeil en champ
blanc Qui faiĉt dire à Dante, *il lionel dal nido biã-*
co,& adioufte. *Che muta parte de la ftate, al verno.*
& veut dire, qu'eftant lediĉt Machinardo de la
maifon di Pagani,qui eftoyent Ghibellins en la
Romagne, neantmoings pource qu'il fut laiffé
ieune par fon pere foubz la tutele des Florentins par lefquels il fut toufiours defendu &
maintenu, comme ne voulant eftre ingrat en
toutes leurs entreprifes,il les fecourut,biẽ qu'ils
fuffent Guelfes.Dont l'Hiuer,fçauoir,en la Romagne qui tire au Septentrion & region froide,
il eftoit Ghibelin, & l'Efté, fçauoir en la Tofca-
ne contraire à la Romagne , & au midy region
chaude,il eftoit Guelfe. Mais plus fimplement
les vns interpretent qu'il changeoit fouuent de
place, fi bien qu'en Hyuer , il eftoit en vn endroit,l'Efté,il alloit en vn autre cofté.

ET CELLE A QVI SAPIS courant baigne le
flanc.] *Et quella,cui il Sauio bagna il fianco.* I entẽd
Cefena, autour des murs de laquelle court le
Fleuue Sauio,que Strabon nomme,*Ifapis*,& Pline auec Silius Italicus , au liure VIII. *Sapis* , par-

lant des Vmbri:

——— *Hos Esis Sapisque lauant.*

En ce temps de factions parmy plusieurs Tyrans, qui trauailloyent la Romagne, la seule ville de Cesenne se gouuernoit en liberté , bien que quelquefoys ses principaux Citoyens vsassent de Tyrannie, mais celà ne duroit pas. Qui faict dire à Dante, *Tra Tirannia si viue, & stato franco.*

SI AV MONDE TON NOM en vogue se deplie.] *se'l nome tuo nel mondo tegna fronte.* C'est à dire, si ton nom demeure fameux & renommé.

CEPENDANT QVE DE poulpe & d'os i'ay eu la forme.] *Mentre ch' io forma fui d'ossa et di polpe,* c'est à dire, Tandis que i'ay esté en vye, & ensemblement en ame & corps.

EN MES OEVVRES i'ESTOIS Au Regnard beaucoup plus qu'à vn Lyon conforme.] *l'opere mie Non furon leonine, ma di volpe.* Il touche par cecy les deux sortes de faire la guerre, qui sont par la force que represente le Lyon , ou par finesse & dol, ce que represente le Regnard, Virgile.

——— *Dolus an virtus quis in hoste requirat?* & Ciceron en ses Offices, *Duobus modis , id est, vt aut fraude fit iniuria. Frans quasi vulpeculæ, vis Leonis videtur.*

ARRIVE ME VOYANT en la part de mon âge Où vn chacun deburoit & les voyles caler, Et bien soigneusement ramasser son bagage.] *Quando mi vidi giuntò in quella parte Di mia eta doue ciascun dourebe Calar le vele, & raccogl er le sarte.* Cecy veut dire, Me voyant en la vieillesse, où chacun doibt penser à la mort. Il compare nostre vye à vne nauigatiõ, & la vieillesse est quasi le port de noftre vye, lors il faut, comme difent les Latins, *Colligere farcinulas.* ainfi qu'efcript Varro au commencement defes liures de la vye Ruftique.

LE PRINCE DES NOVVEAVX Farifains ayant guerre.] Pour entendre cecy, Nous debuons fçauoir, que Boniface VIII. Pape grand ennemy de ceux de la maifon illuftre de Colonna, d'autant qu'ils luy furent contraires à fon ele&ion, fit ruyner toutes leur maifons en la ville de Rōme, fifes auprez de S. Iehan de Latran, les priuāt des honneurs & dignitez acquifes à leur maifon, & pour leur chafteaux de la campagne de Romme, les vns encore il fit ruyner, & les autres donnà aux Vrfins. fi bien qu'ils n'auoyent plus que Prenefte ville tresforte, laquelle il fit affieger, fans efperance toutesfoys de la pouuoir auoir, ny par fiege, ny par force. Tellement qu'il enuoyà querir le Conte Guido de Montfeltre, alors profex en l'ordre S. Françoys, faifant penitence de fa vye paffée. & luy demandà confeil touchant la prife de Prenefte. Le Conte refpōd felon fon premier naturel, qu'il euft à promettre beaucoup, & garder peu, ou rien du tout de ce qu'il auroit promis. Alors le Pape fit femblāt d'eftre efmeu de pitié, & par communs Amys fit entendre aux Colonnes, que s'ilz venoyent s'humilier deuant luy, qu'il leur pardonneroit. Iacques & Pierre Cardinaux de Colonne viennent à luy, habillez de noir pour humblement demander pardon. Boniface leur promit entier pardon, & par confequent de les remettre en tous leurs biens, mais premierement dict, qu'il vouloit auoir Prenefte, laquelle fut renduë, &

l'ayant en sa puissance la fit ruyner, & depuys refaire tout à plein, l'appellant la Citté du Pape, & ne tenoit aux Colonnes aucune des choses promises. Qui fit que quelque temps de là Sciarra Colonne prit le Pape susdict prisonnier dans Anagna, & incontinent aprez mourut de depit. Dante appelle Boniface, *le Principe de nuoui Farisei*, ainsi nommât les Cardinaux & Prelats, dont le Pape est chef. Il dict, *Hauedo guerra presso a Laterano*, c'est à dire, contre les Colonnes, qui auoyent leurs maisons proche de S. Iehan de Latran tous ses subgetz. Il adiouste, *Et non con Saracin, né con Giudei*. Car si le Pape eust faict la guerre aux Sarrasins infideles, ou aux Iuifz, telle guerre pouuoit estre iuste : mais il la faisoit contre les Chrestiens, desquelz pas vn *Era stato à vincer Acri, Ne mercatante in terra di Soldano*. Pour entendre cecy, il est besoing de sçauoir qu'ayás les Chrestiens perdu Antioche, Tripoli, & toutes les terres de Syrie, hormis Acri, anciennement Ioppe, puys Ptolemays, & maintenant Acri, se reduisant en icelle toutes les forces des Chrestiens, mises contre les infideles, pource qu'elle estoit proche de Ierusalem LXX. milles, & au millieu de Syrie, & quasi au cêtre du Mô- de, où il y auoit vn port propre, tant à ceux d'O- rient, que d'Occident qui traffiquoyêt sur mer, & c'estoit la retrette de toutes nations & lan- gues, siege des Roys de Ierusalem & de Cypre, du Prince d'Antioche, & des cheualiers de S. Iehan. Aussy là demeuroit le Legat du Pape, & les Gouuerneurs & Ambassadeurs des Roys de France & d'Angleterre, & tant d'autres que l'on contoit en ladicte Citté XVII. Courtz auec iu-

risdiction de sang. Vne si grande diuersité en-
gendroit confusion au gouuernement de ladicte ville. Pource il aduient l'an mil ccxcı. qu'e-
stant la trefue entre eux tous, & le Soldan, elle
fut rompue par les Chrestiens. Car les Princes
susdicts y tenoyent de x111. à x1111. mil soldars,
& estans mal payez ilz s'addonnoyent à desro-
ber & tuer les Sarazins, qui soubz la foy de la
Trefue venoyent dans Acri. Le Soldan depité
d'vn tel forfaict, en escript aux Ambassadeurs
pour auoir les choses perdues, & les voleurs,
dont n'ayant peu auoir raison, il dresse vne armée forte & puyssante pour attaquer Acri. Du
commencement les Chrestiés resistoyent vaillamment par le grand soing & prudence du
grand Maistre de S. Iehan, mais le pauure Seigneur blessé au braz d'vn dard enuenimé, mourut incontinent, & depuis la confusion se mit
en la ville, où rien de genereux & d'vn bel ordre n'estant plus gardé, tout le môde s'enfuyoit
par la mer, & le Soldan victorieux emporta la
ville, laquelle fut saccagée, & en fit tuer des
deux sexes plus de soixante & dix milles. Il dict
donc, que pas vn des Chrestiens ennemys de
Boniface, n'auoit renié sa loy pour aller auec le
Soldan attaquer Acri, & que pas vn n'estoit
marchand des choses defendues, pour les aller
vendre aux Sarazins.

Ny en soy respecta la souueraine place
ny les ordres sacrez.] *Nè sommo officio, nè ordini
sacri Guardo in se.* Dante veut dire, que Boniface,
considerant qu'il estoit Pape & Prestre, ne debuoit importuner le Conte Cordelier pour luy
donner vn meschant conseil.

Ny ceste corde en moy Qui rendoit ſes cordez d'vne plus maigre face.] *Ne in me quel capeſtro, Che ſolea far i ſuoi cinti piu macri.* Il veut dire, que Boniface debuoit reſpecter le vœu qu'auoit faict ce Conte, en ſe rendant Cordelier, pour faire penitence, ſans le forcer à luy donner vn mauuais conſeil. & diſant, *Capeſtro che ſolea far i ſuoi cinti piu macri* : Il taxe l'ordre de S. Françoys, qui ne gardent plus la grande abſtinence de leur regle : dont anciennemēt les Cordeliers eſtoyent plus maigres qu'ils ne ſont pour le preſent.

Mais comme Constantin ſe trouuant en eſmoy Pour la lépre, Sylueſtre à le guerir demande.] *Ma come Conſtantin chieſe Silueſtro Dentro Sirrati à guarir de la lebbre.* Cecy ſe raconte de Conſtantin le Grand, Qu'eſtant infecté de ladrerie les Medecins luy ordonnerent pour ſingulier remede, qu'il euſt à ſe baigner dans le pur ſang des petis Enfans. Ce bon Empereur, quoy que beaucoup deſireux de ſe voir deliuré d'vn ſi faſcheux mal, neantmoins ne voulut eſtre ſi meſchant, que de faire mourir pluſieurs Enfans innocens à l'occaſion de ſa maladie. Ce faict fut tant agreable à Dieu, que la Nuict d'aprez, il vit en viſion les deux Princes des Apoſtres Pierre & Pol, qui l'aduertirent de faire cercher le Pape Sylueſtre, lequel, à cauſe de la perſecution faicte contre les Chreſtiens, & pour faire Penitence, eſtoit aux grottes de Sirara. Ainſi Sylueſtre guerit Conſtantin, & fut Prince Chreſtien ſur tous les autres.

Dans Sirrate.] *Dentro Sirrati.* C'e-

ſtoit anciennement *Soraƈtes,* montagne au pays
des Hirpins ou Faliſques.

PRENANT DE MOY conſeil, & ie me
teuz alors. Car d'vn hyure ſembloit ſa reque-
ſte ennuyeuſe.] *Domandommi conſiglio, & io ta-*
cetti, Perche le ſue parole paruer ebbre. Le Conte
Guy aprez la demande du Pape Boniface ſe
teuſt, non par meſpris, ou pour trop de reſpect
& reuerance qu'il portaſt à ſa Sainƈteté, mais
pource que ſes paroles luy ſembloyent ſans
raiſon, comme celles d'vn homme, qui a trop
beu. Le Pape caut & ſin ſe doubtant que le
ſuſdiƈt Conte craignoit luy donner vn mauuais conſeil, de peur d'offencer Dieu, le confor-
te en luy diſant, Qu'il l'abſoluoit de tout peché
tant du paſſé, que du futur, ſelon la puyſſance
qu'il auoit de condamner & d'abſouldre.

Pource les clefs ſont deux, que mon prede-
ceſſeur euſt en meſpris extreme.] *Però ſon due le*
chiaui, Che 'l mio anteceſſor non hebbe care. Il touche
icy ce que nous auons raconté au chant III de
Celeſtin v. Pape, qui renonça au Papat ſelon la
perſuaſion de ce Boniface qui parle en ce lieu,
pour retourner en ſon hermitage faire Penitence.

MAIS L'VN DES Cherubins reprou-
uez.] *Ma vn de neri Cherubin* c'eſt à dire, vn
Diable qui deuant ſa damnation eſtoit de l'ordre des Cherubins.

ABSOVLDRE NE SE peut cil qui ne ſe repent, Vouloir & repentir ne ſe peuuent enſemble] *Ch'aſſoluer non ſi può, chi non ſi pente, Ne pen-*
tere, & volere inſieme puoſſi. Le Diable diſpute auec

S. Françoys en bon Logicien, selon l'axiome de logique, *Lex contrariorum est, quòd si vna est vera, altera est falsa de qualibet affirmatione vel negatione vera vel falsa.* Il dict donc que le Conte Guy ne peut estre saulué s'il n'est absouls, & qu'il n'a peu estre absouls s'il ne s'est repenty d'vn peché commis. Car l'absolution du Pape deuant l'offense ne sçauroit estre valable, pource qu'en vn mesme temps l'on ne peut vouloir commettre vn peché, & s'en repentir. Vouloir, & non vouloir sont contraires, & Aristote dict au v. des Metafisiques : *Album & nigrum impossibile est in vno subiecto esse.* Qui a faict dire à sainct Gregoire en ses Morales. *Neque enim simul vnquam conueniunt culpa operis, & reprehensibilitas cordis. Nam bonus & malus quis simul esse non potest.*

CHANT XXVIII.

Vi en prose pourroit chanter à suffisance
Des playes & du sang que maintenãt i'ay
vcu,
Pour les mettre souuët en plaine cognoissãc, &
Toute langue vrayment reuierdroit à bien peu
Pour nostre entendement & paroles capables,
Discourant briefuement choses demesurables.

Si se trouuoit en vn toute la gent encore
Qui ià dolente fut de son sang respandu
Au pays Apulois plein de fortunes, ore
Pour les Troyens, & or pour le combat rendu,
Lequel de tant d'anneaux receut si haute proye,
Ainsi que Liue escript, qui du vray ne fouruoye.

Ores pour celuy là, dont resentit la Pouille
Les douleurs des grans coups pour se vouloir choquer
Contre Robert Guischard, or pour l'autre où l'on brouille
A Ceperan les os, là où se vit manquer
Chasque Pouillois menteur, or la pres Taillecousse,
Où sans armes Alard ses ennemis repousse.

Et l'vn monstrast percé son membre, & l'autre mesme
Tronçonné, ne pourroit iamais bien esgaler
Le spectacle inhumain de la bouge neufuiesme.
Desja le muyd duquel se laissent escouler
La ville ou la mezul' ainsi ne se caluentre,
Comme vn i'ay veu rompu du menton soubz le ventre.
P v

Sur les iambes pendoient les boyaux, la poitrine
Paroissoit, & le sac detestable & vilain,
Qui de ce qu'il gloutit faict vne merde indigne.
Tandis que pour le voir ie m'amusois à plain,
Il regarde, & le sein auec les mains il s'ouure,
Me disant, Ores voy comment ie me descouure.

Voy comme est decoupé Mahomet l'infidelle,
Et deuant moy s'en vient en lamentant Aly,
Par le menton fendu iusques à la ceruelle,
Tous les autres encor lesquels tu vois icy,
Furent vifs les autheurs de Schisme & de scandale,
Dont sont fendus icy pour leur Secte infernale.

Derriere est vn Demon qui les taille & charpente
Ainsi cruellement auec son coutelas,
Remettant vn chascun à sa poincte picquante,
Quand du dolent chemin nous retirons nos pas,
Pource premierement que se ferme la playe,
Vn autre deuant luy de retourner s'essaye.

Mais dy toy, quel es tu, qui sur l'escueil t'amuses,
Possible pour tarder de n'aller au tourment,
Qui te seroit iugé sur ce dont tu t'accuses?
Mon maistre luy respond, il n'est mort bonnement,
Ny pour le tourmenter sa coulpe icy le mene,
Ains afin qu'il emporte experience pleine.

A moy ià mort conuient, qu'escorte ie luy fasse
Par l'enfer le menant cy bas de rond en rond,
Ce qui est aussi vray comme ie te le trace.
Ils furent plus de cent oyant ce qu'il respond,
Qui s'arrestent au bord à me voir par merueille,
Oublians leur martyre. Or dy que s'apareille

Aux armes le Doulcin, toy qui paraduenture
Pourras voir le Soleil à quelque temps d'icy,
Si bien tost il ne veut souffrir ma peine dure,
De viures se pourroye afin que restre y
Par la neige il ne donne aux Nouaroys victoire,
Qu'ils n'auroient autrement qu'au peril de leur gloire.

L'infame Mahomet me dict ceste parole,
Puis qu'il eust suspendu vn pied pour le depart,
Et à partir l'estend dessus la terre molle.
Vn autre qui auoit percé de part en part
Le gosier et le nez, iusqu'aux sourcils bien manque,
Et luy reste vne seule oreille, & l'autre manque.

Arresté pour me voir auec merueille encore,
Des autres, deuant tous il ouure le gosier,
Lequel estoit vermeil en dehors, & dict ore:
Toy qui n'es condamné pour quelque poché fier,
Et que desja ie vis en la Latine terre,
Si le trop de semblance, au moins ne faict que i'erre:

Remets en ton esprit Pierre de Medicine,
Si tu tournes iamais à voir le plat pays,
Qui plaisant de Vorcelle à Mercabò decline,
Et fay sçauoir à deux de Fano d'vn grand prixe
A Guidon de Casser, encor à l'Angelelle,
Que si n'est vaine icy ma preuoyance isnelle,

Tous deux seront iettez dehors de leur barique,
Et mis dedans vn sac sur mer par trahison
D'vn tyran inhumain aupres la Catolique.
Entre l'Isle de Cypre en aucune sasson
Et Maiorque n'a veu le Dieu puissant Neptune
Des Pirates ou Grecz faute tant importune.

Ce traistre qui ne void que d'vn œil, & la terre
Possede, que tel est qui cy auecques moy
Ne vouldroit l'auoir veuë autheur d'vne grand guerre,
Fera qu'ils s'en viendront pour parler soubz sa foy,
Puis ferà tellement qu'à l'escueil de Focquere
Besoing ne leur serà de vœu ny de priere.

Et ie luy dis, Declare, & celuy la me monstre,
Si tu veux que là sus ie rapporte ton nom,
Qui voit Ariminy non sans grand' malencontre.
Alors il prent la ıouë à vn sien compagnon,
Et luy ouure la bouche en criant, Conuenable
A ne parler, la peine est de ce miserable.

Luy se voyant chassé, le doute deracine
Qu'eust Cesar, l'asseurant qu'en vn faict preparé,
Tousiours le retarder est cause de ruyne.
O combien me sembloit en luy mesme alteré
Curion pour sa langue en la bouche taillée,
Qui pour dire hardiment ne fut iamais brouillée.

Et vn qui n'auoit plus soit l'vne main ou l'autre
Leuant ses bras manchotz par l'Air obscur & noir,
Si que le sang coulant sa face mal accoustre
Crià: souuiennes toy, le Mosque encor de voir,
Qui dict à son malheur, Chef à la chose faicte,
Ce qui fut des Toscans vne semence infecte.

Moy i'adiouste à tels mots: Et mort de ta famille,
Dont l'esprit accablé de douleur sur douleur
S'en alla tout ainsi qu'vne ame triste & vile.
Mais ie demeure à voir l'Ost remply de malheur,
Et chose i'apperceuz que craindroit mon courage
Ores de la conter sans preuue & tesmoignage.

Toutefois ie m'asseure auec ma conscience,
Laquelle est bon guidon pour rendre l'homme seur,
Dessoubz le corselet de pure cognoissance,
I'ay veu, & semble encor de le voir plein d'horreur
Vn corps aller sans teste, ainsi comme chemine
Tout autre que l'on voit en ceste escadre indigne.

Par les cheueux sa teste il tenoit decolée
Aguise de lanterne estrainte auec la main,
Et nous voyoit disant. Moy ame desolée
A soy de soy faisoit vne lumiere à plain,
Et estoyent deux en vn, & vn en deux, comme estre
Cela peut, Dieu le sçait du Ciel recteur & maistre.

Quand il fut droict au pied du pont auec la teste,
Haut il leue le bras pour faire entendre mieux
Les paroles que lors pleurant il manifeste.
Or regarde, dict il, le tourment ennuyeux,
Toy qui vas respirant à voir les morts, regarde
Si autre mal plus grand vn patient hazarde.

Et afin que de moy tu porte la nouuelle,
Tu sçauras que ie suis Bertran de Bornion,
Qui le Roy Iean instruis à discipline telle
Que le pere & le fils sont en diuision,
Plus ne fit d'Absalon & de Dauid, l'infame
Architofel, alors que tous deux il enflamme.

Pource que ie desioins deux personnes si proches,
Ie porte mon cerueau des son commencement
Separé, lequel est au corps dont tu t'approches,
Ainsi s'obserue en moy le contre eschangement.

ANNOTATIONS
sur le Chant XXVIII.

SI SE TROVVOIT EN VN Toute la gent encore.]. Il touche icy cinq batailles fort sanglantes données en diuers temps au Royaume de Naples, & dict, Que si toutes les playes receuës ausdictes batailles, estoyent ensemble, elles seroyent bien peu, au respect de celles là qu'eurent tous ceux qui se trouuoyent en ceste neufuiesme boulge, ou sont puniz les semeurs de scandales, schismes & heresies.

AV PAYS APVLOIS PLEIN de fortunes ore pour les Troyens]: *In su la fortunata terra Di Puglia* Il nomme la Pouille, *fortunata terra*, pource que la fortune sur icelle a souuent monstré plusieurs accidens heureux & malheureux. La 1 bataille ou guerre fut celle d'Eneas & du Roy Turnus, en laquelle plusieurs moururent, comme resmoigne Virgile au vi. derniers liures de l'Eneide.

ET OR POVR LE combat rendu lequel de tant d'anneaux reçeut si haute proye.].

Et per la longa guerra, che de l'anella fè si alte spe-
glie. C'est la seconde bataille donnée à Cannes,
en la Pouille prez de la ville nommée Cami-
sum, ou Hannibal deffit les Romains par la
faute de M. Varro Consul, qui voulut côbattre
contre le conseil de P. Emile son collegue. En
icelle furent tuez quatre vingts Senateurs deux
Questeurs vingt & vn Tribuns des soldats,
plusieurs qui furent des ja Consuls, Preteurs
ou Ediles. X L. M. pietons. M M. D CC. cheualiers. Si bien, qu'Annibal mit si bas les forces des Romains , que s'il eust sçeu suyure le
cours de la victoire, & venir soudain à Romme, il la prenoit sans faulte par apparence humaine, mais il s'amusa long temps à ne rien
faire : Qui luy osta le fruict qu'il deuoit tirer
de sa victoire. Pource Maharbal de Carthage
par desdain s'escria, Tu sçais vaincre Annibal,
mais non pas vser de la victoire. De cecy
Dante prent pour tesmoing Tite Liue, *Come*
Liuio scriue che non erra, sçauoit, au premier, & second liure de la troisiesme Decade, voyez Plu-
tarche aux vies d'Annibal & de Scipion, & Silius Italicus au neufuiesme liure.

Ores pour celvy la dont resen-
tit la Pouille, Les douleurs des grands coups
pour se vouloir choquer contre Robert Guischard.] *Con quella che sentì di colpi doglie, Per*
contrastare à Roberto Guiscardo. C'est la troisiesme
bataille ou guerre. Robert Guischard fut filz
de Richard Duc de Normandie, lequel en l'An
mil L X X. vient en la Pouille vers Robert
Duc dudict pays, & l'ayda fort en la guerre.

contre le Prince de Salerne. En fin Robert n'ayant poinct d'enfans masles, prit Guischard pour son gendre & successeur du Duché. Par ainsi Guischar par sa vertu militaire gangna la Pouille, la Calabre, & tout le Royaume de Sicile, qu'Alexius Empereur des Greez auoit occupé, & depuis pour fauoriser le Pape Gregoire VIII. il fut contre l'Empereur Henry III. & en icelle guerre plusieurs morurent.

OR POVR L'AVTRE où l'on brouille *A Ceperan les os, là où se voit manquer chasque Poullois menteur.*]. *Et l'altra, el cui offame ancor s'accoglie, A Ceperan là done fu bugiardo ciascum Pugliese.* C'est la IIII. bataille, que perdit Manfredi contre Charles Duc d'Aniou premier Roy de Naples, non sans le prompt secours des Guelfes de Florence, comme nous auons dict cy dessus. Elle fut donnée en la Pouille, à vn lieu dict Ceperano, & Dante dict, *Done fu bugiardo ciascun Pugliese.* Pource que Manfredi, ayant faict de son armée trois escadrons, & voulant tirer la troisiesme qui estoit soubz sa guide, toute de ceux de la Pouille, pour secourir les autres deux mal menez par les ennemis, ils s'en fuyrent tous de luy, & par ainsi furent menteurs & traistres à leur Seigneur, manquans de foy.

OR LA PRES TAILLECOVSSE Où sans armes *Alard ses ennemis repousse.*]. *Et là da Tagliacosso, Oue senz' arme vinse il vecchio Alardo.* C'est la v. bataille de Conradin Nepueu du susdict Manfredi, contre le susdict Charles premier en la pleine de Sainct Valentin aupres de Taillacosso, chasteau de la Pouille. Mais pource que

Dante dit, qu'Alard vieillard euſt le deſſus des
ennemys ſans armes, c'eſt à dire, par bon conſeil, il faut entendre, qu'Alard fut François noble & de grande authorité, lequel tournant de
la Terre Sainte, & eſtant deſ-ià vieillard & d'v-
ne grande experience aux armes, comme il euſt
veu le peu de forces qu'auoit Charles contre
Conradin le conforta d'auoir pluſtoſt fiance
au conſeil qu'à ſes armes. Et gaigna tant de credit aupres dudit Charles, qu'il luy remiſt entre
les bras tout le gouuernement de la guerre. Et
en la ſuſditte bataille, comme il ſembloit que
Charles fuſt du tout vaincu, par ſa prudence,
mais non ſans reſpendre beaucoup de ſang tant
d'vn coſté que d'autre, il emporte en fin la victoire.

¶ DESIA LE MVYD duquel ſe laiſſent eſcouler
La vlle ou le mezul ainſi ne ſe caluantre, Comme vn i'ay veu rompu du menton ſouz le ventre.] *Gia veggia per mezzul perdere ò lulla, Com' io
vidi vn coſì non ſì pertugia, Rotto dul mento doue ſi trulla.* Ce paſſage eſt difficile à traduire, & ie ſuis
contrainct de retenir deux mots Italiens, faute que nous n'en auons poinct de propres pour
les exprimer. Ie les expliqueray. Il vſe du mot
Veggia, pris du Latin *Veges*, qui ſignifie vn Tonneau ou muyd. *Mezzul*, ou *Mezzuol*, c'eſt la douue du Tonneau, qui eſt au milieu, *Vlle, Lulle, ou
Rulle*, ce ſont les douues des coſtez. Il dit, *Dul
mento doue ſi trulla.* c'eſt à dire, du menton iuſques au cul, qui pette. Car *Trullare*, ſignifie pet-
ter. I'ay traduit, Du menton ſouz le ventre, où
plus bas du ventre. Il veut décques dire, Qu'vn
Tonneau qui perd la douue du milieu, ou celle

des coftez, ne s'ouure poinct tant, comme i'en
ay veu vn miferable rompu depuis le menton
iufques au bas pour là où l'on pette.

SVR LES IAMBES pendoyent les boyaux.]
Tra le gambe pendeuan le minugia. *Minugia* dit
Dante, pour *le Budelle*, qui s'appellent auffi
Minutia.

ET LE SAC DETESTABLE & vilain Qui de ce
qu'il gloutit fait vne merde indigne.] *él trifto*
facco, che merda fa di quel che fi trangugia. Par
ce mot, il fignifie gloutir, ou engloutir & manger auidement, comme dit vn Autheur Italien, *Tutti li mangia, anzi tranguggia vni.*

POVR LE VOIR ie m'amufois à plain.] *Tutto*
in lui veder m'attaco. C'eft à dire, ie m'attache &
fuis tout attentif à le voir.

COMMENT ie me découure.] Dante dit, *Co-*
m' io mi dilacco. c'eft à dire, ie m'ouure & me
defchire & me deffais.

VOY COMME EST decoupé Maho-
met.] *Vedi come fcopiato è Macometto.* Quelques
vns lifent *Stropiato* pour *Scopiato*, mais ce mot
eft meilleur, car *Scopiare*, fignifie rompre &
s'ouurir, par metafore prife des arbres qui
ouurent les fleurs. Dante trouue Mahomet
qui fut en l'an DCX. fouz Boniface troifiefme
Pape, & l'Empereur Honorius. Magicien en
Arabie, par lequel fut introduitte fa Loy de
l'Alcoran, à laquelle fe font laiffez aller plufieurs peuples & nations de l'Afie, & d'vne
bonne partie de l'Europe. Il mourut affez ieune, & apres luy obtint l'Empire, Califfe : a-
pres Califfe, Achali qui chaffé de fes Eftats,

euſt pour ſucceſſeur Ali , duquel il parle icy,
Dinanzi à me s'en va piangendo Ali. Bien que quelques vns diſent, que ce Ali fut oncle de Mahomet, qui luy ſeruit & aydà beaucoup en toutes ſes entrepriſes.

PAR LE MENTON FENDV iuſques à la
ceruelle.] *Feſſo nel volto dal mento al ciuffetto.*
Proprement *Ciuffetto*, eſt le *Zuffo*, que les Latins appellent *Synciput* ou *Frons capillata.*

POVR N'ALLER au tourment, Qui te
ſeroit iugé ſur ce dont tu t'accuſes.] *Per in-
dugiar d'ire à la pena ch' è giudicata in ſu le tue
accuſe?* Cecy ſe peut entendre de ce qu'il a dit
cy deſſus , Que quand vne ame venoit aux enfers deuant Minos, elle confeſſoit ſes faultes,
& par telle confeſſion Minos iugeoit la peine
qu'il meritoit,

> *Dico che quando l'anima malnata*
> *Li vien dinanzi, tutta ſi confeſſa,*
> *Et quel cognoſcitor de le peccata.*
> *Vede qual luogo d'inferno e da eſſa.*

OR DY QVE S'APAREILLE Aux ar-
mes le Doulcin.] *Hor di à Fra Dolcin dunque
che s'armi.* Pour entendre cecy , il faut ſçauoir,
qu'en l'an mil trois cens cinq ſouz Clement
cinquieſme Pape, vne ſecte ſe ſuſcità aux montagnes voyſines de Nouare en Lombardie,
& l'hereſiarche fut frere Dolcin, qui pour vn
larcin commis s'enfuit à Trente, mais il eſtoit
de Nouarre. Eſtant homme bien diſant, il ſçeut
perſuader à quelques vns de ces idiots monta-
gnars, qu'il eſtoit vray Apoſtre enuoyé de
Dieu, & que toutes choſes iuſques aux femmes

deuoyent estre communes. Et preschoit que
le Pape, les Cardinaux, & les autres Prelats ne
gardoyent pas la doctrine de l'Euangile, mais
que luy seul se deuoit honorer pour le vray Pape. A laquelle persuasion & nouueauté furent
attirez plus de trois mil hommes sans les femmes & enfans qui demeuroyent sur les montagnes, & viuoyent comme bestes tous en commun. En fin la plus grand part de ceux qui le
suyuoyent se repentans d'vne telle vie dissoluë,
leur manquant les victuailles, furent assiegez
par ceux de Nouare, & par les grandes neiges, si bien que frere Dolcin fut pris, lequel a-
uec Marguerite sa maistresse & compagne, &
plusieurs autres tant hommes que femmes, qui
se trouuoyent en ceste erreur, fut bruslé. C'est
ce que dit Mahomet à Dante, & le prie, que
quand il retournerà au monde, qu'il aduertisse ce moyne du malheur qui luy deuoit aduenir.

REMETS EN TON ESPRIT Pierre de Medici-
ne.] *Rimembriti di Pier da Medicina.* Ce Pietre fut
d'vn chasteau, nommé Medicina au pays de
Boulogne la Grasse, & fut vn meschant homme, qui par ses faux rapports semoit scandales
& discordes non seulement entre les Citoyens
& Gētils-hommes de Boulogne, mais entre les
Seigneurs de la Romagne encore, specialemēt
entre Guido de Polenta Seigneur de Rauenne,
& Malatestin Seigneur d'Arimini, lesquels ayās
iuré amitié & alliance ensemble, furent subor-
nez par ce meschant d'entrer en soupçon l'vn
de l'autre, si bien qu'il les fit iurez ennemis.

QVI PLAISANT DE VERSELLE à Mercabò de-

cline.] *Che da Vercelli à Mercabò dichina.* c'est à
dire, qui descend de Vercel à Mercabò, comme
s'il disoit, si tu tournes iamais à voir le fertile
pays de Lombardie, qui commençe à Vercel,
ville aux confins du Piedmont, du costé d'Occident, & và finir à Mercabò, chasteau iadis
des Venitiens, par eux edifié sur l'embouscheu-
re du Pò, non loing de Rauenne, mais depuis
ruyné par les Seigneurs de Polenta.

Et fay sçavoir à deux de Fano d'vn grand
prix, A Guidon de Casser, encor' à l'Angelelli.]
*Et fà sapper à i due miglior de Fano,　A Messer Gui-
do, & anco ad Angiolello.* Il veut, que Dante retourné au môde aduertisse ces deux cy du malheur qui leur deuoit aduenir. Le faict est tel.
Malatestin Seigneur d'Arimini Tyran cruel &
violent pria Messer Guido del Casero & Messer Angiolello da Cagnano premiers citoyens
de Fano de venir vn iour disner auec luy à la
Catholica, faignant deuoir conferer auec eux
de plusieurs choses d'importance, mais il enioi-
gnit aux mariniers qui les conduiroyent par
mer, qu'estant auprès de la Catholica, il les
fissent noyer, les mettant dedans vn sac auec v-
ne pierre au col. Ce qui aduint. Par ainsi Lan-
dino se trompe, rapportant que ces deux cy firent noyer les deux meilleurs Citoyens de
Fano.

Fano] Ville size au riuage de la mer en la
Romagne, à trente milles d'Arimini, anciennement dite *Fanum Fortunæ.*

Catholiqve] C'est vn village en la Romagne plein de Tauernes, proche de la mer, où
il y a vne tour assez forte nõ loing de Pesarò.

ENTRE L'ISLE de Cypre en aucune saison &
Maiorque n'a veu.] *Tra l'Isola di Cypri & di
Maiolica.* Il met ces deux Isles Cypre Orientale, & Maiorque Occidentale, pour toute la
mer Mediterranée, & il veut dire, qu'en toute la mer ne fut iamais faicte pareille cruauté,
qu'à esté ceste-cy, commise par Malatestin, soit
de Pirates, ou bien des Grecs, qui ont grand
commandement sur mer, lesquels il nomme
Gente Argolica, de Argos ville de Grece capita-
le, ou bien de la nauire Argo.

CE TRAISTRE qui ne void que d'vn
œil, & la terre possede que tel est qui cy auecques moy, Ne voudroit l'auoir veuë autheur d'vne grande guerre.] *Quel traditor, che
vede pur con l'vno & tien la terra.* C'est le suf-
dit Malatestin, qui estoit borgne, & Seigneur d'Arimini, de laquelle il entend parler en ce lieu, & disant, *che 'tal è chi meco Vorrebe di vedere esser digiuno,* il denotte Curion O-
rateur Romain, dont nous parlerons vn peu
plus bas.

QV'AL'ESCVEIL DE FOCQVERE Be-
soing ne luy serà de vœu ny de priere.] *c'hal
vento di Focara Non fara lor mestier voto ne preco.*
Pour entendre ce qu'il veut dire, il faut sçauoir, Que Focara, est vn lieu sur la mer entre
Pesarò & la Catholica si dangereux, à cause
de la tempeste des vents, que tous ceux qui
passent par là font vœu & priere à Dieu pour
eschapper. il dit doncques, que les deux de
Fano susnommez, lesquels Malatestin à fait
noyer en ce lieu, n'auront plus de besoing

d'aucun vœu ou priere, pour retourner fains &
faulues en leur maifons. Car ils ne repafferont
plus par là.

ET IE LVY DIS , declare & celuy-là me
monftre , Qui void Ariminy:non fans grand'
malencontre.] *Dimoftrami & dichiara chi è colui
de la veduta amara* C'eft à dire, qui eft celuy, qui
trouue vne chofe amere, pour auoir veu Arimini, où il donnà confeil à Cefar de paffer le
Rubicon , dont il eft icy puny fi rigoureufe-
ment.

LVY SE VOYANT CHASSE' le doubte
dé racine , Qu'euft Cefar l'affeurant qu'en vn
fait preparé Toufiours le retarder eft caufe de
ruyne.] Curion Orateur fe voyant chaffé de
Romme par ceux de la faction de Pompée,
vient trouuer Cefar à Rimini , qui aduerty
que le Senat auoit faict vne Loy, par laquel-
leil defendoit, qu'on n'euft à paffer le Rubicon fleuue auprés de Rauenne auec les armes
en main , doubtoit s'il le pafferoit auec toute
fon armée. Lors Curion le conforta de paffer
en l'affeurant, que quand l'on eft fourny de ce
qu'il faut pour faire la guerre, l'on reçoit dommage fi promptement le faict ne s'execute.
Dante dit, *che 'l fornitto fempre con danno l'atten-*
der fofferfe. Ce qui eft imité de Lucain au premier liure.

> *Dum trepidant nullo firmato robore partes,*
> *Tolle moras, femper nocuit differre paratis.*

POVR LA LANGVE EN LA bouche tail-
lée.] *Con la lingua tagliata ne la ftrozza.* Ce mot
proprement fignifie le canal qui ioinct du

poulmon à la bouche, d'où vient le vent, & se
prent pour le gosier.

SOVVIENNE TOY le Mosque encor de voir
Qui dit à son malheur, Chef a la chose faicte]
*Ricordati anco del Mosca , che disse lassò : Capo ha cosa
fatta.* Il touche vn tel fait. L'An mil ccxv. ayãt
Buondelmonte ieune Gentil-homme de la noble famille di Buondelmonti de Florence, promis d'espouser vne ieune Damoyselle de l'ancienne famille des Amadei, il changeà d'auis,
& prit pour femme vne de la maison des Donati. Pour si bonne occasion vn iour s'estant fait
vne grande assemblée de nobles Citoyens, cõme des Vberti, Luberti & autres amis des A-
madei, qui se vouloyent conseiller de ce qui
seroit de faire, cõme l'on cõcluoit, qu'il s'en fail
loit venger, Mosca de li Vberti temerairemẽt
pronõça, que quoy qu'il d'eust aduenir,il estoit
expedient de tuer Buondelmonte , vsant d'vn
commun Prouerbe des Florentins. *Cosa fatta hà
capo*, c'est à dire, Que la chose faicte à fin. Ainsi ce ieune hõme fut tué. Ce qui fut cause d'vn
grand desordre en la ville de Florence, car de
ce meurtre commencerent les factions des
Guelfes & Ghibelins , qui se firent guerre.
Pource Dante dit en ce lieu, *Che fu mal seme de
la gente Tosca.*

ET MORT DE TA famille .] *Et morte di tua
schiatta.* c'est ce qu'adiouste Dante aux paroles susdites, pour monstrer que les paroles de
Mosca,furent cause de la ruyne des Vberti,aussi
bien que du general de la Republique de Florence.

TV SÇAVRAS QVE IE suis Bertrand de Bornion.]

nion.] *sappi, chio fon Beltram dal Bornio.* Ce Bertrand', fut Anglois, ou felō quelques vns, Guafcon, donné pour Gouuerneur. à Iehan fils de Henry Roy d'Angleterre. Iehan fut nourry en la Cour du Roy de France, & eſtoit outre meſure liberal, deſpenſier & prodigue. De quoy le pere ſe faſchoit fort, ne pouuant ſatisfaire à ſa grande deſpenſe. En fin voyant que ſon fils ne s'en vouloit chaſtier, & moins s'en retourner en Angleterre, il penſa de luy aſſigner vne partye de ſon Royaume, du reuenu de laquelle il ſe pourroit entretenir honorablement. Ce qu'il fit. Mais vn tel reuenu n'eſtant ſuffiſant au deſir de deſpendre qu'auoit Iehan ſon fils, le ſuſdit Bertrand luy conſeilla de retourner en Angleterre, & là faire la guerre à ſon Pere. Henry aduerty d'vn tel deſſein, prepare vne groſſe armée, & s'en vient hurter ſon fils, qu'il aſſiegea dans Haultefort. Mais Iehan ſortant vn iour pour combattre, apres auoir vaillamment ſouſtenu l'effort des ennemis, fut bleſſé à mort par vn qui luy tira à dos vn ſcorpion, que les Latins appellent *Baliſta* Depuis Henry portà impatiemment la mort de ſon fils, ayant ſçeu de Bertrand, qu'il eſtoit vertueux & magnifique.

PLVS NE FIT D'ABSALON & de Dauid l'infame Architofel alors que tous deux il enflame. *Architofel non ſè più d'Aſalone & di Dauid co i maluagi pinzelli.* Les mauuais conſeils d'Architofel donnez à Abſalon pour faire la guerre à ſon pere Dauid, font deduits au II. liure des Rois, depuis le chap. trezieſme iuſques au XVII.

POVRCE QVE IE DESIOINS deux per-
sonnes si proches.] *Perch' io parti così giunte persone.* C'est à dire, Pource que ie mets diuision
entre le pere & le fils, n'y ayant rien plus proche.

AINSI S'OBSERVE en moy le contr'eschangement.] *Così s'osserua in me lo contrapasso.*
Par ce mot il entend, *legem talionis*, qui veut, que
celuy qui fait iniure à autruy, reçoiue la mesme peine. *Dens pro dente, oculus pro oculo.* Il dit
doncques *contrapasso*, pour *Contracambio*. Car
ayant diuisé le fils d'auec le pere, qui doiuent
estre de mesme volonté, il reçoit le mesme en
sa persone, ayant le chef diuisé d'auec le corps,
quoy qu'il deust estre vn seul corps.

CHANT XXIX.

E grand nõbre de gës & les playes diuerses
D'vne telle façon enyurerent mes yeux,
Qu'ils sont duits à pleurer leurs fortunes
    peruerses,
Mais Virgile me dit, Que voy-tu curieux?
Pourquoy ta veuë ainsi se restraint aux lieux sombres
Entre le dur deffaut des douloureuses ombres ?

Ainsi tu n'as pas fait aux autres huict retrettes,
Pense si tu croyois les conter, qu'à son tour
Le noir vallon contient onze lieux bien complettes,
Et la Lune est des-ià soubs noz pieds, le seiour
Desormais est petit qui nous sera licite,
Et autre d'estre veu, que tu ne croys, merite.

Ie luy respons apres, si tu eusses comprise
La cause qui m'a fait qu'ainsi ie regardois,
Par toy m'auroit esté telle faueur permise.
Il alloit, moy derriere encor ie le suyuois,
Acheuant ma responce, & ie me rends si graue,
Que i'adiouste à ces mots: Au fond de ceste caue.

Où ie tenois les yeux fichez si fort à pouste,
Ie croy que se lamente vn esprit de mon sang,
Pour la coulpe qui tant en ce profond luy couste.
Alors le Maistre dit, Que soit ton penser franc
Desormais bonnement pour cil que tu proposes,
Qu'il demeure en ce lieu, toy songe à d'autres choses.

Q ij

Car au pied ie l'ay veu du pont, & faisoit monstre
A tous autres de toy te menaçeant du doigt,
Geri du Bel le nomme un qui là se rencontre,
Alors tout empesché ton regard se trouuoit
Sur celuy, qui iadis eust Aultefort en garde:
Ainsi partit de là, lors que tu n'y prens garde.

O mon bon Duc, ie dis, sa cheute violente
Laquelle n'est vengée encores par aucun
Qui soit participant de sa honte meschante,
L'à mis en ce desdain dont il part important
Sans parler auec moy, comme ie le pourpense,
Dont la pitié bien plus en moy prend accroissance.

Ainsi nous discourons iusqu'au premier riuage,
Qui de l'escueil monstroit l'autre sombre vallon
Si se trouuoit au fond de clairté d'auantage,
Quand nous fusmes dessus la derniere cloison
De male-bouge ainsi que ses armes serrées
Pouuoyent estre à noz yeux bonnement asseurées.

Regrets & pleurs diuers dans le cœur me perçerent,
Lesquels de grand' pitié portoyent les dards serrez,
Dont les oreilles lors par mes mains se fermerent
Quelle douleur seroit si se trouuoyent serrez
En vn des Hospitaux tous les maux membre à membre
Dans le moys metoyen de Iuillet & Septembre,

A la Valdichiane, à Maremme & Sardigne:
Telle estoit en ce lieu, & telle infection
Sortoit comme du suc d'vne charongne indigne.
Nous descendons dessus le dernier bastion
Du long escueil au moins tournans à main senestre,
Et alors mon regard se treuue plus adextre,

A voir iusques au fond où Iustice ministre
Infaillible de Dieu les faulsaires punit,
Que d'vn encre immortel cy bas elle enregistre.
Auec plus de tristesse & regret l'on ne vit
En Egine iadis le Peuple que la peste
Estouffoit souz l'air plain de vapeur si funeste.

Que tous les animaux iusqu'aux vers de la terre
A foule tombent morts, & comme nous font foy
Les Poëtes la gent ancienne en tel erre
Par sourmis se restore, & vient contre la loy
De nature, que fut à voir par la valée
Plusieurs esprits languir en diuerse volée.

Sur les espaules tel, & tel dessus le ventre
L'vn de l'autre gisoit, & tel se transmuoit,
A quatre pieds, alors que le sentier il entre
Pas à pas sans parler, chacun de nous alloit
Escoutant & gardant les pauures miserables,
Qui ne pouuoyent leuer leurs personnes damnables.

I'en vys deux estre assis l'vn sur l'autre, ainsi comme
La tuile sur la tuile à eschauffer se met,
Au pied tous tachettez du chaud qui les consomme.
Et ie n'ay veu mener estrille à vn valet
Iamais, que son seigneur attendroit d'auenture,
N'y a cil qui veiller mal volontiers endure.

Comme vn chacun menoit pour auoir grande rongne
Sur soy souuent le mordз de l'ongle ne trouuant
Autre secours d'estaindre vne telle vergoigne,
Et les ongles alloyent les galles esmouuant,
Comme fait vn cousteau les escailleuses charges
Du scarde, ou du poisson qui les aye plus larges.

Q iij

O toy trop malheureux qui des doigts te desmailles,
Mon Duc commence à dire à vn de ces deux-là,
Et qui vses d'iceux ainsi que de tenailles :
Dy moy si parmy ceux (quelque Latin voyla)
Qui sont icy dedans, l'ongle te peut suffire,
Perpetuellement au labeur & martyre.

Tous deux sommes Latins, qu'en ces miseres grandes
Tu voys, l'vn dit, mais toy qui t'enquestes de nous,
Qui es tu ? le Duc dit, Puis que tu le demandes
Ie suis vn qui descens auec ce viuant doux
De mont en mont, & i'ay du Destin ordonnance
De luy monstrer l'Enfer auec bonne asseurance.

Lors ils rompent l'appuy qui les tenoit ensemble,
Et vn chacun tremblant se torne deuers moy,
Auec autres encor qui ayent, ce leur semble.
De mon costé se ioinct le bon Maistre, ores toy,
Dit-il, ce que tu veux à ceux icy demande.
Lors moy ie commençay, Puis qu'il me le commande,

Si au monde premier de l'humaine pensée
Ne se perd vostre nom & memoire, mais bien,
Si sous plusieurs soleils elle vit pour pensée :
Dictes qui vous estiez, de quel sang & moyen,
Que vostre peine triste & fascheuse contrainte
A moy de vous ouurir ne vous retienne en crainte.

Aretze est mon pays, & Alberin de Sienne,
Respond l'vn, m'à fait mettre au milieu de ce feu,
Mais ce pourquoy ie meurs en ce lieu ne m'amene.
Vray fut que ie luy dis vn iour, parlant en ieu,
Que ie pourrois voler en l'air, luy de croyance
Legere, & d'vn esprit sans autre experience,

Voulut qu'vne telle art, alors ie luy monstrasse,
Et pour ne l'auoir fait vn Dedale, à celuy
Il me donne à brusler qui pour son fils l'embrasse.
Mais au cercle dernier des dix en mon ennuy,
Pour auoir vif vsé de la faulse Alchemye
Me condamne Minos, qui le droict ne denie.

Et au Poëte ie dis, or vne gent si vaine,
Fut-il iamais ainsi qu'est celle des Siennois ?
La Françoyse n'est pas de vanité si plaine.
Alors l'autre lepreux qui entendit ma voix
A mon dire respond, Que Stricque soit en dance
Qui sçeut faire en son temps vne iuste despence.

Et Nicolas qui fut de la coustume riche
Du giroffle, premier autheur au beau iardin
Qui de telle semence est la seconde niche.
Et mets la bande en ieu pour qui Cacce hening
La Vigne d'Ascian prodigue & la grand' fronde,
Et l'Abaglat lequel en mesme sens abonde.

Mais afin que tu sois certain qui suit ta trace
Contre la gent Senoyse, estends vers moy les yeux
Si bien que vis à vis te responde ma face.
Tu voyras que ie suis l'ombre du mal-heureux
Capochin qui brouillay les mineraux faulsaire,
Et t'en doibt souuenir, si ie te considere,

Qu'vn bon singe ie fus de nature en ma vie.

Q iiij

ANNOTATIONS
Sur le Chant XXIX.

V'ILS SONT DVITS à pleurer leur fortunes peruerſes.] Dante dit, *Che de lo ſtar à pianger eran vaghe.* C'eſt à dire, mes yeux eſtoyent ſi fort enyurez à regarder attentiuement les peines diuerſes de ces pauures miſerables, qu'ils reçeuoyent plaiſir & côtentement de s'arreſter pour pleurer.

LE NOIR VALLON CONTIENT onze lieux biē complettes.] Dante dit, *che miglia ventidue la valle volge.* Ie conte deux milles pour vne lieu Françoiſe ou commune.

ET LA LVNE EST DES IA ſouz nos pieds.] *Et gia la Luna è ſotto i noſtri piedi.* Il faut ſçauoir, comme nous auons veu cy deſſus, que Dante faint, qu'il auoit eu vn iour naturel pour viſiter tout l'Enfer, & il commença à y entrer le ſoir du Vendredy Sainct, & auoit ſiny la nuict à la fin du chant xx. ſi bien qu'il touchoit lors l'heure premiere du iour enſuyuāt, qui eſtoit le Samedy ſainct. Maintenant arriuant à la neufieſme bouge, diſant, *Et gia la Luna è ſotto i noſtri piedi,* qu'outre toute la nuict, il auoit deſ-ià

consommé plus de la moytié du iour suyuant.
Car si la Lune estoit en l'autre hemisfere , &
soubz leur piedz , il faut qu'elle fust soubz le
Cercle Meridional , dont ils pouuoyent auoir
faict vne heure plus que le my-iour, & n'auoyét
plus que le reste du Samedy pour voir l'Enfer,
& sortir d'iceluy , affin de passer à la derniere
partye de la soirée , par le Centre de la Terre à
l'autre hemisfere où ilz trouuerent le commencement de la matinée.

GERI DV BEL se nomme vn qui là se rencontre.] *Et vdil nominar Geri del Bello.* Cestui cy fut
frere de Messer Cione del Bello de gli Aligheri
compagnon de Dante, qui fut Schismatique, &
pour cela fut tué d'vn des Saccheti. La vengence duquel ne se fit qu'apres xxx. ans , & lors vn
filz dudict Cione del Bello tuà l'vn des Saccheti sur la porte de sa maison.

SVR CELLVY QVI IADIS eust Aultefort en
garde.] *Soura colui, che gia tenne Alta forte.* C'est à
dire, Que Dante ne peut voir Geri del Bello,
pource qu'il s'amusoit à regarder Bertrand del
Bornio, qui auoit eu en sa garde Aultefort,
chasteau d'Angleterre, qu'il tenoit pour Iehan
filz de Henry Roy d'Angleterre, le filz faisant
guerre à son pere.

DANS LE MOYS METOYEN de Iuillet & Sep-
tembre.] *Tra'l Luglio e'l Septembre.* c'est à dire, au
moys d'Aoust qui est entre Iuillet & Septembre, auquel moys s'engendrent plusieurs maladies aux pays chaux & marescageux, comme en
la Valdichiana contrée entre Aresso, Gortona,
Chiusy, Môte Pulsiano où est le fleuue Chiana
dict par les Latins *Glanis*, qui rend l'Air gros à

cauſe des mareſcages qui ſe ſeichent , & engendrent pluſieurs maladies. Le meſme aduient aux
Maremnes, qui ſont lieux maritimes de la Toſcane nommez vulgairement *Maremma di Siena*,
& en l'Iſle de la Sardeigne , qui pour ſes grandes chaleurs ha l'air peſtilentieux. De ces
troys contrées nous en auons parlé cy deſſuz.

En egine iadis le peuple que la peſte E-
ſtouſſoit ſoubz l'air plain de vapeur ſi funeſte,
Que tous les animaux.] Egine fut Iſle de la
Grece premierement nommée *Enopia*. En icelle
regnà Æacus, & en ſon temps il y euſt vne ſi
grande peſte que l'Iſle deuint comme deſerte.
Lors Æacus pria Iuppiter de luy enuoyer, ou la
mort, ou ſon peuple perdu. Depuys allant par
l'Iſle il vid vn nõbre infiny de fourmis qui deſ-
cédoyẽt d'vne cheſnée, & deſira que ces petites
beſtes fuſſent hõmes. Son pere Iuppiter accom-
plit le deſir d'vn ſi bon Roy, & chãgea les fourmis en hommes. Les Poëtes faignent cecy,
pource que ladicte Iſle eſtant vuyde de ſes habitans, Æacus la remplit de gens ruſtiques &
de nouueaux laboureurs de terre , qui furent
ſemblables aux fourmys, eſtans noirs pour ſe
tenir continuellement au Soleil. Ilz eſtoyent
robuſtes & d'vn grand trauail & bons meſna-
gers en la garde des bledz. Ce qui ſe void en la
fourmy, pource ilz furent nommez Myrmidõs,
leſquelz Achilles nepueu d'Æacus menà en l'armée des Grecz. Voyez le 9. chap. du 3. liu. de la
Mythologie de N. le Comte.

Les escaillevses charges Du Scarde ou
du poyſſon qui les aye plus larges.] *Come coltel*

di scardona le scaglie, Et d'altro pesce che pui large l'hab-
bia. Scardona est vn poysson propre de la mer
d'Italie. Ie ne sçay comme il s'appelle en Françoys ny en Latin, mais il est plein d'escailles, &
petit.

QVI DES DOIGTZ te desmailles.] *che con le di-*
ta ti dismaglie. C'est à dire, qui grattant ostes la
rongne de ton corps. Par Metafore des Orfe-
ures qui desmaillent l'or ou autres orfeurerie,
quand il la faut remettre au feu.

LORS ILS ROMPENT l'appuy qui les tenoit
ensemble.] *Allhor si ruppe lo comun rincalzo.* Il prēd
rincalzo, pour *appogio.* comme il a expliqué cy
dessuz, *io vidi due seder à se appogiati, Come à scaldar*
si poggia tegghia à tegghia.

ARETZE EST mon pays.] Il faict parler maistre Griffolin d'Arezzo qui fut grand Alchimiste, & vn iour pour auoir plaisir d'vn ieune hō-
me nommé Albero de Sienne, filz de l'Euesque
dudict lieu, sot & peu expert des affaires du
Monde, il luy dict, qu'il sçauoit par art de Magie faire voler vn homme, & long temps l'a-
musa pour luy enseigner telle art, & tiroit de
luy beaucoup d'argent. Ce qu'estant venu aux
oreilles dudict Euesque, il fit condamner Griffolin pour vn sorcier, & le fit brusler, & pour
excuse il dict icy, que Minos l'a condāné pour
Alchimiste qu'il estoit, & non pour Sorcier, ne
l'ayant iamais esté. Arezzo, dicte par les Latins
Aretium, est vne ville de la Toscane, subiette
maintenant au grand Duc de Florence.

ET POVR NE L'AVOIR faict vn Dedale.] *& solo,*
Perch' io nol feci Dedale. c'est à dire, pour ne l'auoir
faict voler comme sceut faire Dedale, qui volà

Q vj

auec son filz Icarus. La fable est amplement
descripte & exposée au 16. chap. du 7. de la Mythologie de N. le Comte.

A CELVY IL ME DONNE à brusler qui pour
son filz l'embrasse.] *Mi fece arder à tal, che l'hauea
per figliolo.* c'est à dire, à l'Euesque de Sienne, qui
m'accusa de Sorcelerie, & me fit brusler ad-
uouant Albero pour son filz, quoy qu'il fust
Euesque.

LA FRANÇOYSE n'est pas de vanité si pleine.]
Certo non la Francesca sà d'assai. Taxant les Siennois de vanité, Dante met les Françoys en ieu,
disant, que lesdicts Siennois sont plus vains,
que la nation Françoyse. Il luy faut pardonner.
Car il estoit Imperial.

ALORS L'AVTRE lepreux.] *Onde l'altro lebbroso.*
Il parle icy de Cappochio, qui fut Siennois, &
auoit estudié en la Filosofie naturelle auec Dãte, si bien qu'il s'adonnà à trouuer la vraye Al-
chimie, mais n'y pouuant paruenir, il s'exerçoit
à la Sofistique, & subtilement falsifioit les metaux, dont cy aprez il s'appelle, *di natura buona
scimia*, ayant sceu contrefaire les choses natu-
relles, comme faict le singe ce qu'il voit faire
aux hommes.

QVE STRICQVE soit en dance.] *Tranne lo Stric-
ca.* Cecy se doibt prendre auec Ironie. Car tous
ceux qu'il nomme icy, furent merueilleusement
vains & prodigues, qui despendirent leur bien
en peu de temps, par ce moyen. En Sienne plusieurs ieunes hommes riches, firent compagnies
à disner & soupper, où ilz faisoyent par trop
vaines despenses. C'estoit la compagnie ioyeuse. Ilz mirent en vne bourse commune deux

ceͤs mil ducatz ou florins d'or, & en vingt moys
despendirent tout leur bien. Entre ceux là fut ce
Scriccia, duquel il parle icy plus prodigue que
pas vn.

ET NICOLAS QVI FVT de la coustume riche
Du giroffle premier autheur.] Et *Nicolo, che la costuma ricca Del garofano prima discoperse.* Ce Nicolas fut de la maison des Salnubeni famille de
Sienne, qui s'estudioit de trouuer tous les iours
quelque nouuelle façon de friandise, & entre
autres choses de mettre des giroffles & espice-
ries dans les faisans & petis animaux que l'on
rostissoit. Ce qui s'appelloit, *La costuma ricca.*

AV BEAV IARDIN QVI DE telle semence est
la seconde niche.] *Ne l'horto, doue tal seme s'appicca.*
il entend la ville de Sienne, qu'il nomme iardin,
pource qu'en icelle telles façons desordonnées
pulluloyent, comme aux iardins toutes semences. *Appiccare,* proprement signifie attacher.

POVR QVI CACQVE bening La vigne d'Ascian
prodigue.] *In che disperse Caccia d'Asciano la vigna.*
Ce Caccia fut Siennois, qui eust de beaux iardins & possessions dans Asciano, chasteau des
Siennois, & despendit son bien à faire bonne
chere.

ET LA GRAND FRONDE.] *la gran fronda.* il entend les boys qu'auoit le susdict Caccia, ou biē
sa bource pleine d'escuz.

ET L'ABAGLIAT lequel en mesme sens abon-
de] Et l'*Abbagliato il suo senno proferse.* Abaglia-
to Siennois fut de la susdicte compagnie ioyeuse, qui monstrà comme les autres son bon iugement à despendre prodigalement ses biens
en banquetz.

CHANT XXX.

N ce temps que Iunon se monstrà cour-
roucée
De Semelé ialouse, encontre les Thebains,
Ainsi que par deux foys elle ouurit sa
pensée
Athamante deuient en de si folz desdains
Que sa femme voyant, qui dans ses mains apporte
Ses deux filz gratieux, crioit en ceste sorte:

Sus sus tendons les retz, affin que i'enuelouppe
Au chemin la Lyonne auec les Lyonneaux.
Puys de ses fiers arteilz impieux les decouppe,
Pressant l'vn qui eust nom Learque, & en monceaux
Le rompt & l'escarbouille à vne pierre large,
Et la mere se noye auecques l'autre charge.

Quand aussy la fortune en bas tourne & renuerse
La grandeur des Troyens, laquelle tout osoit
Si qu'ensemble le regne & le Roy bouleuerse,
Hecube pauure & triste aussy tost qu'elle voit
Par les mains de Pyrrhus morte sa Polyxene,
Et que pareillement on la rendit certaine

De son filz Polydore estaint sur le riuage
De la mer, forcenée abbaye comme vn chien,
Vne si grand' douleur tourne ses sens en rage.
Mais l'on ne vit iamais du Thebain ou Troyen
Si cruelle furye en aucun, non les bestes
Esguillonner & poindre, ains des hommes les testes,

Que deux ombres i'ay veu à nud & defaillies,
Qui en mordant couroyent d'vne telle façon
Que le porc quand il sort des sales porcheries.
L'vne ioint Cappochin, & l'asseine au chinon
Du col si lourdement, que iusqu'au fond l'aiterre,
Et le ventre gratter luy saict dessus la terre.

Et l'Aretin alors qui là tremblant s'arreste,
Me dict, Ce follastreau se nomme Iehan Schicchi,
Et ainsi furieux sur les autres tempeste.
O pauure, ie luy dys, si à doz l'autre icy
Ne te fiche les dentz, n'aye regret de dire,
Qui c'est, auparauant delà qu'il se retire.

Il respond, scaches or que c'est l'ame ancienne
De la triste Myrrha qui contre l'Amour Sainct
Fut de son propre pere amoureuse vilaine,
Pour pecher auec luy la meschante ainsi vient
Falsisiant sa face en vne autre figure,
Comme l'autre qui và bien plus auant, endure

Pour emporter à soy la Dame de la bande,
Qu'en luy falsifié soit Bose Donati,
Et comme Testateur au Testament commande.
Et puys que l'vn & l'autre enragé fut party,
Sur qui i'auois tenu quelque long temps ma veuë,
Ie regarde chasque ame au monde mal venuë.

Ie vis vn malheureux faict d'vn Luth à la guise,
Si la cuysse tranché il eust eu pour le moings,
Du costé dont tout homme en fourche se diuise,
La griesue hydropisie aux membres de tous points
Gardant disparité auec l'eau qui s'amasse,
Si bien que ne respond au grand ventre la face,

Les leures luy faisoit ouurir en ceste sorte
Que l'hetique les tient qui de soif grandement
Outré l'vn au menton, & plus haut l'autre porte.
O vous qui n'endurez supplice ny tourment,
(Et ie ne scay pourquoy) en ce monde terrible,
Il nous dict, regardez à la misere horrible

Du pauure Maistre Adam. Comme ie fuz en vye
I'euz assez de ce bien que plus ie desirois,
Et or d'vn gourgeon d'eau ma soif n'est assouuie.
Les ruysseaux argentez qui des montz pleins de boys
Du plaisant Cassentin bas en l'Arne descendent,
En faisant leurs canaulx molz & froids, se respandent

Tousiours deuant mes yeux non sans mauuais presage:
Car bien plus leur image augmente mon desir,
Que le mal qui descharne ainsi mon crud visage.
Ceste iuste rigueur qui m'est à desplaisir
Tire l'occasion de la terre où i'offense,
Affin que mes souhaitz ne soyent sans esperance.

Romene est en ce lieu là où ie falsifie
Le Florin qui Baptiste ha pour son iuste coing,
Pourquoy mon corps là sus au feu se mortifie.
Mais or si ie voyois l'ame en ce triste soing
D'vn Guy, d'vn Alexandre, ou du troisiesme frere,
Ce regard me viendroit bien plus que Brande plaire.

Des-jà l'vne est dedans, si sont dignes de croire
Les espritz enragez qui vont au tour d'icy,
Mais à mon corps lié ce plaisir n'est notoire,
Si ie pouuois aumoings éstre legier ainsi
Que ie peusse en cent ans aller vne once entiere,
I'aurois ja commencé la fascheuse carriere,

En la cerchant parmy ceste gent diffamée,
Quoy que le cercle n'ait qu'onze milles de tour,
Et ne soit la trauerse à moytié confirmée,
Entre ces malheureux te suis en ce se-jour
Me forçeant miserable à battre la monnoye,
Qui bien de trois caraz du iuste poix fouruoye.

Et ie luy dis, Qui font ces deux si miserables
Qui fument comme main baignée en plein Hyuer,
A tes limites droicts gisans intolerables!
Icy ie les trouuay sans plus se soubzleuer,
Il me respond, alors qu'en la caue cruelle
Ie tombay, croyant bien leur peine estre immortelle.

L'vne est qui faulsement le bon Ioseph accuse,
L'autre est Sinon Gregeois qui trompe les Troyens,
Et iettent pour leur siebure vne chaleur profuse,
Et l'vn de ces deux là qui s'enfle de desdains
Pour s'estre veu notté d'vne trayson infame
Auec le poing le ventre endurcy luy entame,

Qui sonnà tout ainsi qu'vn tambour dont l'on iouë,
Et maistre Adam colere au visage le bat
De son bras qui moings dur ne parut sur sa iouë,
En luy disant, encor que ie n'aille à l'esbat
Pour mes membres qui font lourds en telle besongne,
I'ay le bras assez bon pour n'endurer vergongne.

L'autre dict, Quand au feu tu courois miserable,
Il n'estoit ainsi prompt, mais il fut bien plus prompt,
Quand tu frappois au coing ta monnoye damnable,
En cecy tu dis vray, l'hydropicque respond,
Mais si vray tu ne fuz à porter tesmoignage
Lors qu'à Troye tu tiens d'vn thraistre le langage:

Si ie fuz imposteur & ton doigt sofistique
L'argent, luy dict , sinon icy pour un peché
Ie suis, & toy pour plus qu'autre esprit sathanique,
Souuienne toy pariure, alors l'autre faché
Luy respond, du cheual auec la panse enslée
Dont la fame du faict est au monde volée.

Or te nuyse la soif, si bien que l'eau te creue
Et la langue, luy dict le Grec, mais tellement
Que le ventre rempart deuant tes yeux se treue.
Lors le faux monnoyeur, ta bouche bonnement
S'escarte pour ton mal selon son ordinaire,
Que si iay soif, l'humeur me vienne satisfaire.

La brusure tu as, & le chef plein de vice,
N'y fauldroit long discours affin de t'inuiter
De lecher le miroir où se perdit Narcisse,
I'estois tout antentif à ces deux escouter,
Quand le maistre me dict, or icy considere
Qu'auec toy peu s'en faut que ie ne me colere.

Quand ie sens qu'il me parle en si facheuse trongne
Auec tel desplaisir ie me tourne vers luy,
Que pour m'en souuenir encor i'en ay vergongne,
Et quel est celuy là qui songe auec ennuy
Son dommage, & songeant de songer fort aspire
Si bien que ce qui est, comme n'estant, desire.

Tel ie me fis alors ne pouuant rien respondre.
Ie voulois m'excuser, & m'excusois de faict
Ny faire le croyois me laissant trop confondre.
Moindre vergongne laue un bien plus grand messect
Que n'est ores le tien, respond le maistre sage,
Pource toute tristesse esloigne du visage.

ANNOTATIONS
sur le Chant XXX.

EN CE TEMPS QVE IVNON se monstre courroucée De Semelé ialouse encontre les Thebains.]. Semele fille de Cadmus conçeut de Iupiter Bacchus. Ce qui fut tant desplaisant à Iunon ialouse qu'elle deuient ennemie de tous les Thebains, & souuent se vengeà contre ce peuple là. Pource Cadmus ayant eu quatre filles d'Hermione, Semelé, Agaué, Autinoe & Ino, Iunon les esmeut toutes quatre à si grande fureur, que faisans sacrifice à Bacchus dans vne forest, & voyans venir Pentheus fils d'Agaué, il leur sembla que c'estoit vn sanglier, & le tuerent. Depuis Athamante mary d'Ino, fut reduict à telle furie, que sa femme venant au deuant de luy, auec ses deux enfans, il luy sembla que ce fust vne Lyonne auec deux Lyonneaux. Dont il prent l'vn des enfans, nommé Learchus, & l'escarbouilla contre vne pierre. Ino espouuentée court à la mer portant son

autre fils nommé Melicerta , & auec luy se ietta
dedans l'eau , & furent faicts Dieux marins. la
mere *Leucothea* des Grecz, & *Matuta* des Latins.
Le fils *Palæmon* ou *Portumnus*. voyez le 4. chap.
du 8 . liure de la Mythologie de N. le Comte.

HECVBE PAVVRE & triste aussi tost qu'elle
voit par les mains de Pyrrhus.] Hecuba femme de Priam se voyant prisonniere, aprez la de-
struction de Troye, & beaucoup d'autres afflictions receuës , tant pour sa grandeur perduë,
que pour la mort sanglante de quasi tous ses
enfans, mesme reduicte iusque là, que de voir
sa fille Polyxene au sepulchre d'Achilles mourir cruellement, & retirée en Thrace voir l'ombre de son fils Polydorus tué par Polymne-
stor, deuient en vne telle rage, qu'elle iniurioit
les Grecz de toutes sortes de villanies & paroles
picquantes. Dont les Poëtes ont faingt , qu'elle
fut conuertie en vne chienne enragée. voyez
Euripide en diuerses Tragedies, Ouide au XIII.
des Metamorf.

QVAND AVSSI LA FORTVNE en bas tourne
& renuerse La grandeur des Troyens laquelle
tout osoit , Si qu'ensemble le regne & le Roy
bouleuerse]. *Et quando la fortuna volse in basso*
l'altezza de Troian, che tutto ardiua, si che nsieme col
regno il re fu casso. Il semble imiter Virgile au III.
de l'Eneide.

> *Postquam res Asiæ Priamique euertere gentem*
> *Immeritam visum superis, ceciditque superbum*
> *Ilium, & omnis humo fumat Neptunia Troia.*

ET L'ARETIN alors.]. Il entend, Grifolin,
qui estoit de la ville d'Arezzo , duquel & de
Cappochino, nous auons parlé au chant prece-

dant **XXIX.**

Ce folastreav se nomme Iean *Schicchi*]. *Quel folletto è Gianni Schicchi.* Ce Iean Schicchi fut de la famille des Caualcanti de Florence, propre à contrefaire tous ceux qu'il vouloit imiter, si bien qu'estant amy de Simon Donati, auquel mourut Messer Buoso Donati son proche parent sans tester, toutesfois il ne pouuoit luy succeder, pource que ledict Buoso auoit d'autres parens plus proches. Doncques Simon Donati pour estre heritier cachà quelques iours le corps dudict Buoso Donati mort, faignant qu'il estoit encore malade, & fit mettre en son lict son bon amy Gianni Schaci, qui contrefaisant Buoso Donati fit vn testament, & laissa heritier ledit Simon, auec lequel il auoit conuenu premiere ment, de luy donner vne Caualle de grand pris de son haraz, nommée, la *dona de la torma*.

L'ame ancienne de la triste Myrrha.]. Myrrha fille de Cinaras Roy de Paphos demeút amoureuse de son pere d'vn amour illicite, & par le moyen de sa nourrice bonne maquerelle fut souuent menée au lict de son pere sans estre recognuë Luy faisant à croyre, que c'estoit vne fille de bonne maison, qui ne vouloit se faire cognoistre, mais en fin Cinaras ayant sçeu la verité voulut faire mourir sadicte fille, mais Myrrha desja grosse s'enfuyt en Arabye, où elle fut conuertie en vn arbre portant son nom, & à terme engendra Adonis, depuis mignon de Venus. Ouide au x. de sa Metamorf. Voyez le 26.] du chap v. liure de la Mythologie de N. le Comte.

Povr emporter à soy la dame de la ban-
de.]. *Per guadagnar la Dama de la torma.* c'est à dire, pour gaigner la caualle tant estimée dedans
le haraz de Buoso Donati. qui fut dicte, *la don-*
na de la torma. Torma , id est turma , vn amas de
gens de cheuaux ou d'autre chose.

Regardez a la misere horrible, du pauure
maistre Adam.]. *Attendette à la miseria del mae-*
stro Adamo. Ce maistre Adam fut de la ville de
Bresce, & son mestier estoit de faire de la monnoye, en quoy il fut excellent , mais poussé d'a-
uarice il s'accorde auec les Contes de Romene,
& là secrettement falsifia le fleurin Florentin,
qui d'vn costé porte l'image S. Iean Baptiste
patron de ladicte ville , & de l'autre le lis. Ce
que Dante veut entendre disant, *Iui è Romena, la*
dou' io falsai la lega suggellata del Baptista. Pource
ce miserable fut condamné d'estre bruslé. Romena chasteau & Conté subiect aux Contes
Guidi. comme Borgo & Popi , au pays di Ca-
sentino , qui est entre Duccaria Torrent, & le
fleuue d'Arno iusques aux confins du territoire
d'Arezzo. Antoninus l'appelle, *Clusentinum,* mais
Strabon au IIII. liure semble le nommer, *Ter-*
ram Passumenam.

Le florin qvi Baptiste ha pour son iuste
coin.]. Dante dict, *La lega suggellata del Baptista.*
Il prend icy, *lega ,* pour vn pesant d'or ou d'argent , ou d'autre metal , qui soit d'vne mesme
maniere, & il entend le Florin d'or de Florence.

D'vn gvy, d'vn Alexandre ou d'vn troisies-
me frere.]. *Di Guido, ò d'Alessandro , ò di lor frate.*
Ce troisiesme frere s'appelloit Aghinolfe, &
estoient tous trois Contes de Romena, qui per-
suaderent au susdict Adam de falsifier la mon-

noye de Florence, pource il les desire aux Enfers auec luy.

BIEN PLVS QVE BRANDE.]. *Per sonte Brande.* C'est vne fontaine dedans Sienne beaucoup abondante, & d'vne eau claire.

QVI BIEN DE TROIS caratz du iuste poix fouruoye.]. *C'haueuan tre caratti di mondiglia.* La purete & bonté de l'or fin, se diuise en XXIIII. caratz, & le florin de Florence qui estoit bon, deuoit estre de XXIIII. caratz, mais Adam ne le battoit que de XXI. si bien qu'il s'en failloit III. caratz d'or en sa monnoye.

ALORS QV'EN LA CAVE CRVELLE Ie tombay croyant bien leur peine estre immortelle.]. *Quando piouui in questo greppo, Et non credo che dieno in sempiterno.* Il appelle la dixiesme bouge, *Greppo,* qui premierement est vne iatte de boys profonde, dans laquelle l'on donne à manger aux poulles & petis animaux. Il dict, *Et non credo che dieno in sempiterno, supple volta,* pour ce que les peines de l'Enfer sont eternelles.

L'VNE EST QVI FAVLSEMENT le bon Ioseph accuse.]. Il parle icy de la femme de Putifar Ennuche Cõnestable du Roy Faraon, qui deuenãt amoureuse de Ioseph, & ne pouuãt le faire cõdescendre à son desir, l'accusa faulsemẽt deuant son mary cõme si ledict Ioseph eust voulu par force iouyr impudiquement de ses amours. voyez au Gen. XXXIX.

L'AVTRE EST SINON GREGEOIS qui trompe les Troyens]. *L'altro è il falso Sinon Greco da Troia.* Sa trahison est amplement descripte par Virgile au II. de l'Eneid. & le faict n'est que trop commun pour s'y amuser.

ET IETTENT POVR leur fiebure vne

chaleur profuse.]. *Per febbre acuta gittan tanto leppo* Il prent *leppo*, pour chaleur, ainsi qu'il s'apperçuoit par la fumée qui sortoit de leur ombre Proprement *leppo*, signifie chassie ou chassieux.

LE VENTRE ENDVRCI LVY entame.]. *Li percosse l'epacrota*. Il dict. *epacrota*, pour le ventre dur, comme est la craye, & encrousté. C'est le traistre Sinon depité d'auoir esté nommé par Adam, qui le bat.

DE LECHER LE MIROIR où se perdit Narcisse.]. *Et per leccar lo specchio di Narcisso* c'est à dire pour boire vne fontaine, comme celle où se miroit Narcisse, dont il deuient tellement amoureux de soymesme qu'il fut changé en vne fleur de son nom. Petrarque.

Certo se vi ramembra di Narcisso,
Che diuenne vn bel fior senza frutto.

voyez Ouide en ses Metamorf. Et le 16. chap. du 9. liure de la Mythologie de N. le Comte.

CHANT. XXXI.

Remierement me mord vne langue pareille,
Si bien que mon visage en cramoisi se taint,
Et le remede puis la mesme m'appareille:
Ainsi iadis i'ay sçeu que le coup bien attaint
De la lance d'Achille & de son pere donne
En premier lieu tristesse, & puis estraine bonne.

Nous presentons le doz au vallon miserable
Par ce riuage noir qui le ceignoit au tour,
L'atrauersant du long sans parole agreable.
Là fut moings que la nuict, moings aussi que le iour,
Si que mon œil à voir vn peu deuant s'adonne,
Mais i'entends vn cornet lequel si haut resonne,

Que foible il auroit faict le bruit de tout tonnerre,
Et ce son contre soy poursuyuant son chemin
En vn lieu tous mes yeux dresse lors & reserre,
Depuis la routte triste, où par mauuais destin
Charlemaigne perdit la saincte & iuste bande,
Ainsi fort ne sonna le genereux Orlande.

En là peu ie portay ma rigoureuse teste,
Quand il me semble voir plusieurs sublimes tours,
Dont, ô Maistre ie dis, Qvelle terre est si preste?
Il me respond soudain, Povrce que tu transcours
Plus loing que tu ne doibs en ces obscurs abysmes,
Tu imagines mal & tes bons sens deprimes.

R

Que bien tost tu voyras, te rendant de là proche,
Combien trompé se trouue au loing ton iugement,
Et pource songe à toy marchant par ceste roche.
Puis me prent par la main fort charitablement,
Et deuant que plus outre aucun de nous se range,
Dict il, afin que moings le faict te semble estrange

Seaches, que ce ne sont Tourrions, mais semence
De Gean'z qui au puits enuironnent le fond
Du nombril de ce lieu en haulte corpulence:
Comme quand il aduient que la neige se soud,
Le regard peu à peu cela mesme figure,
Que cachoit la vapeur que l'Air rendoit trop dure.

De mesme outreperçant l'aure obscure & grossiere,
Plus & plus approchant de la riue ie voy
La crainte s'augmenter quand l'erreur fuit arriere,
Pource que tout ainsi que sur son rond parroy,
Montregion Senois auec tours s'encouronne:
La riue mesmement qui le puits enuironne

Des Geantz, comme Tours bien hautes se decore
Iusqu'au millieu du corps, Geantz que Iuppiter
Quand il tonne depit du Ciel menace encore.
Et des-ja deuant moy se venoit presenter
De l'vn le doz, la face & du ventre partie,
Et par les costes bas ses deux bras ie deplie.

Quand nature laissà l'art de produire au monde
Si cruelx animaux, certes elle ha bien faict,
Afin que le Dieu Mars de telles gents n'abonde.
Que si des Elephans elle n'a eu regret
Ny des Baleines, or, qui subtil y medite,
Plus sage estre tenuë & iuste elle merite.

Car où le iugement de la raison humaine
Se ioinct à la puissance, & au mauuais vouloir,
La gent pour l'empescher y perdroit toute peine.
Sa face me sembloit longue & massiue à voir,
Comme le chapisteau de S. Pierre de Romme,
Et estoient à l'esgal tous les os d'vn tel homme,

Dont la riue qui fut la robbe ou couuerture
Du millieu iusqu'en bas, bien tant dessus monstroit
Que trois Frisons en vain iugeroient dauenture
De pouuoir arriuer aux cheueux qu'il auoit,
Pource que ie voyois bien trente palmes ore
Du lieu que du manteau l'homme en bas se decore.

Raphel mai amech zabi albi, commence
A s'escrier soudain la bouche du Geant,
Auquel ne conuenoit plus doulce reuerence,
Et mon Duc luy respond, ô ame de neant
Tiens toy pour ton cornet auec lequel fais rage,
Puis qu'ire ou passion t'a saisi le courage.

Viens le cercher au col, tu trouueras la corde
Où il est attaché, ô pauure esprit confus!
Et regarde comment l'estomach il t'encorde.
Puis il me dict, soymesme il s'accuse sans plus,
Nembrot est cestuy-cy pour la sotte entreprise,
Duquel le monde n'ha d'vn parler la franchise.

Doncques laissons le là, puis qu'on ne peut l'entendre,
Car de tous le langage à luy est tout ainsi
Comme aux autres le sien qu'aucun ne peut comprendre,
Par ce moyen faisons plus long voyage icy.
A gauche retournez, & trouuerons peut estre
L'autre plus grand & fier au iect d'vne arbalestre.

Quel le maiſtre ce fut qui le ceint & le lie,
Dire ie ne ſçaurois, mais ſon bras gauche eſtoit
Lié deuant, & l'autre en derriere ſe plie,
Qu'vne cheſne ou carquant entrelaſſez tenoit
Depuis le col en bas, & cinq foys l'enuironne
Iuſques en ce lieu là qu'à couurir il s'adonne.

Ce ſuperbe voulut auoir l'experience
De ſa force & pouuoir contre le grand Iuppin,
Dict mon Duc, dont il ha ſi belle recompençe.
Il ſe nomme Fialte, & s'eſprouua maling
Quand les Geants font peur aux Dieux de ſa maſſuë,
Et les bras qu'il menoit iamais il ne remuë.

Ie luy dys S'il ſe peut, cognoiſſance aſſeurée
Ie voudrois bonnement qu'emportaſſent mes yeux
Du corps deſmeſuré du Geant Briarée.
Il reſpond: tu voyras Antée furieux
Bien prez d'icy qui parle, & delié chemine,
Qui au ſond nous mettrà de tout eſprit indigne.

Celuy que tu veux voir bien plus delà ſeiourne,
Et il eſt garroté faict comme luy vrayement,
Sauf qu'il ſemble au viſage vn peu plus fier & mourne,
Deſia l'on n'auroit veu ſi cruel tremblement
Qui ſi fort esbranlaſt vne tour aſſeurée,
Comme esbranloit Fialte auec ſa main ferrée.

Alors plus que iamais ie ſens de mort les peines,
Et ie n'auois beſoing ſinon du moindre poinct
D'vne heure, ſi du moings ie n'euſſe veu ſes cheſnes.
Nous allons plus auant & venons tous à poinct,
Où eſt le fier Anthée, & ſans ſa teſte haute
Bien deux braſſes dehors il ſortoit de la grotte.

O toy braue Geant, qui sur la plaine heureuse
Où le grand Scipion sut de gloire heritier,
Quand Annibal s'enfuit auec sa gent peureuse,
Eus en proye iadis vn escadron entier
De bien mille lyons, & si à la grand guerre,
Tu te susses trouué ioinct aux filz de la terre,

Tes freres, comme on croit, pouuoient auoir la grace
De la haute victoyre, or n'ayes en desdain
De nous descendre en bas ou Cocyte se glace,
Ne nous rends à Titie ou à Tyse inhumain,
Cestui cy peut donner ce que plus l'on desire,
Pourtant abaisse toy, & le doz ne retire.

Il peut faire voler par le monde ta fame,
Car encores il vit, & longue vie attend,
Si vers luy Dieu n'appelle auant le temps son ame,
Le maistre parle ainsi, & luy la main estend
En diligence, & prit mon Duc, qui faict qu'Alcide
Grande estroitte iadis sent dans son cœur auide.

Lors que Virgile void qu'il le tient, il dict, ore
Viença que ie te preine, & depuis ainsi faict
Que ce n'estoit qu'vn faict de luy & moy encore.
Quelle est la Carisande à ietter son aspect
Soubz le costé panchant quand vn nuage passe,
Sur elle ainsi qu'à choir semble qu'elle menasse.

Tel me sembloit Antée alors que ie m'amuse :
A le voir se pancher, & ce fut bien vn temps,
Que i'eusse desiré d'aller par autre escluse.
Mais dispost il se mit au fond où mal contens
Lucifer & Iudas sont deuorez à l'heure
Là panché tellement, que bien peu ne demeure,

Et se leue soudain comme vn mast de nauire.

ANNOTATIONS
sur le Chant XXXI.

VE LE COVP BIEN ATTAINT de la lance d'Achille & de son pere donne En premier lieu tristesse, & puis estraine bonne.]. *che soleua la lancia d'Achille & del su' padre esser cagione, Prima di trista, & poi di buona mancia.* Il compare la langue de Virgile, qui le contristà, & puis le reconforta à la lance d'Achilles, dont l'on escrit, Que Telesus Roy de Mysie & confederé auec les Troyens voulant chasser les Grecz de son Royaume, fut blessé par la lance d'Achilles, laquelle fut auparauant à son pere Peleus, & ne trouuant autre remede pour reguerir sa playe, par l'oracle il eust responce qu'il en gueriroit, si Achilles auec la mesme lance le reblessoit au mesme lieu, ce qui aduint. Ouide au XII. des Metamorf.

LA FVT MOINGS que la nuict, moings aussi que le iour.]. *Quiu' era men che notte, & men che giorno.* Il monstre qu'il estoit soir, comme quand la nuict approche entre chien & loup.

DEPVIS LA ROVTE triste, Où par mauuais destin Charlemagne perdit la saincte & iuste bande, Ainsi fort ne sonna le genereux Orlande.]. Aupres de Ronceuaux sur les montz Py-

tenées, qui separent la France d'Hespagne, par
la trahison de Ganelon de Maience, Charlemagne perdit la bataille contre Marsilius Roy
d'Espagne Sarazin, en laquelle moururent quasi tous les Paladins & cheualiers errans de Frã-
ce. Et Orlande sonna si fort d'vn cornet ou trõ-
pette apres la fuytte des siens, qu'il en assembla
cent, & auec ce petit nombre tint bon & tua ledict Marsilius. Ce son fut ouy de huict lieux.
Mais Dante se sert icy de l'Hystoire fabuleuse
des Romans.

L'AVRE obscure & grossiere.]. *L'aura grossa.
& scura.* I'ay vsé du mot Aure, qui signifie vent.

POVRCE QVE TOVT AINSI que sur son rond
patroi Montregion Senois auec tours s'encouronne.]. *Però che come in su la cerchia tonda Mont*
reggion di Torri s'incorona. Montregion est vn
chasteau des Sienois, autour des murs duquel
sont esleuées plusieurs Tours. Il est entre Sta-
gia & Siene.

COMME TOVRS BIEN haultes se decore.].
Dante dict, *Torreggiauan*, pour dire, ornoient en
façon de tours. Car les Geantz paroissoient
dessus le puits, où ils estoient, comme font des
Tours sur vn mur.

GEANTZ, QVE IVPITER quand il tonne depit
Du Ciel menace encore.] *Cui minaccia Gioue del*
cielo anchora, quando tona. Il adiouste ces mots, à
cause de la guerre que les Geantz firent aux
Dieux en la valée de Flegra, où ils furent soul-
droyez par Iupiter. Nous en auons parlé cy
dessus.

QVAND NATVRE LAISSA L'art de produire
au monde si cruelz animaux.]. Il louë la natu-

re d'auoir intermis, qu'il n'y euſt plus race de
Geantz, & la recommande de ce qu'elle produit
pluſtoſt des Elefans & les Balaines qui n'ont
point de iugement pour ioindre à leur force
deſmeſurée, ſi bien qu'ils ſeruent pluſtoſt aux
hommes que de leur nuire. mais les Geantz
euſſent deſtruit le monde, pource qu'ils auoient
la raiſon pour ioindre à leur mauuais vouloir
& grande puiſſance.

COMME LE CHAPITEAV de S. Pierre de Rom-
me.]. *Come la pina di ſan Pietro à Roma.* Il compare la face du Geant Nembrot en longueur &
groſſeur au chapiteau de bronze qui fut iadis
ſur le haut du Pantheon, au iourd'huy *Santa
Maria Rotonda*, que la fouldre mit par terre, &
depuis fut mis deuant l'Egliſe Sainct Pierre au
Vatican.

DONT LA RIVE QVI FVT la robbe ou couuerture Du millieu iuſqu'en bas.]. *Si che la ripa
ch'era perizoma Dal mezo in giù.* Perizoma, mot
Grec, & proprement ſignifie la robbe qui couure les parties honteuſes.

QVE TROIS FRISONS en vain ingeroient dauenture de pouuoir arriuer aux cheueux.]. *che
di giunger à la chioma Tre Friſon s'hauerian dato mal
vanto.* Il dict cecy, à cauſe que les hommes du
pays de Frize, prouince de la France Orientale
ſont ordinairement de grande ſtature, & il entend qu'ils fuſſent l'vn ſur l'autre.

DV LIEV QVE L'HOMME en bas du manteau
ſe decore.]. *Dal luogo in giù, dou' huomo affibia 'l
manto.* c'eſt à dire, commençeant du lieu, ou s'af-
feuble le manteau, qui eſt ſoubz le col iuſqu'au
nombril.

RAPHEL MAI AMECH *Zabi almi.*] Ce sont paroles Caldaïques, dont l'on ne peut tirer aucun
sens. Car Dante fait parler Nembroth confusé-
ment, pour monstrer la confusion des langues,
de laquelle il fut cause, quand il voulut bastir la
Tour de Babel. Voyez le Gen. au chap. xi.

TV TROVVERAS LA CORDE.] *Et trouerai la
soga.* C'est vn mot Lombard qui signifie corde
ou cordon.

ET REGARDE COMMENT l'estomach il t'en-
corde.] *Et vedi lui, che 'l gran petto ti doga.* c'est à
dire, voy comment il est sur ton estomach en
guise de doue. Les vns veulent lire *ti toga,* pour
doga, pour dire, couure. *Togare* vient de *toga,* robbe, & signifie couurir.

NEMBROTH EST CESTVI CY pour la sotte entreprise Duquel le monde n'ha d'vn parler la
franchise.] *Questo è Nembrotto, per lo cui mal coto
Pur vn lingagio nel mondo non s'vsa.* Il est escrit au
Genese, que Nembrot fils de Cain, & Cain fils
de Noë s'estant pour sa nature arrogante re-
bellé contre Dieu, & craignant que pour le
punir, il ne luy enuoyast le deluge, comme il fit
au temps de son grand pere, prend conseil auec
les siens, & conclud de bastir aux valées de Se-
naar la Tour de Babel si haute que le deluge ne
luy pourroit nuyre : Et qu'il pourroit par icelle
monter au Ciel. Dequoy Dieu courroucé contre luy, parmy les Architectes & massons , il
met vne confusion de langages , afin que l'vn
ne sçeust entendre l'autre. C'à esté la cause de
la diuersité des langues en diuers quartiers de
la terre.

IL SE NOMME FIALTE, & s'esprouua maling Quand les Geants font peur aux Dieux.] Fialte & Otho furét enfans de Neptune & d'Ifimedee femme d'Aloee l'vn des Titans, ils croiffoyent tous les moys neuf doigts, & Homere dit, qu'ils eftoyent def-ia grans de neuf pas. Mars fut vaincu par eux, & le tindrent prifonnier neuf moys. Mais Iunon fit tant, que Mercure le deftrobbà hors de la prifon. Depuis en la guerre des Geants contre les Dieux Apollo les tuà de fes flefches. n'ayant point encore de barbe. Voyez le 11. chap. du 6. liu. de la Mythologie de N. le Comte.

Dv CORPS DESMESVRE Du Geant Briarée.] *dè lo fmifurato Briareo.* Briareus & Cottas furent enfans du Ciel & de la terre, qui auoyent cent mains, & cinquante teftes. Dante fuyt l'opinió des autres Poëtes, mettant Briareus aux enfers comme ennemy de Iuppiter. Toutefois Homere le fait amy dudit Iuppiter en cefte fable. Iunon, Neptune, Pallas vn iour eftans au logis de Nereus Dieu Marin, coninterent de faire faire vne chefne auec laquelle ils tireroyent Iuppiter hors du Ciel, Thetis defcouurit la coniuratió à Iuppiter, qui appellà Briareus en fon fecours, fi bien que les trois Dieux eurent peur, & laifferent cefte entreprife.

ET IE N'AVOIS BESOING finon du moindre poinct D'vne heure, fi au moins ie n'euffe veu fes chefnes.] *Et non u' era meftier pui che la dotta, s'io non haueffe vifte le ritorte.* Dotta, eft vn idiofme Florétin, qui fignifie vne moindre parti d'heure, qu'ils appellent *hotta.* *Ritorte* ce font cordes ou chefnes entrelaffées.

BIEN DIX BRASSES dehors.] *Ben cinque alle.*

I'ay interpreté ce lieu de ceste façon, pour ce
que *Alla* est vne mesure Angloise de deux braf-
ses, selon la mesure de Florence. *Cinque alle dõc-*
ques, font dix braffes.

QVI DANS LA PLAINE HEVREVSE Où le grãd
Scipion fut de gloire heritier, Quand Annibal
s'enfuyt auec sa gẽt peureuse.] Anteus fut Roy
d'Afrique, laquelle subiuguerent les Scipions.
Car P. Cornelius Scipio Africain le Grand faict
Consul pour aller contre Annibal, iugea qu'il
valloit mieux aller vaincre les Carthaginoys en
leur pays qu'en Italie, là où il passa en Sicile,
& de Sicile à Carthage, & mit son camp en
vn lieu qui se nommoit le Royaume d'Anteus,
& puis fut appellé, *Castra Cornelia*, dù susdit Scipion qui reduisit Carthage en seruitude , &
quelque temps apres Scipion le Mineur la vainquit, & la ruyna. voyez Tite Liue au x. liure de
la III Decade.

ET SI A LA GRAND' GVERRE Tu te
fusses trouué ioinct aux fils de la Terre] *Et che*
se fossi stato à l'alta guerra De tuoi fratelli. Il imite
en cecy Lucain au liure quatriesme. Anteus fut
fils de la Terre, fort & desmesuré, qui combatit
auec Hercules , & toutes les fois qu'Hercules
le iettoit par terre, la terre renouuelloit les forces de son fils. Mais en fin Hercules le soufleue
de terre , & luy pressà tellement l'estomach
qu'il le fit creuer. C'est ce que faignent les
Poëtes. Voyez l'XI. labeur d'Hercule en la Mythologie de N. le Comte. Toutesfois les Historiens racontér qu'Hercules auec son armée souuent luy ostà son Royaume, & côme Hercules
partoit de là, Anteus des lieux voysins leuoit des

forçes, & recóqueroit son Royaume. En fin Hercules faignant de fuir, le conduit bien loing, & puis tout à coup retournât, le vainquit & le tuâ.

NF NOVS RENDS A TITIE OU à Tyfe inhumain.] *Non ci far ire à Titio ne à Tifo.* c'est à dire, Ne nous refuse pas ce que nous te demandons, qui est que tu nous passes, de peur qu'à ton refus, nous ne soyons contraincts de nous rendre à Titius & à Tyfée pour leur demander ceste grace. Titius fut fils de Iuppiter & d'Hedera fille d'Arcomenius, mais Iuppiter craignât que Iunon ne s'en aduisast, le cachà souz terre. Qui à fait croyre qu'il fust fils de la Terre. Il voulut forçer Latone mere d'Apollon, mais Apollon le perçà de ses fleches, & le precipita aux Enfers. Quant à ce que Dante dit, *Ne à Tifo.* c'est pour *Tifeo*, duquel escriuent Ouide au 1. des Metamorph. & Lucain au v. qu'il combattit auec ses freres les Titans côtre les Dieux, mais fouldroyé par Iuppiter, & ne le pouuant, pour ses forçes desmesurées, tuer, luy renuersâ sur le doz le mont Etna en Sicile. Voyez le 19. & 22. chapitre du 6. liure de ladite Mythologie.

QVI FAIT QV'ALCIDE Grande estroitte desja sent dans son cœur auide.] *Ond' Hercole sentì gia grande stretta.* c'est à dire, Anteus nous préd auec ses mains, desquelles il auoit estraint beaucoup Hercules combattant auec luy.

QVELLE EST LA CARISANDE à ietter son aspect souz le costé panchant.] Pour entendre la comparaison que Dante fait, il faut sçauoir, que Carisande est vne tour à Boulongne la Grasse fort grosse, & non beaucoup haulte,

mais beaucoup pliée & tellement bastie qu'il
semble qu'elle doiue choir. Dicte Carisande de
la famille des Carisandi, & est aupres de la tour
des Azinelli. Ceux doncques qui demeurent ou
s'arrestent souz la susdite tour, du costé qu'elle
panche, si les nuages passent vistement par l'air
en la part opposée, il leur est aduis que la tour
se plie & doiue tomber. Ainsi sembloit Anteus,
quand il se courbà pour prendre Virgile &
Dante.

Av fond ov mal contens Lucifer & Iu-
das sont deuorez.] *Al fondo, che dimora Lucifero
con Giuda*. Nous parlerons de ce fond au chant
dernier du Cantique de l'Enfer.

Et se leve sovdain comme vn mast de
nauire.] *Et come alberò in naue si leuò*. Il auoit cō-
paré Anteus à la tour Carisande, maintenant il
en faict comparaison auec vn mast ou arbre
qui se dresse au milieu d'vne galere ou vaisseau.

CHANT XXXII.

I les rimes i'auois & aspres & terribles,
Ainsi qu'il conuiendroit à ce puits inhu-
    main
Sur qui sont appuyez tous autres ronds
    horribles,
De mes conceptions le noir suc plus à plain
Ie ferois distiller, mais n'ayant si grand force
Qu'il faudroit, non sans crainte à dire se m'esforce.

Car ce n'est entreprise à prendre en ieu d'escrire,
Ce qui pour difficile irà par l'Vniuers,
Ny de langue qui mamme ou babbo puisse dire,
Mais des Dames i'attens vn secours à mes vers,
Non autre qu' Amsion, quand il fit la closture
De Thebes, lors i'auray à la matiere dure.

Vn carme non diuers O gent plus imperfaicte
Qui demeurez au lieu, dont parler il est dur,
Mieux vous auriez esté cheure ou bien autre beste.
Ainsi nous suruenus là bas au puits obscur
Souz les pieds du Geant assez plus bas, sans faute,
Ie regardois encor à la muraille haulte.

I'ouys qu'il me fut dit, Garde comme tu passes,
Fay si bien que du pied les testes & les corps
Des freres malheureux marchant tu ne si casses.
Pource ie me retourne, & deuant ie vys lors,
Et souz mes pieds vn lac que la glace resrre,
Dont il n'auoit de l'eau semblance, mais de verre.

Le Danube en Austriche à sa course ne donne
Vn voyle tant espais l'Hyuer, ny Tanays
Qui des monts Risseans court souz la froide Zone,
Comme il estoit icy: Car si sur son tapis
Tabernich fust tombé ou l'Apuane pierre,
Pourtant vn moindre crich la riue ne deserre.

Et comme à gazouiller la Grenouille s'arreste
Auecques le museau hors de l'eau, quand souuent
La villageoyse songe à glaner ce qui reste:
Ces ombres en la glace à peine se mouuant
Verdastres estoyent là où paroit la vergongne,
Et cracquetoyent des dents comme fait la Cicongne.

Chacune retournée en bas tenoit la face
De la bouche le froid, des yeux le triste cœur,
Tesmoignage certain entre elles se pourchasse.
Quand au tour quelque peu i'eux veu, nõ sans rancœur,
Tournant aux pieds ie voy deux serrez, ce me semble,
Qui le poil de la teste auoyent meslez ensemble.

Dictes moy, qui si fort estraignez voz poitrines,
Ie dy, Quels fustes vous ? Ils me tournent le col,
Et m'ayans droict porté leurs visages indignes,
L'œil tout premierement, qui dedans estoit mol
Par les leures distille, & les larmes enserre,
La glace en la paupiere, & ainsi se reserre.

Barre de fer n'ha ioinct iamais de telle sorte
Le boys auec le bois, dont eux ensemblement
Chocquent comme deux boucs, tant l'ire les transporte,
Et vn qui pour le froid auoit indignement
Les oreilles perdu, dit, en baissant sa face,
Pourquoy te mires tu en nous auec disgrace ?

Que si tu veux auoir de ces deux cognoissance,
A eux & à leur pere Albert appartenoit
La valée ou descend le fleuue de Byzance,
Tous deux sortent d'vn corps, & bien il te faudroit
La Cayne esplucher pour trouuer vne autre ombre,
Plus digne d'estre mise en ceste glace sombre.

Celle-là ne l'est pas à qui fut la poitrine
Rompuë auec les reins par la lance d'Artus.
Non celle du Foccace, ou celle qui voysine
Me couure tellement qu'outre ie ne voy plus,
Et Sassol Mascheron fut son nom, bien ie pense
Que tu l'auras cognu si tu es de Florence.

Et afin que de moy rien plus tu ne demandes,
Ie fus Camiscion de Passy, dont i'attens
Carlin pour me couurir par ses traïsons plus grandes,
Mille faces depuis cagnasses ie comprens,
Ainsi faictes de froid, que i'entre en des caprices,
Ayant toufiours horreur des glacez precipices.

Et comme nous allions vers le Centre ou i'assemble
Toute la pesanteur, si qu'en l'obscurité
Eternelle ie suis, quel est celuy qui tremble.
Ie ne sçay si ce fut vouloir, fatalité,
Ou fortune, mais lors me faisant le passage
Par les testes, du pied i'en touche vne au visage,

En pleurant s'escrià. D'où vient que tu me presses ?
Si tu ne viens au moings la vengence augmenter
De Mont apert, pourquoy est-ce que tu me blesses ?
Ie dys, mon Maistre, icy, ie desire arrester,
Pour sortir du grand doubte où ce pauure me lance,
Puis tant que tu voudras, ie feray diligence.

Le Duc s'arreste, alors ie dys au miserable
Qui blasfemoit encor abominablement,
Quel es tu qui reprens autruy peu fauorable?
Or respond, qui es tu courant, si lourdement
Abattre nostre face au creux de l'Antenore,
Dont si tu es viuant trop ce seroit encore?

Ie vis, & te plairà, si ton desir aspire,
Telle fut ma responce, auoir quelque renom,
Si qu'entre les espritz cognuz ton nom ie tire.
Le contraire, il me dict, de cercher i'ay raison,
Doncq' leue toy d'icy, plus n'offence mon ame,
Car bien mal caioller tu scais par ceste lame.

Alors par les cheueux ie le prens, & me fasche,
Disant, il conuiendrà de te nommer icy,
Ou bien poil ne serà que sur toy ie n'arrache.
Et il me dict, Pourquoy me peles tu ainsi?
Ie ne te monstreray qui ie suis, & tempeste
Mille foys si tu veux me blessant par la teste.

I'auois des-ja conioinct ses cheueux à main plaine,
Et en auois tiré plus d'vne prise, luy
Abbayant contre moy d'vne veuë inhumaine,
Quand vn autre crià, Quel est ton triste ennuy,
Bocca? C'est bien assez des machoires debattre
Sans abayer encor, quel Demon te vient battre?

Desormais ie ne veux, luy dis-je, ò meschant trhaistre,
Que tu parles à moy. Ie porteray de toy
Nouuelles à ta honte en te faisant cognoistre.
Va t'en, respond, & conte à ton plaisir de moy.
Mais si tu sors d'icy, de cil ne vueilles taire
Qui la langue auoit or si prompte & volontaire.

Il pleure icy l'argent des Françoys, & bien dire
Tu pourras, celluy-là de Duere i'ay veu
Où les pauures pecheurs gelez sont en martyre.
Si lon te demandoit, Quel autre est en ce lieu,
Tu as à ton costé celluy de Beccherie,
Duquel coupe le col Florence en sa furye.

Ianot de Soldannier i'estime en asseurance
Que plus outre il se trouue auecques Ganelon,
Et Tribaldel qui ouure alors qu'on dort, Faenze.
Ia nous estions partiz de luy, qu'en ce vallon
Deux glacez ie rencontre en vn trou, dont i'arreste,
Pource qu'à l'vn seruoit de chappeau l'autre teste.

Et ainsi que le pain par l'appetit se mange,
Aussy celuy qui est dessus ronge les dentz
A l'autre où le ceruean auec le test se range.
Non autrement Tydée estant tout hors du sens
A Menalippe mord les tempes soubz la rage
Qu'il conceoit de sa teste & autre cartilage.

O toy qui nous fays voir par ta façon indigne
La hayne sur celuy que tu manges ainsi,
Declare moy, quelle est la cause qui t'indigne.
Que si non sans raison tu fais ce tort, aussy
Qui vous estes sçachant & son offence estrange,
Là haut au monde encor de honte ie te vange.

Si celle dont ie parle au retour ne se seiche.

ANNOTATIONS
sur le Chant XXXII.

Y DE LANGVE QVI Mamme ou babbo puiſſe dire.] *Nè da lingua che chiami Mamma ò babbo.* C'eſt à dire, Que traitter d'vn ſi obſcur ſubiet, comme ceſtui-cy, n'eſt pas vne entrepriſe de petit Enfant, qui ne pouuant prononcer R, au lieu de Madre, il dict, Mamma, & au lieu de Padre, babbo. Noz enfans François diroyent Mama, Papa.

MAIS DES DAMES i'attends vn ſecours à mes vers, Non autre qu'Amſion, quand il fit la cloſture De Thebes.] Ces Dames furent les Muſes, qui ayderent à Amſion de fermer la ville de Thebes. Car par la faueur d'icelles il peut au ſon de ſa douce voix mettre enſemble les pierres auec leſquelles il baſtit les murailles de ſa ville. Horace.

Dictus & Amphion Thebanæ conditor arcis
Saxa mouere ſono teſtudinis, & prece blanda
Ducere quò vellet. —— Statius.
Expediam, penitúſque ſequar quo carmine muris
Iuſſerit Amſion Tyrios accedere mótes. Voyez le 15. chapit. du 8. liu. de la Mythologie de N.le Comte.

MIEVX VOVS AVRIEZ eſté cheures ou autre beſte.] *Me foſte ſtate qui pecore, ò zebe.* il dict me pour neglio, & parlāt des dānés miserables, il s'escrie, qu'il eust mieux vallu que nature les eust faict naistre bestes, que non pas hommes ou Creatures raisonnables. Comme Iesus Christ dict de Iudas, *Bonum erat ei si natus non fuisset homo ille.*

LE DANVBE EN AVSTRICHE] L'Austriche est l'vne des plus froides Prouinces d'Allemagne, par laquelle passe le Danube, le plus grand fleuue de l'Europe, qui se gele en hyuer. Sa source commence aux montagnes des Grisons, il passe par l'Hongrie, & tombe dans la mer du Pont Euxin auec si grande imperuosité, que plus de soixante milles dedans la mer il conserue l'eau doulce. L'hyuer il gele si fort que les armées passent sur la glace auec cheuaux ou chariotz.

NY TANAYS QVI DES MONTS RIFFEANS] Tanays est vn fleuue septētrional, qui tire sa source des montz Riffeans, où il faict froid demesurement, & separe l'Asie de l'Europe, & entre en la mer Euxine prez de Theodosia Citté.

TABERNICH FVT TOMBE.] Tabernich est vn mont treshaut en l'Esclauonie.

L'APVANE PIERRE] Dante dict, *Pietra pana,* mais ie l'ay nommée comme font les Latins, *Petra Apuana,* c'est vne montagne treshaute en la Graffignane au pays de Toscane, au dessuz de Lucques.

POVRTANT VN MOINDRE CRICH.] *Fatto crich,* c'est vn mot par imitation du son, que faict la glace, quand elle se rompt.

ET COMME A GAZOVILLER la grenouille s'arreste. [*Et com' à gracidar si sta la rana.* Le mot de *Gracidar,* est propre des grenouilles, & des oyes.

VERDASTRES ESTOYENT LA OU paroit la vergongne.] *Liuide infin là, doue appar vergogna.* c'est à
dire, iusques au visage, qui monstre quãd quelcun change couleur, s'il ha honte & vergongne
selon le dire commun, *Erubescit, salua res est.*

A EVX ET A LEVR PERE Albert appartenoit
la valée où descend le fleuue de Bysance.] *La
valle onde Bizentio si dechina Del padre loro Alberto & di lor sue.* Alberto de gli Alberti fut Seigneur de Falterona, valée en laquelle est la
source du fleuue Bizentio, qui court puys aprez
entre Florence & Prato, & se mesle dedans l'Arne six milles soubz Florence. Il eust deux enfans masles que Dante trouue en ce lieu, Alexandre & Neapolio, si cruels Tyrans & de mauuaise nature, que tous ceux qui leur estoyent
voysins estoyent contraints de ceder leur possessions de terres & maisons, ou bien ilz les faisoyent mourir, comme des-ja il estoit aduenu à
plusieurs, mais en fin n'ayant plus auec qui dis-
puter, l'vn & l'autre voulut estre Seigneur seul.
Ainsi aprez belles paroles & iniures ilz s'entre-
tuerent.

A QVI FVT LA POITRINE Rompuë auec les
reins par la lance d'Artus.] *A cui fu rotto il petto,
& l'ombra con esso vn corpo per la man d'Artù.* Ce fut
Modites filz du Roy Artus d'Angleterre, qui
instituà les cheualiers de la table ronde, lequel
reuolté contre son pere luy dressa des embus-
ches pour le ruer, mais Artus descouurant son-
dict filz le blessa de sa lance en la poitrine, &
outreperça ses reins.

NON CELLE DV FOCCACE.] Foccacia fut de
la maison des Cancelieri de Pistoye, qui par

trahiſon tuà ſon Oncle. L'An M. CCC. en ceſte
famille il y auoit troys freres cheualiers, & Foccacia ieune audacieux & mal né eſtoit filz de
l'vn de ceux là. Il aduint comme ilz ſe iettoyent
de la neige l'vn à l'autre, que le pere de Foccacia
battit vn ſien Nepueu qui trop furieuſement
auoit outragé auec ladicte neige vn enfant, &
vſa de ceſte rigueur comme à l'vn de ſa famille,
luy eſtant Oncle, mais l'enfant plus temeraire
& maling qu'il ne conuenoit à ſon aage, diſſi-
mulà la douleur, & quelque temps aprez faint
de luy vouloir parler à l'oreille, l'oncle ſe baiſſe, & l'enfant luy donne vn ſoufflet. De quoy le
pere s'en plaint & rĕuoyà l'enfant à l'oncle pour
le chaſtier, comme il meritoit. Mais luy ne re-
nant conte de ce que l'enfant luy auoit faict, au
lieu de le battre le baiſa & le r'enuoyà au pere.
Foccacia ſon filz meſchant taillà la main à ce
pauure enfant, puys courut à la maiſon de ſon
pere, qui eſtoit ſon Oncle, & le tuà. De ce parri-
cide s'enſuyuit vn ſi grand ſcandale, que toute
la Toſcane fut long temps troublée par les factions qui s'engendrerent des Blancs & des
Noirs, qui commencerent à Piſtoye, & puys à
Florence.

ET SASSOL MOSCHERIN fut ſon nom.] *Et ſu
nomato Saſſol Moſcherioni.* Ceſtuy fut de Florence,
& tuà non plus ne moings que le ſuſdict Foccacia ſon Oncle.

IE FVZ CAMISCION de Paſſi.] C'eſt Albert Ca-
miſcien de Pazzi di Valdarno, qui par trahiſon
tuà Bertin ſon parent.

I'ATTENDS CARLIN pour me couurir par ſes
traiſons plus grandes.] *Et aſpetto Carlin che mi*

scagioni. Carlin fut de la mesme famille des Pazzi, lequel tenant le party des Blancs, donna par
trahison aux Noirs de Florence, le chasteau del
Piano di Trevigne, en ayant receu grosse somme d'argent. Albert Camiscion doncques veut
dire en ce lieu, qu'il preuoit que Carlin le doibt
deliurer de son infamie, pource qu'il commet-
tra vne plus grande faute.

DONT I'ENTRE en des caprices.] *Onde mi vien
ripresso.* Ce mot signifie caprice, & tremblement.
L'on dict aussi, *Ribrezo*, & vient de *Re*, &
Premo.

AYANT TOVSIOVRS HORREVR des glacez
precipices.] *Onde mi vien riprezzo, Et verra sempred'e
gelati guazzi.* Il prent *guazzo*, pour l'eau, ou le
gué, que l'on dict, *guaddo. Gelati Guazzi* sont les
eaux gelées.

SI TV NE VIENS AV MOINGS la vengence
augmenter De Mont'apert.] *Si tu non vieni à cres-
cer la vendetta Di Mont' Aperti.* Nous auons parlé cy dessuz, de Bocca de li Abbati de Florence,
duquel il entend traitter icy.

PAR L'ANTENORE.] Comme il a nommé la
premiere Sfere de ce lieu *Cayna*, de Cayn premier fratricide, aussi il nomme cestecy *Antenore,*
en laquelle sont puniz les traistres d'Antenor
qui trahit Troye.

ET EN AVOIS TIRE plus d'vne prise.] *Et tratti
gli n'haueà piu d'vna ciocca.* Il appelle *ciocca, cin-
cinnus*, c'est à dire, vne poignée de cheueux, ou
de la barbe, ou de la teste, l'on dict aussi *cio-
chetta.*

QVEL EST TON TRISTE ennuy Bocca?] *Che
hai tu Bocca?* Messer Bocca Abbati fut à Flo-

rence de faction Guelfe, & en la bataille prez de Monteaperto en laquelle par le moyen de Farinata Vberti chef des Ghibellins, lors sortis de Florence en Sienne, furent les Guelfes rompuz. Ayant esté corrompu par argent de ceux du party contraire, s'approchà de M. Iacques del Vacca de la famille des Pazzi, qui portoit l'estendard, & luy taille la main, si bien que l'estendard tombà à terre, & furent mis à mort plus de quatre mille Guelfes Florentins.

IL PLEVRE ICY L'ARGENT Des Françoys.] *Ei piange quì l'argéto de Franceschi.* Ce fut Bosio de la famille des Ducra de Cremone, qui estoit Ghibellin, & auec d'autres se rendoit prompt d'empescher le passage à Guy de Monfort qui conduisoit de France l'armée de Charles 1. au Royaume de Naples contre Manfredi, mais depuys corrompu par argent il trahit ses amys, & fit si bien que les Françoys passerent sans resistence & dangier.

TV AS A TON COSTE celuy de Becherye.] *Tu hai dallato quel di Beccheria.* Ce fut l'Abbé di Valembrosa de Parme, & de la maison des Becheria, enuoyé à Florence par le Pape, Legat. Où estant il voulut par trahison oster le gouuernement de la Republique aux Guelfes, pour y remettre les Ghibellins : mais descouuert par les Guelfes, le peuple furieusement le fit decapiter en la place de S. Apollinaire, dont la ville fut excommuniée. Dante dict. *Di cui segò Fiorensa la gorgera.* qui est nostre mot Françoys, gorge.

IANOT DE SOLDANIER.] *Gianni del Soldanier.* Au temps, que les freres nommez *Godenti* furent

Podestà

Podestà dans Florence, ainsi que les Ghibelins
auec force voulurent mettre bas ceux qui gouuernoyent la Repub. sçauoir les Guelfes, dont
le Peuple s'assembla à la Trinité, Iehan Solda-
nieri, quoy qu'il fust Ghibellin, & de noble famille, pour deuenir grand se fit chef du Peuple
& des Guelfes, & en fin surmonta les Ghibellins, & leur estant traistre les chassa.

Avecqves ganelon.] Dante suyt l'hystoire
commune touchant Gannes, auquel l'on attri-
buë la trahison de la bataille de Ronceuaulx,
que Charles Magne perdit auec la mort de ses
Palladins & d'Orlande.

Et tribaldel qui ouure alors qu'on dort,
Faenze.] *Et Tribaldello, ch' aprì Faenza, quando si
dormia.* Tribaldello fut des Manfredi Citoyen
de Faenze, & Messire Iehan de Pa gentilhom-
me Frãçoys passant par la Romagne pour auoir
esté nommé Conte de ladicte Prouince par le
Pape Martin 1111. Tribaldello vne nuict par trahison luy ouurit la porte de Faenze, qui estoit
à la deuotion du Comte Guy de Monfeltre.

Ov le cervfav avec le taist se range]
Là 'ue 'l ceruel s'aggiunge con la nucca. c'est à dire, en
la part du derriere de la teste, ou le cerueau se
conioinct & s'vnit auec icelle, nous l'appellons
colet, ou noix du col les Italiens aussi *Collotola.*

Non avtrement tydfe estant tout hors
du sens A Menalippe mord les tamples.] En la
guerre de Thebes entre Etheocles & Polynices, Tydée filz du Roy Oeneus de Calydoine
fut en faueur de Polynices, & Menalippus Thebain en faueur d'Etheocles. Lors Menalippus
blessà Tydeus, & Tydeus tuà Menalippus, mais

voyát sa playe mortelle, il se fit arracher la teste
dudict Menalippus des-jà mort, & la mordoit
de rage auec les détz. Statius au vii. de sa Theb.

Qv'il conceoit de sa teste.] *Che quei face-*
ua 'l teschio. Proprement *teschio*, signifie vne teste
morte, ou le taist de la teste.

Si celle dont ie parle au retour ne se
seche.] *se quella, con ch' io parlo, non si secca.* C'est à
dire, si la langue ne luy manque à parler, quand
il serà de retour au monde.

CHANT XXXIII.

E pecheur soubzleuà du crud repas la
bouche,
L'essuyant aux cheueux de ce chef, qu'il auoit
auoit
En derriere rongé. Puys tu veux que ie
touche,
Dict-il, renouuellant la douleur qui me doibt
Combler de desespoir. Car jà le cœur m'offence
Y pensant seulement, premier que ie commence.

Mais si ce mien discours doibt estre, comme il semble,
Semence d'infamye au traistre que ie mords,
Parler & lamenter tu voyras tout ensemble.
Ie ne sçay qui tu es, ny comme auec ton corps
Tu es venu çà bas, mais i'ay bonne asseurance,
T'oyant ainsy parler, que tu es de Florence.

Sçaches doncq' que ie fus Comte Vgolin de Pise,
Et celuy que ie mords, l'Archeuesque Ruggier,
Ie te diray pourquoy voysin ie le mesprise.
Car de t'entretenir & dire il n'est mestier,
Comme par son moyen, quand de luy ie me fie,
Ie fus pris laschement, & puis ie perds la vie.

Pourtant ce qui ne peut estre en ta cognoissance,
Sçauoir, comme cruelle & triste fut ma mort,
Tu l'oyras & sçauras pour iuger son offençe.
Le brief & rond pertuis ou m'emmene ma sort
Qui pour l'amour de moy porte nom de famine,
Et doit emprisonner d'autres à leur ruyne:

Des-ià monstré m'auoit quelque peu de lumiere,
Par son trou, quand i'y fis vn sommeil mal-heureux
Qui le voyle me rompt de future misere.
Celuy-là me sembloit le Seigneur rigoureux,
Chassant les louueteaux & loup à la montagne,
Dont Pise ne peut voir de Lucques la campagne.

Auec les maigres chiens deliberez & souples,
Galands & les Sismonds anecques les Laucfrans,
Deuant il s'estoit mis au front couples à couples,
Me semblerent alors le Pere & les Enfans
Las en petite course, & des pattes esguës
Il me sembloit à voir leurs entrailles fenduës.

Quand ie fus reueillé deuant la claire Aurore,
Ie sens en sommeillant pleurer mes enfançons
Qui furent quant & moy demandant du pain, ore
Que bien tu es cruel, si pensant aux façons
Que mon cœur deuinoit, des-ià tu ne lamentes,
Et de quoy pleures tu, si tu ne te tourmentes?

Ilz estoyent reueillez, aussy s'approchoit l'heure
Qui fut accoustumée à leur donner du pain,
Et chascun pour son songe en son doubte demeure,
Et moy ie sens fermer à clef l'huys inhumain
Dessoubz l'horrible Tour, dont ie regarde en face
Mes enfans sans mot dire au fort de ma disgrace.

Ie ne pleurois, ainsi dans le cœur ie m'empierre,
Mes petis pleurent bien, Anselmucce me dict,
Ores qu'as tu, comment tu regardes, mon pere?
Pource ie ne pleuray, & ne respons, despit
Demeurant tout le iour & la nuict ensuyuante,
Tant que l'autre Soleil au monde se presente.

Comme vn peu de rayon eust touché la fenestre
De nostre douloureuse & obscure prison,
Pouuant en quatre aspects mon visage cognoistre.
Ie me mords les deux mains contre toute raison,
Et mes Enfans iugeant que ce fust pour la rage
Ou desir de manger, soudain plains de courage

Se leuerent, disans, Moings de tristesse, ô pere,
Ce sera si de nous tu manges, reuestuz
Tu nous as de la chair. or en ceste misere
Despouilles la sans peur. Lors mes sens abbattuz
I'appaise en leur faueur. ce iour & l'autre en ore
Nous demeurons muetz, que bien tu deburois ore

Touurir, ô dure terre! Et puys qu'au iour quatriesme
Nous fusmes arriuez, à mes piedz estendu
Gaddo se iette, & dict, Qu'en ceste faim extreme
Ne m'aydes tu mon pere? & mourut esperdu,
Et comme tu me voys les trays autres i'aduise
En deux iours ensuyuans tomber, dont fays faintise

Aueugle estant des ià sur chacun se m'adonne,
Et troys iours les appelle aprez qu'ils furent morts.
Mais plus que la douleur la faim sur ma personne
Gaigne en fin. Celà dict, auec ses yeux retortz,
Il reprent de ses dentz la teste miserable,
Qui furent iusqu'aux os, quel d'vn chien effroyable.

Ah Pise! de ces gens l'infame vitupere,
Et de ce beau pays où resonne le si,
Depuys que tes voysins ne veulent ta misere,
S'esmeuue la Capraie & la Gorgonne aussy,
Et se mettent à Arne au dessuz l'embouschure,
Si qu'il n'oye dans toy ta gent vn peu trop dure.

Que si le bruit estoit de Hugolin le Conte
Qu'il eust vsé traïson touchant quelques chasteaux,
De punir ses enfans tu debuois auoir honte.
Innocens les faisoyent leur iours ainsi nouueaux,
Vguiccion, Brigatte, & deux autres qu'appelle
Ce chant icy dessuz, ô Thebes la nouuelle!

Plus outre nous passons où de glace offencée
Se trouue vne autre gent par trop cruellement,
Non en bas retournée, ains toute renuersée.
Ne la laissent pleurer les larmes mesmement,
Et la douleur qui vient contre les yeux se mettre
S'en retournant dedans faict la tristesse accroistre.

Pource qu'vn nœud glacé font les larmes premieres,
Et remplissent le vuyde au dessoubz des sourcys,
Ainsi que de crystal les plus claires visieres.
Et encor qu'vn chacun sentiment tout espris
Par la grande froidure abandonnast en sorte,
Mon visage non moings que d'vne chair jà morte,

Il me sembloit sentir d'vn petit vent l'attainte,
Et qu'est-ce qui remuë, alors, Maistre, ie dis?
N'est doncques icy bas toute vapeur estainte?
Il respond, Tu seras bien tost ou l'œil rassis
De ce poinct te rendrà la response certaine,
Voyant l'occasion dont le vent se demene.

Et vn des malheureux de ceste froide crouste
S'escrie, O vous espritz cruelz iusques à tant
Que vous soyez venuz à la derniere pouste,
Le dur voyle ostez moy des yeux, si que content
Ie chasse les douleurs qui le cœur me bourrellent
Auparauant vn peu que les pleurs se regellent.

Ie luy dys, si tu veux de moy secours attendre,
Declare qui tu es : que si ie ne le puis,
Au fond il me faudrà de la glace descendre.
Doncques il me respond, Frere Alberic ie suis,
Ie suis celuy des fruicts pris au meschant parterre,
Et des dattes icy pour figues ie reserra.

O, ie luy dys ainsy, Mort doncq' tu es encore!
Il me respond : Comme est au monde dessuz nous
Mon corps, ie n'en sçay rien, pource que nous honore
La Tolomée icy d'vn aduantage doux,
Que l'ame bien souuent tombe deuant que donne
Le fier coup Atropos auec sa main felonne.

Et affin que des yeux les larmes englacées
Tu me viennes raser plus volontairement,
Scaches qu'incontinent que les ames chassées
Sont de leur corps, ainsi que i'ay faict promptement,
Vn Demon les emporte, & les gouuerne en vye,
Tandis que la saison de leur temps soit finye.

Mon ame ruyn'à dedans ceste cisterne,
Et possible paroit le corps là haut encor
De l'ombre qui deçà derriere moy s'hyuerne.
Bien tu le doibs sçauoir si cy bas tu viens or,
C'est le Branque Dorie, & sont plusieurs années,
Qu'il fut ainsi fermé ja des jà terminées.

Lors ie luy dis, ie croy que d'vne tu me donnes,
Car Branque surnommé ne mourut à iamais,
Et mange, boit & dort, & vest ses robbes bonnes.
Il me dict, Là où bouilt la plus gluante poix
En ce fossé là haut qu'on dict de Male-branche,
Arriué n'estoit pas encores Michel Zanche:

Que Brancque delaissà vn Demon en sa place
Pour gouuerner son corps, & d'vn propre Nepueu
Qui fit auecques luy la traistreuse disgrace.
Mais en ça desormais ta main estends vn peu,
Et ouure moy les yeux, dequoy ie n'euz enuie,
Et luy estre vilain bien fut-ce courtoisie.

Ah hommes Geneuois diuers aux mœurs louables,
Et pleins de mauuaistié, pourquoy doncq' n'estes vous
Du monde dispersez, estans si miserables,
Qu'vn de vous i'ay trouué, dont ie suis en courroux
Auec le plus meschant esprit de la Romagne,
Qui pour ses faicts en ame au Cocyte se baigne,

Et en corps semble vif encor là haut au Monde?

ANNOTATIONS
sur le Chant XXXIII.

CACHES DONC QVE IE SVIS Conte Hugolin de Pise.] Ce chât contient la pitoyable mort du Conte Hugolin de Pise, & de ses quatre Enfans, qui aduint en ceste sorte. Hugolin fut des Contes de la Girardesca, & Citoyen si puissant qu'il gouuernoit Pise. De son temps ceux de ladicte Republique perdirent la plus grande partye de leur territoire, occupé par les Florentins, & autres Guelfes de la Toscane, & l'on eust opinion, que quoy qu'il fust Ghibellin, il s'entendoit auec les Guelfes, & qu'il vouloit diminuer les forces des Pisans pour se faire Seigneur de leur ville. Alors estoit Archeuesque de Pise Messire Ruggier Vbaldini, & il aduint qu'vn sien Nepueu fut tué par vn parent dudict Conte Hugolin pour la ialousie d'vne Dame que l'vn & l'autre entretenoit, laquelle iniure l'Archeuesque voulut venger sur ledict Conte, & fit tant qu'il accreust par ses menées le soubçon que l'on auoit, qu'Hugolin desiroit vsurper la Tyrannie sur sa Republique, & luy suscità plusieurs ennemys, specialement troys des principales familles de Pise, les Galandi, Sismondi, & Laufranchi, si bien que tous

tous ceux cy esmeurent le peuple contre luy,
& l'Archeuesque en personne conduisit auec la
Croix le peuple en la maison dudict Conte.
Qui fut faict prisonnier & quatre de ses enfans en la Tour , laquelle est sur la place des
Antiani. Les clefs de ladicte Tour furent ictrées
dedans l'Arne afin que personne ne la peult
ouurir. Et fut desnié aux prisonniers le manger,
dont la susdicte Tour depuis ce temps là , fut
nómée la Tour de la faim. Pource que le Conte
Hugolin & ses enfans y moururent de faim.

LE BRIEF ET ROND PERTVIS ou m'emmene
ma sort.]. *Breue pertugio dentro da la muda*. Proprement *Muda* , est dict le lieu où s'enferment les
oyseaux afin qu'ils changent les plumes , mais
icy Dante veut entendre la Tour où fut mis
en prison le Conte Hugolin auec ses quatre
enfans.

A LA MONTAGNE Dont Pise ne peut voir
de Lucques la campagne.]. *Almonte Perch' i Pi-
sani veder Lucca non ponno*. Il parle de la montagne de Sainct Iulien, au bas de laquelle du costé de Pise , sont les baings , & empesche que
ceux de Pise ne peuuent voir l'assiete de Lucques.

GALANDS ET LES SISMONDS auecques les
Lanc francs.]. *Gualandi con Sifirondi & con Lanc-
franchi*. Ce sont trois familles puissantes dedans
Pise.

AINSI DANS LE COEVR IE m'empierre.]. *Si
dentrò impetrai*. c'est à dire , si fort ie m'endurcis
danc le cœur, qu'il fut insensible comme vn
caillou. Metafore commune aux Poëtes.

ET DE CE BEAV pays où resonne le Si.]. *Del*

bel paëse là doue 'l si suona. C'est à dire de l'Italie. En toutes les prouinces de laquelle l'on dict *si,* pour ouy.

S'ESMEVVE LA CAPRAIE & la Gorgonne aussi.]. *Mouisi la Capraia & la Gorgona.* Ce sont deux petites Isles en la mer Toscane assez voysines de l'embouschure de l'Arne, & Dante desire, qu'elles se retirent delà, & viennent sur ladicte embouschure afin que l'Arne ne puisse entrer dans la mer, & que par ce moyen il s'enfle si fort que l'eau noye la ville de Pise, & tous les Citoyens pour auoir faict mourir non le Conte Hugolin, mais ses quatre panures enfans innocens. Capraia, fut nommé des Latins *Capraria,* & des Grecz *Ægilora,* Gorgona fut nommée de Gorgone fille de Forco. 1 Roy de Corso & de Sardeigne, filz de Hemenus & de la Nymfe Tosca. Des deux parle Rutilius au 1. liure *Itinerarij.*

> *Processu pelagi iam se Capraria tollit,*
> *Squallet lucifugis insula plena uiris.* & pl° bas,
> *Assurgit Ponti medio circunflua Gorgon,*
> *Inter Pisanum Cymmincúmque iatus.*

Les vns disent que Gorgona, doibt estre appellée *Vego,* les autres *Orgos,* & se fondent des passages de Martianus Capella, de Pomponius Mela & de Stefanus.

O THEBES LA NOVVELLE.] Ainsi il nomme Pise, pour la mort des enfans d'Hugolin, comme en Thebes les deux freres se tuerent ensemble, & aduindrent plusieurs autres accidens cruelz depuis Cadmus, iusques à Etheocles & Polynices.

VGVICCION BRIGATE & deux autres qu'ap-

pelle Ce chât icy deſſuz.]. I'ay pris le mot d'ap-
peller, pour nommer, côme faict Dante, *Vgnic-*
cion e'l Brigata, Et gli altri che 'l canto ſuſo appella,
pour dire nôme, ſçauoir Anſelmuccio & Gado.

TV SERAS BIEN TOST.]. *Auaccio ſarai.* C'eſt à
dire, incontinent, mot vſité en Italie.

FRERE ALBERIQ IE SVIS.]. Alberiq fut des
Manferdi Seigneurs de Faenze, & ſe fit frere
Gaudente, mais ayant querelle auec ſes autres
compagnons, côme deſireux de les faire mourir, il faint de ſe reconcilier auec eux, & l'accord
conclu fit à tous vn magniſique banquet, à là
fin duquel il commanda que l'on apportaſt les
fruicts. C'eſtoit le ſignal donné à ceux qui les
debuoient tuer, leſquelz entrez au banquet tuerent tous ceux la qu'Alberiq auoit determiné
de faire mourir, dont l'on à faict vn prouerbe
en Italie, quand l'on veut monſtrer que quelcun à eſte maſſacré, l'on dict, qu'il à eu *delle frut-*
ta di frate Alberigo.

ET DES DATTES ICY pour figues ie reſerre.].
Che quì riprendo dattilo per figò. C'eſt à dire, ie re-
çoys plus grande peine icy, que celle qu'ont en-
duté mes compagnons que i'ay faict tuer. Vne
Datte, eſt plus excellent fruict que la figue.

MORT DONC TV ES ENCORE.]. Dante s'eſ-
merueille de trouuer Alberiq aux Enfers, veu
que depuis deux iours il l'auoit laiſſé au monde
viuant. Alberiq reſpond, que les traiſtres comme luy, ont ceſte peine, entre les autres, que
leurs ames vont en enfer deuant le temps de la
mort, & aprez la trahyſon, vn diable entre dans
leurs corps, & les gonuerne iuſques au temps
qu'ils deuoiēt viure. C'eſt vne fictiō de Dante.

POVRCE QVE NOVS HONORE La Tolomée.
icy d'vn aduantage doux.]. *Cotal vantagio a*
questa Tolomea. Cecy ce dit auec Ironie. Or comme la Caïne est dicte de Cain fratricide, l'Antenore, d'Antenor traistre à son pays: Aussi la Tolomée de Tolomeo Bobbo, homme meschant,
duquel l'on lict au 1. des Machab qu'il fut gendre de Simon grand Pontife, & frere de Iudas
Machabée & de Ionathas. Desirant doncques d'oster à son beau pere le Pontificat, ayant
fiance à ses thresors, il aduint que Simon auec
ses deux enfans allà à Hierico où il l'auoit faict
Duc & gouuerneur. Tolomée le receut honorablement, & apres vn magnifique banquet le
fit tuer auec ses enfans & tous ceux qui l'accom-
pagnoient.

DEVANT QVE DONNE LE coup fier Atropos
auec sa main felonne.]. *Innanzi ch' Atropos mossa*
le dea. Il nomme Atropos, pource que c'est
celle des trois Parques qui coupe le filet de nostre vie.

C'EST LE BRANQVE DORIE.]. Messer Branca d'Oria fut Geneuois de la famille des Ories,
& gendre de M. Zanche Seigneur del l'Ogo-
doro de Sardeigne, duquel nous auons parlé
au chant XXII. Iceluy pour auoir la Seigneurie
de son beau pere, l'inuita à vn banquet, & puis
par trahison le fit mourir. Dante seint qu'Alberiq luy dict, Qu'aussi tost que le susdict Branca fit la trahison, son ame fut tirée aux enfers,
& qu'vn Demon s'estoit saisi de son corps là
haut au monde.

ET PLEIN DE MAVVAISTIE.]. *Et pien d'ogni*
magagna. Magagna, signifie tache & souillure.

& *Magagnare,* tacher, gaster, battre.

AVEC LE PLVS meschant esprit de la Romagne.]. Les Romagnoles sont tenus en Italie
pour le peuple le plus meschant, dont y a vn
prouerbe, *Toscano rosso, Lombardo nero, Romagnuo-
lo d'ogni pelo.* Il attacque doncq les Geneuois,
d'autant qu'il en trouue icy vn plus meschant
que le plus meschant de la Romagne.

CHANT XXXIIII.

Es enseignes du Roy de l'Enfer se presen-
tent
Deuers nous pour celà regarde aupara-
uant,
Dict le Duc, si tu voys ainsi qu'elles s'e-
uantent
Comme quand vne nuë espoisse donne vent,
Ou quand nostre Hemissere en la nuict deuient morne,
De loing semble vn moulin que le vent mene & torne.

Alors il me sembloit voir vn tel edifice.
Depuis pour le grand vent derriere ie me rends
A mon Duc, là n'estant autre grotte propice,
Des-ja (mais non sans peur en vers ie le comprens)
Il estoit là venu où toute ombre se serre,
Et transparoit ainsi que paille dans le verre.

Quelques ames gisoient, les autres estoyent droictes
Auec la teste l'vne, & l'autre auec le pied,
Les autres comme vn arc les faces auoyent ioinctes,
Et lors que si auant nous fusmes arriuez,
Mon Maistre me monstrà la grande creature,
Qui eut vn beau semblant en sa digne nature.

Il se met deuant moy, puis tout à coup m'arreste,
Disant, voyla Ditè, voyla la place aussi
Où il conuient t'armer de force toute preste.
Ne demande, Lecteur, comme de froid trancy,
Et foible ie deuiens, ne le voulant escripre,
Car le parler plus long seroit moindre à vray dire.

Ie n'estois mort, & vif ie ne demeure encore.
Pense en toy desormais, si tu as fleur d'esprit,
Ainsi que de ces deux priué ie deuiens ore,
Le cruel Empereur du Royaume maudit
De l'estomach en sus sortoit hors de la glace,
Et plus que d'vn Geant sa grandeur ie te trace.

Car les Geans ne sont ses bras en leur mesure,
Si que voy desormais quel doibt estre le tout
Qui à si grande part conuiendra d'auenture.
Que s'il fut autant beau comme ore iusqu'au bout,
Il est laid s'esleuant au dessus de son Maistre,
De toute peine & dueil bien cause doibt il estre.

O combien ce me fut vne grande merueille!
Quand trois torches de feu sur sa teste ie vis,
L'vne par le deuant, laquelle estoit vermeille,
Les autres deux estoyent d'icelle vis à vis,
Sur luy droict au millieu d'vne espaule chacune,
Et se ioingnoit au lieu de sa creste importune.

La droicte paroissoit de couleur iaune & blanche,
Et la gauche fut telle à voir comme l'on voit
Ceux qui sont au de là où le grand Nil s'espanche.
Vne & vne aisle large à chacune sortoit,
Ainsi comme à l'oyseau il estoit conuenable,
Voyle de nef iamais ne fut tant effroyable.

Plumes elles n'auoient, mais estoyent en la guise
Que du noir cheüant, & telles esbranlant
De luy souffloient trois ventz auec si froide Bize,
Que le Cocyte lors tout s'en venoit gelant,
Auec six yeux pleuroit, & remachant debaue
Par trois mentous les pleurs & la sanglante baue.

Rompoit de chasque bouche vne ame pecheresse
Auec ses dentz, ainsi que le lin se rompt bien,
Tellement qu'il rendoit trois pleines de tristesse.
A celle de deuant le mordre n'estoit rien,
Auprès d'esgratigner, car tellefois en sorte
L'eschine demeuroit de sa peau toute morte.

Ceste ame qui là haut à vne si grand peine,
Dict le Maistre, se nomme Iscariot Iudas,
Qui la teste au dedans & hors les iambes mene.
Des deux autres qui ont la teste droict en bas,
L'vn qui pend du chef noir, est Brutus, mais regarde,
Comme il grince des dents, ny de parler s'hasarde.

L'autre qui si membru resemble, c'est Cassie.
Mais ia la nuict se leue, & conuient desormais
Partir, ayant tout veu pour en perdre l'enuie.
Selon son bon plaisir à son col ie me metz,
L'enuironnant des bras, luy temps & lieu de prendre,
Car comme Lucifer vient ses aisles estendre,

Il s'agraffe en sursault à ses pelleuses coustes
De poil en poil par bas, en apres il descent,
Entre le poil espaiz & les glaçeantes croustes.
Et quand nous fusmes là ou la cuisse cessant
Se tourne bien à poinct sur le gros de la hanche,
Le Duc auec trauail & angoisse se panche,

Tournant la teste où luy ses deux hanches separe,
Et s'agraffe à son poil, comme vn qui fait vn sault,
Dont ie croyois encor' retourner au Tartare,
Tiens toy bien, dit le Maistre, aussi bien il te faut
Partir de ce grand mal, montant par ces eschelles
Ainsi qu'vn homme las. Puis des voultes cruelles

Il sortit au dehors par le trou d'vne pierre,
Et me met sur le bord pour m'asseoir, puis apres
Me presente passage accort. Moy hors de terre
Hault ie leue les yeux, & entre tels regrets
Ie croys voir Lucifer, comme quand ie le laisse,
Et les iambes tenir hault, ie le voy sans cesse.

Et si lors trauaillé ie fuz, que bien le pense
Ceste grossiere gent, laquelle ne voit pas
Combien dur est ce poinct qu'à passer ie m'aduenge:
Leue toy, dit le Maistre, et marche pas à pas,
Car le voyage est long, & la route maligne,
Et le Soleil desia vers l'Aube s'achemine.

Ce n'estoit d'vn Palais vne plaisante sale
Là où nous cheminons, mais vn trou naturel
D'vn pané rabboteux, où le iour ne deuale.
Premier que de quitter l'Abysse ie fus tel
Estant droict que de dire à mon Maistre, De grace
Pour me tirer d'erreur, parle deuant ma face.

Où la glace ? & comment ce Lucifer estrange
Est sans dessus dessoubs, & comme du Soleil
A du soir au matin fait vn si prompt eschange ?
Il respond: Encor doncq' s'imagine ton œil
D'estre au de là du Centre où au poil ie m'attache
De ce ver malheureux qui tout le monde fasche.

De là tu fus autant que ie montois, mais ore
Quand ie me suis tourné, tu as passé le poinct
Auquel de toutes parts les poix viennent encore,
Et tu es maintenant souz l'hemisfere ioinct
Opposite à celuy qui couure la grand' terre,
Et souz le hurt duquel l'homme sainct se reserre

A la mort condamné, qui nacquit sans offense,
Et vescut sans peché, sur vn globe petit
Tu marches droict auquel l'autre face s'auence
De la Iudecque, icy l'endemain est produit
Quand il est soir de là. Celuy lequel d'eschelle
Auec son poil nous sert, fiché de façon telle

Est comme auparauant. Bas du throsne celeste,
Il tombe en ceste part, dont la terre qui fut
Deça premierement, par sa crainte funeste
Fit voyle de la mer, & à nous deuolut,
Mesmes pour le fuyr laisse icy place vuyde,
Possible celle-là qui paroit en ce vuyde,

Et dessus recourut. Vn lieu là bas se nomme
Tant loing de Belzebù, que la tombe s'estend
Qui non pas par la veuë, ains par son se renomme
D'vn sombre ruysselet, qui dans ce lieu descend
Par le trou d'vn caillou que de sa course il mine,
Qu'il enuironne encor, & peu pend ou decline.

Par ce chemin caché nous entrasmes mon Maistre
Et moy pour retourner au monde radieux,
Et sans aucun relasche ou doul ceur nous promettre,
Luy premier, moy second nous montasmes tous deux,
Tant qu'à la fin ie vys par un trou fauorable
Choses belles qui sont au Ciel plus desirable,

Et de là nous sortons à reuoir les Estoilles.

ANNOTATIONS
sur le Chant XXXIV.

ES ENSEIGNES DV ROY DE L'EN-
FER.] Dante vse des mots Latins
qui sont pris d'vn hymne commun en l'Eglise, & dit, *Vexilla re-
gis prodeunt inferni verso di noi.*

LA GRANDE CREATVRE Qui eust vn beau
semblant en sa digne nature.] *La creatura c'hebbe il bel sembiante,* C'est Lucifer, qui fut le plus
beau de tous les Anges deuant que de pecher.

CEVX QVI SONT au delà où le grand Nil
s'espanche.] *Quali vengon di là onde 'l Nilo s'a-
ualla,* c'est à dire, de l'Ethiopie ou les habitans
sont noirs Car le Nil court par l'Ethiopie, &
d'vn hault precipice tombe en l'Egypte. Il dit
donc, que la gauche main de Lucifer estoit noire comme les Ethiopiens.

DE COVLEVR IAVLNE & blanche.] *Tra bianca & gialla.* ceste couleur est le pasle qui tire
sur le blanc & iaulne.

DV NOIR CHAVANT] *Di vipistrello.* Les Latins le nomment *Vespertilio,* pource que le iour il
est caché, & commence à voler sur le soir.

AINSI QVE LE LIN se rompt bien.] *A guisa
di maculla.* Ce mot signifie *Linotopia,* qui est l'in-
strument des villageois, auec lequel ils coup-
pent le lin. Autrement dit, *granuola.*

Est brvtvs c'est cassie] Brutus & Cassius firent mourir Iules Cesar estant au Senat. Pour ceste trahyson il les met en ce lieu.

Mais ia la nvict se leve,] *Ma la notte risurge, & hora mai E'da partir che tutto hauem' veduto.* Il imite Virgile au vi. de l'Eneide.

Nox ruit, Aeneas, nos flendo ducimus horas,
Hic locus est partes vbi se via sundit in ambas.

Et le soleil d s-ia' vers l'Aube s'achemine] *Et già il sole à mezza terza riede.* Il monstre, que si en l'autre hemisphere il estoit nuict, que le Soleil estoit allé dessouz. Doncques il estoit leue en cest autre hemisphere, & tournoit à my tierze, qui signifioit l'heure du matin.

De la ivdecqve.] Iudecque c'est la quatriesme Sfere des traistres, dite, de Iudas Iscariot, qui a trahy nostre Seigneur, I e s v s-C h r i s t.

FIN DV CANTIQVE DE L'ENFER.

www.ingramcontent.com/pod-product-compliance
Lightning Source LLC
LaVergne TN
LVHW010302190726
843502LV00014B/1090